编译文库

教育

杨翠 著

学前儿童音乐教师的教学技能与素质提升

Teaching Skills and Quality Improvement of
Music Teachers of Pre-school Children

图书在版编目（CIP）数据

学前儿童音乐教师的教学技能与素质提升 / 杨翠著
. —北京：中央编译出版社，2023.12
　ISBN 978-7-5117-4566-8

　Ⅰ.①学… Ⅱ.①杨… Ⅲ.①学前儿童—音乐教育—教学法 Ⅳ.① G613.

中国版本图书馆 CIP 数据核字（2023）第 255832 号

学前儿童音乐教师的教学技能与素质提升

责任编辑	哈　曼　刘　嘉
责任印制	李　颖
出版发行	中央编译出版社
网　　址	www.cctpcm.com
地　　址	北京市海淀区北四环西路 69 号（100080）
电　　话	（010）55627391（总编室）　（010）55627313（编辑室） （010）55627320（发行部）　（010）55627377（新技术部）
经　　销	全国新华书店
印　　刷	佳兴达印刷（天津）有限公司
开　　本	710 毫米 × 1000 毫米　1/16
字　　数	159 千字
印　　张	15
版　　次	2023 年 12 月第 1 版
印　　次	2023 年 12 月第 1 次印刷
定　　价	88.00 元

新浪微博：@中央编译出版社　　微　信：中央编译出版社（ID: cctphome）
淘宝店铺　中央编译出版社直销店（http://shop108367160.taobao.com）
　　　　　（010）55627331

本社常年法律顾问：北京市吴栾赵阎律师事务所律师　闫军　梁勤
凡有印装质量问题，本社负责调换，电话：（010）55627320

前　言

学前儿童音乐教育是学前教育的一部分，是对学前儿童进行素质教育的主要手段。音乐教学作为艺术教学，在学前儿童教育教学中占有重要地位，学前儿童在音乐环境中可以增强对音乐的敏感程度，得到全方位发展。此外，良好的音乐教育也将丰富学前儿童的生活，培养学前儿童的审美情趣和高尚品格。音乐教育对学前儿童全面、健康、和谐的发展具有不可替代的作用，因此，当下的学前儿童音乐教育越来越被社会所重视，社会对学前儿童音乐教师的专业素养也提出了更高要求，所以关注对学前儿童音乐教师的教学技能与素质提升是非常有必要的。

鉴于此，本书以"学前儿童音乐教师的教学技能与素质提升"为选题，首先，对学前儿童音乐教育的基本理论进行分析，内容包括音乐与学前儿童音乐、学前儿童音乐教育内涵与特点、学前儿童音乐教育内容与途径、学前儿童音乐教育的组织形式；并对学前儿童音乐教师教学活动、学前儿童音乐教师的多元化教学能力进行阐述；其次，从学前儿童音乐教师职前教学技能的培育、学前儿童音乐教师职后教学技能的提升、学前儿童音乐教师教学实施能力的提升、学前儿童音乐教师教学技能的提升策略四个方面论述学前儿童音乐教师教学技能的提升。最后，对学前儿童音乐教师素质及提升策略、学前儿童音乐教师综合素质的提升进行了探讨。

本书作为湖南省教育科学规划"十三五"重大课题（课题批准号：XJK20ADJ02）的阶段性成果，一方面尽量保证理论体系的完整性，从分析学前儿童音乐教育的基本理论入手，引导读者了解学前儿童音乐教育的内涵、特点、形式等内容，以加强读者的音乐理论修养。另一方面在不同程度上通过鲜活的实例进行了补充说明，理论联系实际，并以此为基础，进一步深化对学前儿童音乐教师的教学技能与素质提升的研究，力求为相关从业者提供有效的借鉴。

笔者在写作本书的过程中，得到了许多专家学者的帮助和指导，在此表示诚挚的谢意。由于笔者水平有限，书中所涉及的内容难免有疏漏之处，希望各位读者多提宝贵意见，以便笔者进一步修改，使之更加完善。

目 录

第一章 学前儿童音乐教育的基本理论 001
  第一节 音乐与学前儿童音乐 002
  第二节 学前儿童音乐教育内涵与特点 015
  第三节 学前儿童音乐教育内容与途径 022
  第四节 学前儿童音乐教育的组织形式 039

第二章 学前儿童音乐教师教学活动分析 043
  第一节 熏陶影响类音乐活动 044
  第二节 感知理解类音乐活动 066
  第三节 元素积累类音乐活动 083
  第四节 创作表演类音乐活动 097
  第五节 游戏体验类音乐活动 102

第三章 学前儿童音乐教师的多元化教学能力 107
  第一节 学前儿童音乐教师教学的工作能力 108
  第二节 学前儿童音乐教师的思想教育能力 111
  第三节 学前儿童音乐教师教学中的科研能力 112
  第四节 学前儿童音乐教师教学中的语言表达能力 116

第四章　学前儿童音乐教师教学技能的提升　121
　　第一节　学前儿童音乐教师职前教学技能的培育　122
　　第二节　学前儿童音乐教师职后教学技能的提升　179
　　第三节　学前儿童音乐教师教学实施能力的提升　194
　　第四节　学前儿童音乐教师教学技能的提升策略　208

第五章　学前儿童音乐教师素质及提升策略　211
　　第一节　学前儿童音乐教师素质对音乐教学的重要性　212
　　第二节　学前儿童音乐教学中教师心理素质的调节　213
　　第三节　学前儿童音乐教师素质对教学质量的影响　215
　　第四节　学前儿童音乐教师教学素质的提升策略　217

第六章　学前儿童音乐教师综合素质的提升　221
　　第一节　学前儿童综合素质培养与音乐教育的重要性　222
　　第二节　学前儿童音乐教师应具备的职责与素养　223
　　第三节　多元化引领幼儿教师提升音乐综合素质　226
　　第四节　学前儿童音乐教师综合素质的提升策略　228

参考文献　231

第一章 学前儿童音乐教育的基本理论

学前儿童喜爱的艺术形式多种多样，音乐就是其中之一，他们通过美妙的音乐感受人类相通的情感。学前儿童在音乐活动中可以灵活运用自己的身体，专心倾听，大胆表现，充分调动自己的每一个器官去展开有意义的活动，从而锻炼自己的自信心、意志力等品质。本章重点探讨音乐与学前儿童音乐，学前儿童音乐教育内涵与特点、内容与途径以及学前儿童音乐教育的组织形式。

第一节 音乐与学前儿童音乐

一、音乐的认知

(一)音乐的本质含义

"音乐是一种大众所喜闻乐见的艺术形式,是由人类情感凝结而成,也是人类情感的触发器,深深存在于人们的日常生活之中,对人生有着潜移默化的影响和塑造作用。"[1]

当"音乐"作为一个概念时,对它的释义比较复杂。在我国古代,"声""音""乐"是独立使用的概念,表示不同的事物(现象)。《乐记·乐本篇》有云:"感于物而动,故形于声;声相应,故生变,变成方,谓之音;比音而乐之,及干戚羽旄,谓之乐。乐者,音之所由生也,其本在人心之感于物也。"意思是,人心感于外物,表现出来就成为"声"。各种声相应和,有了变化,并形成一定的组织,成为"音";用乐器把音演奏出来并配上舞蹈,就成为"乐"。乐是从音产生的,其根源在于人心对外物的感应。可见,我国古代的"声"相当于今日的声音(包括乐音噪音),"音"相当于曲调、音乐,而"乐"则是诗歌、音乐、舞蹈三位一体的艺术形式的总和。

英语中,音乐一词"music"来自拉丁文"musica",起源于"muses",词意是希腊神话中掌管文艺、科学的女神缪斯的名字。19世纪末20世纪初,西方美育思想开始传入我国,并在王国维、蔡元培等人的努力下,逐步在全国传播。很多有识之士开始思考与之有关的问题,音乐作为西方美育实践的

---

[1] 吴盼尔雅:《论音乐艺术与人生》,载《当代音乐》,2016年第12期,第85页。

一个重要部分，也引起了当时人们对它的认识和研究的兴趣。1906年，曾志忞在《新民丛报》上发表文章，将音乐定义为：音乐者，以器为本，以音为用，音器相合，视为神乐。这是近现代关于音乐定义比较详细的阐释。

随着各学科的交融发展，学科间的界限开始模糊化、交叉化。对于某一事物的概念，人们力求能用科学、准确的语言表达出该事物所具有的共同本质和特征。《中国大百科全书》（精粹本）中对音乐的界定是："（音乐是）凭借声波振动而存在，在时间中展现，通过人类的听觉器官而引起的各种情绪反应和情感体验的艺术门类。"这一解释借用了物理学的发声理论，将实证科学与情感艺术相结合，也道出了音乐的三个因素：首先是由声波振动；其次需要人类听觉器官参与；最后能引起听者情绪反应和情感体验。

（二）音乐的研究对象与范围

人们头脑中常浮现的音乐，通常是由作曲家创作、表演家演唱或演奏的，有动听旋律、有规律有组织的，能在音乐厅表演，在电视或电台上播出，或者在手机上储存的音乐作品。这些作品确实属于"音乐"，并且是音乐的重要组成部分。然而，也有一部分被称作"音乐"的作品（或现象）却与我们通常理解的"音乐"概念有出入。例如，引起世界乐坛争论的美国音乐家约翰·凯奇为任何种类的乐器以及任何数量的演奏者而作的作品《4分33秒》，共三个乐章，总长度4分33秒，乐谱上没有任何音符，唯一标明的要求就是"Tacet"（沉默）。作品的含义是请观众认真聆听当时的寂静，体会在寂静之中由"偶然"所带来的一切声音。还有作曲家将石块、纸、水作为音乐创作的素材。又如，非洲的鼓乐、印度尼西亚的加美兰、我国一些民族的音乐作品中，有的本身完全无声，并非人耳所能听见；还有的形式怪诞，难以引起相适的情绪反应或情感体等。然而，部分人认为它们也是"音乐"，并且非常喜爱。

其实上述现象早在先秦时期就有了，老子推崇"大音希声"，庄子主张声有"人籁、地籁、天籁"之分,而"天籁"是声的最高境界,并主张"至乐无乐"。对于一般人而言,"希声"之"大音","无乐"之"至乐",是不会去也很难去体会的。究其原因,就是各方所持的音乐美学观不同。

总而言之,由于不同国度、不同地区的文化语境不同,出现了不同的音乐语言,往往是许多"局外人"听不懂的。因此,我们在探讨音乐、研究问题时,有必要厘清讨论、研究的对象和范围。音乐的世界无奇不有,想要穷尽一切音乐现象,归纳它们共同的本质、特征,以及各自的个性特点,做到面面俱到,是很难的。鉴于此,本书所讨论的音乐以及音乐艺术,在"音乐"概念的前提下,主要研究的对象与范围是"由创作主体(作曲家)通过创造性劳动的具体方式,把内心的体验改造成音响的形式,并能成为人类的审美对象的音乐艺术形式"[①]。

二、学前儿童音乐

(一)学前儿童音乐的特性

1. 学前儿童音乐的基本特性

学前儿童所从事的音乐艺术活动就是我们所说的学前儿童音乐,它包括学前儿童对音乐的感受、对音乐的体验、对音乐的表现、对音乐的创造以及对周围世界的认识。具体而言,儿童音乐有以下一些基本特性(图1-1):

(1)愉悦性。音乐对人类不同情感的表现是通过音乐独有的旋律和语言而实现的。直抵心灵是音乐的神奇之处。音乐艺术本身具有的强烈愉悦性使其可以打动人的情感世界。欣赏音乐能让人产生愉悦感,是一种美的享受,它不仅反映了人们的综合心理还使人积淀了大量的审美经验。

一部优秀的音乐作品不会使观众只局限于对动听旋律的欣赏,它还可以

---

① 中国教育学会音乐教育专业委员会、杨和平、王家祥:《音乐艺术概论》,上海:上海音乐出版社2018年版,第2页。

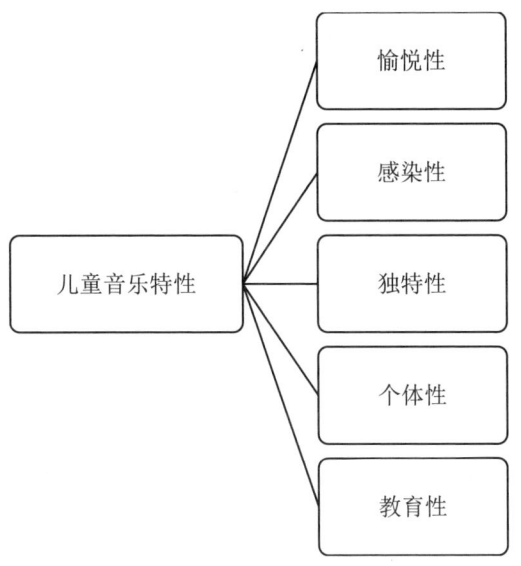

图 1-1 儿童音乐特点

直接带给观众审美情感，使其产生一种新的体验。音乐的愉悦性是指展现在人们面前的是令人感兴趣的各种各样的事物、优美的境界使人心情舒畅、精神振奋。乐曲所描绘的境界使学前儿童在倾听音乐时身不由己地陶醉其中，身体也会随着音乐左右摇动，从而产生情感上的共鸣，这是因为儿童天生的好动性在音乐活动中得到满足，从而获得快乐；同时，学前儿童音乐活动除了可以满足学前儿童社会性需要之外，还可以为学前儿童带来愉悦的情绪，这点在学龄前儿童的音乐活动中体现得尤为明显。

（2）**感染性**。声音是音乐使用的物质材料，音乐作为一门艺术其表达情意的方式是声音。音乐的表现力与文学有着天壤之别，文学表达思想和概念的方式是语言，文学注重的是思想和概念的表达，而音乐注重的是人的情感的表现。学前儿童在各种音乐活动中的表现都蕴含着丰富的情感，音乐对学前儿童的心理刺激是其他学科所无法比拟的，它能让学前儿童的情感得到直接的激发，使音乐对学前儿童的感染力得到了强烈的体现。利用儿童音乐的这一特点，可以引导儿童在玩中学、乐中学，这便是儿童音乐感染性的体现。

音乐教育是一种审美教育，它具有强大的艺术感染力，可以将理性化为感性。低级个人情感向高级个人情感的逐步发展是学前儿童心理发展的重要特点，学前儿童日益扩大的社会交往活动、日渐丰富的情感生活，要求满足学前儿童情感发展需要的音乐活动要富有情感性。好的音乐教育活动可以让学前儿童产生强烈的情感共鸣，从而将良好的情绪情感激发出来，使其对音乐的审美能力得到更进一步的提高，净化其心灵，完善其人格。

（3）**独特性**。每一部音乐作品都反映了作者的内心世界，是其对现实生活感受的诠释。音乐是一门听觉艺术，极富个性。对于不同的学前儿童而言，面对同一个音乐作品，他们的听觉感受和心理活动也是各不相同的；不同年龄阶段的学前儿童面对同一个音乐作品，其认识与体验也是不相同的，这就体现了学前儿童音乐的独特性，这种不同，受儿童认识发展水平的制约，也受个人情感、个性发展状况的影响。

（4）**个体性**。每个作曲家对作品内容的表述，每个表演者对作品内容的诠释，每个欣赏者对作品思想的感受和理解，都是独特的。音乐教育活动中学前儿童个体发展状况能够得到充分体现。不同年龄阶段的学前儿童对外部世界有不同的认识和体验，他们会以不同的方式去表达自己的情绪和情感，这体现了学前儿童个性的独特性，而音乐正能反映儿童的发展水平和个体差异，同一首音乐作品即使由上百个儿童一起倾听，儿童之间的心理活动和产生的听觉感受也是不同的。这种差异，受儿童认识发展水平的制约，也受个人情感、个性等发展状况的影响。每个儿童都会自觉或不自觉地进行感知、想象、理解等具有个性化的心理活动。我们在生活中常常发现学前儿童会自发地运用音乐自娱自乐。

（5）**教育性**。音乐艺术的教育作用是潜移默化的。学前儿童能够积极地参与音乐活动的原因之一是学前儿童音乐具有愉悦性和娱乐性。利用这一特点，可以引导学前儿童在玩中学、乐中学。而寓教于愉快的音乐感受和音乐表现活动之中,更能使学前儿童学有所得,这便是学前儿童音乐教育性的体现。儿童音乐的教育性对学前儿童的影响是间接的。例如,在演唱具有教育意义的儿童歌曲《小乌鸦爱妈妈》时,学前儿童能深刻地体验到小乌鸦急忙飞回家,把虫子一口一口喂妈妈的感人场面,他们也会在吃东西时与妈妈一起分享:"这个好吃,妈妈,您吃。"再如,幼儿都很熟悉的儿歌《劳动最光荣》,歌曲的教育意义正是对爱劳动的品德教育,歌曲表达故事情节的旋律是通过学前儿童淳朴的语气、愉快的音调唱出来的,给儿童以启示:大家都不喜欢不爱劳动的小朋友。学前儿童音乐的教育作用具有较强的深刻性、持久性,可以触动学前儿童的内心情感。

2. 学前儿童音乐的美学特性

(1) *形式美*。与儿童音乐审美特征联系最为紧密的音乐形式美主要体现在音色、节奏、旋律、力度四个方面:

第一,音色。音色又名音品,是指声音的感觉特性。例如,有的人音色嘹亮柔美,有的人音色激昂高亢,有的人音色清脆悦耳等。乐器的音色更复杂、丰富,如小提琴纤柔灵巧,大提琴深沉醇厚,双簧管优雅甘美,小号高昂嘹亮等。在学前儿童音乐作品中,作曲家往往通过选用儿童感兴趣的音色,如稚气甜美的童声、清脆活泼的碰铃等来吸引儿童的注意力。法国作曲家圣桑在他的组曲《动物狂欢节》中,运用多种音色生动地描绘了各种动物的形象,其中,大象的音色选用了低音区声音粗拙的大提琴,突出大象粗壮的体态和沉重的舞步;天鹅的音色则选用温暖的大提琴,表现了天鹅高贵优雅的气质。同样,木管乐器中的长笛、双簧管、单簧管常常被用来描绘大自然,因为它们的音色犹如鸟儿的鸣啭或者是田园牧笛。

第二,节奏。在音乐中,节奏的价值是无可替代的,它是音乐的基础也是旋律的骨架。音乐中节奏的变化体现的是时间的变化。节奏对音乐具有重要的作用:①节奏可以增强音乐的生命力;②节奏是音乐发展的力量源泉。一般来说,节奏是指音乐运动中音的长短和强弱。换言之,节奏的形成是指依据一定的时间规律将不同长短的音组合起来。在自然界和我们的生活中，节奏无处不在，如心跳的节奏、下雨的节奏等。节奏是一种动态的存在形式。音乐中的节奏多种多样，既有轻重与缓急，又有松散与紧凑。儿童音乐作品以规则鲜明的节奏为主。通常，快的节奏比较令人兴奋，与儿童激烈运动时的心跳、呼吸相呼应；而慢的节奏则使人心态平和，情绪稳定。一般而言，快速和中速在学前儿童音乐中是非常常见的类型，因为它在很大程度上符合儿童的生活经验和情绪情感体验。

第三，旋律。旋律是音乐的基本要素，通常指若干乐音经过艺术构思而形成的有组织、节奏的序列。换言之，音乐通过一定的音高变化勾勒出不同的旋律。儿童音乐作品旋律的表现是多种多样的，主要包括：①下滑式的进行；②平稳式的进行；③弧形的进行；④上升式的进行；⑤以上四种不同组合的进行。不同的思想情感可以通过不同音区的旋律来表达。旋律走向的不同，会影响儿童在音乐体验中的情绪状态。例如，乐曲《大象走》的旋律主要在低音区进行，音乐低沉、速度较慢、力度较强，儿童欣赏时有一种沉重的感觉；而《幸福的花朵》的旋律主要是在中音区进行，音乐欢快，速度较快，儿童在哼唱时，有一种轻松愉悦的感觉。

第四，力度。音乐的强弱程度就是力度。在塑造音乐形象的过程中，力度的变化起着非常重要的作用。一般而言，力度强烈的如进行曲一类的音乐，容易让儿童兴奋、愉悦、充满向往；力度轻柔的如摇篮曲一类的音乐则容易让儿童安静、放松，有更多的遐想。三岁的儿童感知力度和音区的变化还有困难，如音乐旋律在高音区及低音区进行时，必须在成人指导下他们才能知道小鸟飞得轻快，唱歌的声音高，而大象粗笨，声音低沉厚重。四五岁的儿童虽然已经能够区别音乐中，尤其是对比鲜明的音乐中力度和速度明显的变化，但是不能感知力度和速度的细微变化。六岁的儿童能够初步把握音乐表现手段，能辨认速度力度及音区的变化。

（2）内涵美。

第一，直观具象。学前儿童的思维具有直观性，他们会将注意力更多地投入到具体形象事物中去，风声、雨声、鸟叫声等，都能引起儿童极大的兴趣。因此，儿童音乐中的某种景物是常常通过模仿自然界的声音来进行暗示的，某种视觉形象常常是通过音响运动状态来象征的，从而使学前儿童对音乐更加感兴趣。一般情况下，描绘自然景物的作品较多出现在儿童音乐中，如柴可夫斯基的《云雀之歌》，就是以写实手法表现自然音响的一个典型例证。它也是一首适合儿童演奏和欣赏的音乐，乐曲运用前倚音和波音式三连音，生动刻画了云雀欢快的叫声。音乐清脆悦耳，使人宛如身处大自然之中。音乐中的儿童形象往往是通过表现儿童生活情景的活动来塑造的。例如，儿童歌曲《小陀螺》通过2/4拍的强弱重音，模仿一种重心不平衡的感觉，刻画出陀螺一圈圈地转来转去的感觉。正是这一节奏和力度的变化表现，将一个儿童无忧无虑地玩陀螺的样子刻画得活灵活现。

第二，纯真稚拙。蕴含在儿童生命、精神中的纯真品格是儿童音乐纯真之美的重要来源。纯真在学前儿童音乐中代表的是学前儿童的本性之美，而艺术的纯真风格也是成人音乐家所重视和向往的。例如，舒曼的《童年情景》是音乐史上一部极为独特的作品。作品手法简练，形象刻画生动准确，心理描写逼真，欢快动人，饶有童趣。

第三，泛灵幻想。学前儿童丰富的想象力是由学前儿童生理和心理特点决定的。世界上的万物在学前儿童的思想中都是有生命的，都有自己的"喜怒哀乐"。学前儿童难以将现实世界和幻想世界完全区分开来以至于他们同时生活在现实世界和幻想世界里。幻想是儿童的一种天赋和本能，凭借着幻想，他们在现实的大世界中，营造着自己的小世界。乐曲《出发》描绘的情景是：一群儿童寒假坐火车去郊外游玩。在充满幻想的音乐进行中，出发的号角吹响了，火车徐徐开动了，长笛等吹出了兴高采烈的曲调，孩子们坐着火车缓缓离开城市，一路上欣赏观望祖国的大好河山，此时他们的心情是无比激动的。

丰富的音色渲染了儿童的幻想性、幽默感和童话色彩。

(二)学前儿童音乐的类型划分

1. 依据体裁分类

体裁是作品的存在形式。学前儿童音乐根据内容性质、表演的形式、作品风格等,可以分为以下类型(图1-2):

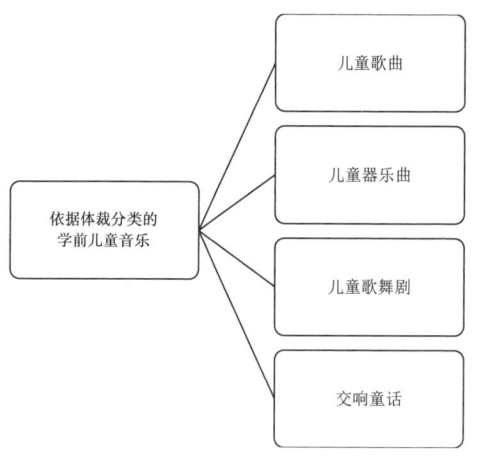

图1-2 依据体裁分类的学前儿童音乐

(1)儿童歌曲。

第一,摇篮曲。一般而言,亲切、安宁的气氛是摇篮曲的音乐形象。伴奏中往往模仿摇篮摆动的律动。摇篮曲的特点有多种:①音乐形象主要是抚爱、真挚;②曲调抒情、静谧;③旋律平稳、音域适中;④律动整齐;⑤速度缓慢;⑥力度较弱;⑦调式以大调式为主;⑧以女生独唱为主要演出形式。

第二,数数歌。训练儿童数数能力的儿歌是数数歌,其形象描写具有适合儿童审美心理的特点,它是数学与文学的巧妙结合。以传统儿歌《一二三四五》为例:"一二三四五,上山打老虎,老虎没打到,看见小松鼠,松鼠有几只,让我数一数,数来又数去,一二三四五。"

第三,游戏歌。是儿童游戏时吟唱的儿歌,它伴随着一定的游戏动作,如《找朋友》《丢手绢》等,都是游戏歌,它的特点就在于有明显的组织游戏的作用。

第四,连锁调。是传统形式的中国童谣。连锁调易唱易记,颇具情趣,从内容到形式都独具特色,深受幼儿喜爱,对培养幼儿的思维和语言能力十分有益。这类儿歌大都没有一以贯之的中心,但节奏韵律感极强。例如,《动物好朋友》:"小山羊,去种树,路上遇见小白兔,小白兔,去插花,路上遇见小青蛙,小青蛙,跳下河,唤来一只大白鹅,大白鹅,游呀游,碰到一只老水牛,老水牛,当领队,叫唤大伙来排队,排好队,向前走,大伙都是好朋友。"又如《做习题》:"小调皮,做习题。习题难,画小雁;小雁飞,画乌龟;乌龟爬,画小马;小马跑,画小猫;小猫叫,吓一跳。学文化,怕动脑,看你怎么学得好?"

第五,绕口令。它是把一些发音容易混淆的字连缀成有一定意义的儿歌,是专门用来对儿童的发音进行训练的儿歌。例如,《一二三四五六七》:"一二三四五六七,七六五四三二一。七个阿姨摘果子,七个篮子手中提。七个果子摆七样,苹果、杏、桃、柿子、李子、栗子、梨。"

第六,问答歌。是一种叙述事物、反映生活的儿歌,它采用的形式有两种:①一问一答;②连问连答。例如,《谁会跑》:"谁会爬?虫会爬。虫儿怎么爬?许多脚儿爬呀爬。谁会游?鱼会游。鱼儿怎么游?摇摇尾巴游呀游。谁会跑?马会跑。马儿怎么跑?踢踏踢踏跑呀跑。谁会飞?鸟会飞。鸟儿怎么飞?张开翅膀飞呀飞。"这首儿歌采用的形式是一问一答。又如,《什么弯弯》:"什么弯弯在天上?什么弯弯在头上?什么弯弯在脸上?什么弯弯在河边?月亮弯弯在天上,牛角弯弯在头上,眉毛弯弯在脸上,柳树弯弯在河边。"这首儿歌则采用了多问多答的形式。问答歌的特点就是有问有答。

第七,颠倒歌。是指在叙述时有意将事物原本的面貌颠倒过来的儿歌,具有幽默、讽刺的特点。颠倒歌表面上非常荒诞,常常暗示反衬某一事物并揭示其本质，具有一定的哲理性。颠倒歌不仅可以愉悦儿童，还可以训练儿童的辨别能力。例如，在山东一带广为流传的颠倒歌："东西路，南北走，顶头碰上人咬狗。拾起狗来砸砖头，又被砖头咬了手。老鼠叼着狸猫跑，口袋驮着驴子走。"

第八，字头歌。是传统儿歌中的一种常见形式，每句最后一字几乎相同，一韵到底，有很强的韵律感。一般多见的有子字歌、头字歌、儿字歌等。例如，子字歌《好孩子》："小珍珍，卷袖子，帮助妈妈扫屋子，忙得满头汗珠子。擦桌子，擦椅子，拖得地板像镜子，照出一个小孩子。"这首字头歌教育儿童热爱劳动，要当妈妈的好帮手。又如，儿字歌《小姑娘》："小姑娘，梳辫儿，辫梢系着红绳儿，风吹翘起辫梢儿，一起一落像鸟儿。小姑娘，留发儿，头发黑黑发光儿，吊起两条红绳儿，一左一右像花儿。小姑娘，扎辫儿，早春三月迎风儿，露出嫩嫩胖脸儿。"字头歌的特点是朗朗上口，句尾的字是一样的。

第九，谜语歌。谜语歌是一种智力游戏，它的语言准确生动、描述有趣，同时，具有趣味性、有益性的特点。谜语歌对儿童的发展意义重大：①对儿童进行知识教育；②促进儿童语言的发展；③促进儿童判断能力的发展；④促进儿童分析、综合能力的发展；⑤提高儿童的联想能力、想象能力；⑥促进儿童的推理能力；⑦提高儿童的记忆能力。例如，谜底为"不倒翁"的谜语歌："一个老头，不跑不走；请他睡觉，他就摇头。"

（2）儿童器乐曲。一般而言，儿童器乐曲主要分为两部分：一是适合儿童演奏的器乐作品。它是指为提高儿童演奏技术而由作曲家专门创作的作品。这些乐曲旋律优美动听，形象生动，富有趣味，以适合儿童的演奏技术和审美心理为目的。二是适合儿童欣赏的器乐曲。除上述这些音乐作品外，各国音乐家专门为学前儿童写了很多优秀的器乐曲作品。由于这些乐曲的技术难度相对较高，其只适合儿童欣赏。

（3）儿童歌舞剧。

第一，儿童歌剧。随着学校音乐教育的成熟，儿童歌剧开始出现在大众的视野并逐渐发展起来。活泼好动是儿童的天性，结合儿童的特点，儿童歌剧具有以下特点：结构简单；动作性突出；情节生动、故事性强。

第二，儿童舞剧。儿童舞剧一般以一个适宜儿童的故事为背景，根据故事配合音乐，安排不同的角色，通过舞蹈表演的方式来展现剧情。

第三，儿童歌舞剧。儿童歌舞剧是供儿童表演，以诗歌、音乐和舞蹈为主要表现手段的儿童戏剧。题材大都反映儿童生活，多采用童话体，歌词简明、浅显，音乐通俗、流畅，舞蹈语言活泼、生动，是儿童观众较为喜爱的戏剧形式之一。

（4）交响童话。交响童话是用交响乐的形式讲述一个童话，其实就是一种与交响诗类似的音乐体裁，只是它的内容是童话。例如，《彼得与狼》是苏联作曲家普罗柯菲耶夫为少年儿童而作的一部交响童话，该作品音乐形象鲜明生动，音乐内容通俗易解，蕴含着深刻的教育意义。

2. 依据题材分类

在儿童音乐作品中，常见的题材有以下类型（图1-3）：

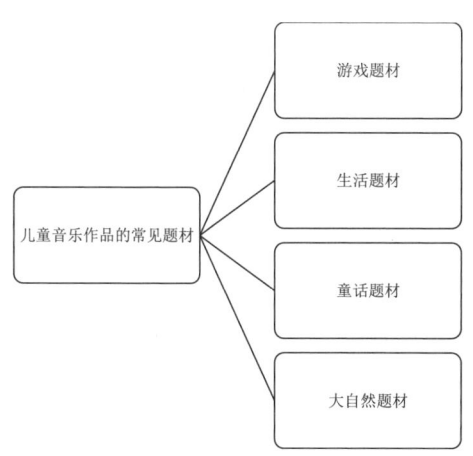

图1-3 儿童音乐作品的常见题材

（1）**游戏题材**。对于学前儿童而言，玩耍是他们的天性，音乐是"有趣"的"游戏"的一部分。学前儿童把音乐与游戏看作是一个整体，通过自身的感受，将声音与身体反应整合在一起。游戏题材的学前儿童音乐作品数量繁多，是深受学前儿童喜爱的音乐题材。例如，舒曼的钢琴组曲《童年情景》由13首钢琴小品组成，每一首都用一个个性鲜明的音乐形象来反映儿童生活的一个方面。其中曲三《捉迷藏》，乐曲短小轻快，用顿音奏出的快速十六分音符，像旋风一样上下行走，把人们一下子引入既紧张又欢乐的气氛之中。大群的孩子们快活地玩捉迷藏游戏，音乐显示了儿童活泼、好动的天性与旺盛的精力。这首乐曲是组曲中最富于诙谐性的。

（2）**生活题材**。学前儿童的生活世界多姿多彩、五彩缤纷，许多音乐家以儿童的家庭生活和学校生活为题材，捕捉儿童的生活场景，写出了许多脍炙人口的作品。例如，舒曼的《少年曲集》，其中许多曲目都是与舒曼家庭生活中的情景休戚相关的。法国作曲家德彪西的《儿童园地》是为其5岁的小女儿写的，共包括6首小曲，其中，《小象催眠曲》表现了手抱大象玩具的孩子入眠的过程；《洋娃娃小夜曲》展现的是孩子对着洋娃娃天真歌唱；《雪花飞舞》描写了雪花飘飘，孩子们寂寞的心态；《小牧童》描写的是玩具人吹奏只有笔尖那么小的角笛；《木偶的步态舞》则描写的是一个滑稽的黑人小木偶在跳舞的形象。每一个场景都是来源于孩子的现实生活。还有一些我们熟悉的音乐作品，都因为贴近儿童生活经验而深受儿童的喜爱。

（3）**童话题材**。童话是文学体裁中的一种，主要面向儿童，是具有浓厚幻想色彩的虚构故事作品，它通过丰富的想象、幻想、夸张、象征等手段来塑造形象，反映生活。儿童音乐中含有大量的童话寓言题材的作品，这些内容和特点最符合儿童的年龄和心理特点，所以童话在音乐教学中受到儿童的普遍欢迎。

（4）**大自然题材**。高山、飞鸟、树木等大自然题材在儿童音乐作品中历来受到孩子们的喜爱。法国作曲家圣桑的《动物狂欢节》、普罗柯菲耶夫的《彼得与狼》等，都是世界著名的童话题材的音乐作品。此外，还有柴可夫斯基《胡桃夹子组曲》的最后一组《花之舞曲》、柴可夫斯基《儿童曲集》中的《冬晨》等，也是脍炙人口的描绘大自然的作品。

第二节　学前儿童音乐教育内涵与特点

一、学前儿童音乐教育的内涵

"学前儿童音乐教育是一门研究学前儿童音乐心理发展、音乐学习的特点和规律，以及如何对学前儿童实施音乐教育的学科。"[①]

（一）学前儿童音乐教育的价值取向

第一，音乐教育对学前儿童身体发展的价值。一方面，音乐教学有益学前儿童大脑发展。学前期是大脑发育最为快速的一个时期，在此时期，只有通过不同的活动及训练才能充分调动学前儿童大脑的活动状态。音乐教学作为一项充满活力的教学，在教学过程中能充分调动学前儿童大脑的活动机会，进一步促进学前儿童大脑的发展。另一方面，音乐教学有益于学前儿童身体健康。在学前儿童的音乐教学过程中，教学通常是通过听觉与身体之间的互动完成的。伴随着优美音乐，学前儿童通过互动、表演等方式能进一步促进身体各器官的发育，并提高神经反应速度及协调性，增强肺活量。

第二，音乐教育对学前儿童认知发展的价值。学前儿童通过参与音乐活动，能够喜爱音乐，善于学习，养成良好的共同学习的习惯。在音乐教育过

[①] 贺绍华、邓文静：《学前儿童音乐教育》，北京：中央广播电视大学出版社2017年版，第5页。

程中，学前儿童的感知能力、记忆能力、想象力、思维能力等能得到进一步发展。

第三，音乐教育对学前儿童情感发展的价值。情感是指人的社会需要能否得到满足的一种体验，是随着人的活动而产生的。培养情感是教育工作的一项任务。学前是儿童情感发展的重要阶段，具有丰富情感的音乐对学前儿童情感发展有着重要作用。通过音乐教学，不但能有效构建学前儿童的情感，同时也能有效帮助儿童认识情感。一首好的歌曲，一曲优美的音乐，都能有效促进学前儿童与音乐之间产生共鸣。另外，在学前儿童音乐教学过程中，不同歌曲所带来的情感也不同，这也是对学前儿童情感世界的一种丰富。

（二）学前儿童音乐教育的主要作用

学前儿童音乐教育的作用主要表现在四个方面（图1-4）：

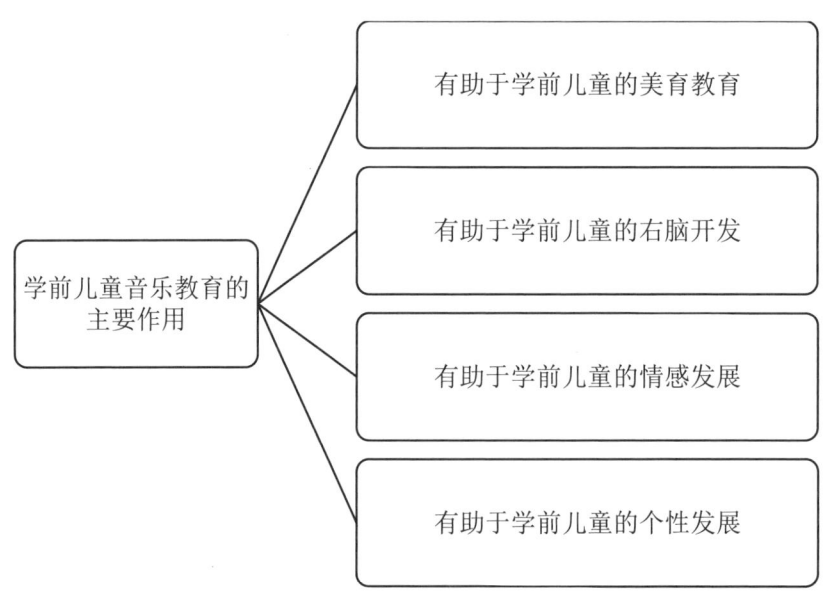

图1-4　学前儿童音乐教育的主要作用

1. 有助于学前儿童的审美教育

音乐作为教育手段的独特之处在于，它能通过培养音乐审美来促进塑造完美人格。因此，音乐教育可被视为审美教育的手段，而审美教育又是素质教育的手段。

音乐教育的目标是培养和谐、完善、统一、美好的人格，同时也培养个体对美的认知、热爱和创造的能力与态度。在学前儿童教育中，音乐实践通过以下方式对幼儿产生教育影响：①引导或帮助幼儿认识和体验自然美和社会美；②引导或帮助幼儿认识和体验音乐艺术本身的美。因此，可以将学前儿童音乐教育看作是通过音乐活动提升幼儿对美的认知、体验和创造能力的过程。此外，学前儿童音乐教育有助于幼儿培养健康的审美观、陶冶个体性情和品格，以及增强辨别是非和识别美丑的能力。

在学前儿童音乐教育活动中，幼儿园音乐教育应以符合幼儿喜好的感性形式展现音乐作品中蕴含的形式美和内涵美，以潜移默化地滋润幼儿的内心世界，陶冶幼儿的情感修养，丰富幼儿的生活经验，同时发展幼儿的审美能力。这样做有助于为幼儿一生的幸福生活提供宝贵的精神食粮。幼儿园音乐教育也有利于培养幼儿的审美感知、审美理解、审美想象以及审美创造等能力。

2. 有助于学前儿童的右脑开发

人类的大脑由左右两个半球组成，它们通过胼胝体这一由数亿神经纤维构成的连接通道相互传递信息，并协同调节人体的活动。现代脑科学认为，大脑的两个半球在功能上有所不同，存在一定的分工。通常情况下，左半球主要负责语言学习、数字理解、概念构建、时间感知和分析性思维等活动；而右半球主要负责音乐、图形感知、面孔识别、空间知觉和综合性思维等活动。尽管大脑的两个半球在功能上有所侧重，但它们并非相互独立的，而是需要两个半球的机能同时高度发展并有效协同才能更好地发挥整体功能。

科学研究已证实，音乐教育有助于开发大脑的右半球。在幼儿园中进行良好的音乐实践可以同时促进幼儿大脑左右半球功能的发展，从而优化整体的大脑工作能力。此外，大脑皮层作为一个整体，在进化过程中逐渐形成了许多重要的中枢。当人们从事不同的音乐活动时，不同的中枢接受的刺激量也不同，因此它们的锻炼和发展也有所不同。在音乐表演活动中，运动和运动感知中枢承担更多的控制和调节工作；在欣赏和创作活动中，更多的中枢参与信息的收集、加工和输出过程。只有通过丰富的活动和全面的训练，大脑的各个部分才能有机会保持积极的活动状态，从而实现全面的发展。

学前阶段是人脑生长发育最迅速的时期，在这个阶段，给予大脑各个部分积极活动的机会越多，就越有利于大脑的充分发展。学前期也是人的身体发展最快的阶段之一，运动对于这个阶段的儿童来说具有特殊的重要性。在学前期，儿童的音乐学习很少脱离身体运动。在伴随音乐进行的动作表演活动和乐器演奏活动中，儿童的大小肌肉、骨骼和韧带能得到锻炼，这提高了他们神经系统的反应速度和协调能力，增强了心肺等器官的耐受力。

3. 有助于学前儿童的情感发展

情感虽然是抽象和难以捉摸的，但它无所不在。一个情感丰富而热烈的人内心深处会对祖国、人民和家人怀有强烈的爱，这种爱将成为他们积极生活的强大动力；他们热爱事业，热爱大自然；他们对未来充满信心，愿意努力奋斗，时刻保持积极乐观的生活态度。拥有良好情感品质的人生活必然更有目标性，更富有活力。音乐对人们情感的影响力非常巨大，它能直接且强烈地触动人们的感情，触及灵魂深处。通过音乐来调整情绪，进而调节生理状态以促进或维护身体健康是完全可行的。

学前期是个人情感逐渐从低级到高级发展的阶段之一。在这个阶段，儿童的社交范围不断扩大，情感体验日益丰富和复杂，情感自我调节能力也不断提高；较高级的社交情感，如道德感、理智感、美感逐渐开始发展。科学的音乐教育活动可以为学前儿童提供更多积极情绪体验的机会，具体如下：

（1）学前儿童天生好动，音乐活动可以满足他们的运动需求。

（2）音乐的节奏元素能够节省体力消耗，让身体达到最佳状态，满足生理上的需求。

（3）音乐活动中容易建立亲密的人际关系，满足心理上希望被接纳的需求。

（4）音乐活动提供了更多自由想象和表达的机会，满足希望实现自我价值的需求。

在这个年龄阶段，优秀音乐作品产生的影响将成为他们一生中宝贵的精神财富。他们将逐渐懂得爱、温柔、同情、自豪和集体意识。因此，以音乐为媒介，有意识地通过音乐活动与学前儿童进行积极的情感交流，更容易取得良好且持久的情感教育效果。

4. 有助于学前儿童的个性发展

个人的倾向性和意识是驱使人们进行活动的基本动力，也是个人心理结构中最活跃的因素。它体现在对认知和活动对象的偏好和选择上，主要包括需求、动机、兴趣、理想、信念和世界观等方面。兴趣是个人积极主动地探索某种事物的认知倾向。兴趣可以分为直接兴趣和间接兴趣、短暂兴趣和稳定兴趣。由事物或活动本身引发的兴趣被称为直接兴趣。在参与某项活动期间产生的兴趣，随着活动结束而消失，被称为短暂兴趣。由活动的目标、任务或结果引发的兴趣被称为间接兴趣。而那种不会因为活动结束而消失的兴趣则是稳定兴趣。

在学前阶段，儿童对事物或活动的兴趣主要是由外界因素激发的，而且多为直接兴趣和短暂兴趣。当一个人对某种事物产生浓厚而稳定的兴趣时，他们将表现出积极的行动意愿，对事物的观察更加敏锐，记忆和想象能力也会提高，情绪变得积极向上，同时也会增强克服困难的意志力。成熟的自我意识包括意识到自身的身体、身体特征以及生理和心理状态，还能认识并体验到自己在社会和群体中的地位和作用。

优质的音乐教育活动有助于促进学前儿童个人意识和倾向性的发展，教育者应将促进学前儿童自我意识的发展视为音乐教育的重要目标。儿童在感受和表达音乐时需要有意识地认识自己身体的活动状态，并有意识、有目的地控制和协调身体的各部分。学前儿童在理解和欣赏音乐时还需要反思音乐引发的想象、联想和情感体验。在集体音乐活动中，学前儿童可以得到教师和同伴的各种评价，这些评价在个人自信、自尊、自我评价能力和自我态度的形成方面起着至关重要的作用。

二、学前儿童音乐教育的特点

由于儿童生性活泼好动，所以要求对学前儿童进行的音乐教育活动也要生动活泼。音乐教育的内容和手段都要更贴近学前儿童的天性，要具有很强的形象性和情感性，使学前儿童能够在轻松愉快的过程中学有所得。基于此，学前儿童的音乐教育主要呈现出以下特点：

（一）形象性与创造性

艺术是通过一定的具体形象来反映生活的，所以形象是艺术反映生活的一种特殊手段。音乐虽然是以音响为物质材料，通过听觉来感知的特殊艺术，但是因为它并不是抽象逻辑的产物，所以可以通过联想、表象和想象等来构成有思想情感的、有审美价值的内容。因此，音乐的形象性和在此基础上的创造性在学前儿童音乐教育活动中有着重要意义。

学前儿童虽然活动范围逐渐相对扩大，生活经验相对增加，语言和认知能力也有了一定的发展，但是其本身的认知、思维发展水平还是有限的，他们对音乐的理解和把握能力也因此受到局限。学前这一年龄段的儿童对事物的认识，还需要借助于对其表象的拟人化的联想。所以，学前儿童音乐教育的内容、形式以及方法都需要更多地体现出形象性和创造性。

（二）趣味性与游戏性

玩是儿童的天性，学前儿童的生活中充满了游戏。他们在这一年龄段的最大追求就是快乐，所以参加的活动都必须有趣味性。儿童音乐本身的愉悦性和感染性，正是吸引学前儿童积极参加音乐活动的原因之一。

音乐游戏最能直接体现学前儿童音乐教育的趣味性和游戏性。音乐游戏是一种有规则的游戏，它借用游戏的形式以发展儿童的音乐能力为目的。这类游戏有些侧重于创造和表现的歌舞，有些侧重于情节和角色扮演，有些侧重于音乐要素的听辨能力。音乐游戏不管是哪种，都能促进学前儿童动作的协调性，提高他们辨别音乐和感受音乐的能力，让儿童保持愉快的情绪。

第一，内容上的趣味性与游戏性。除了上述的音乐游戏内容外，在儿童的歌唱、韵律、音乐欣赏和乐器演奏等活动中，趣味性与游戏性的特点也非常显著。在学前儿童的歌唱活动中，歌词富有童趣，而且表现儿童游戏活动的歌曲占了很大一部分，如猜谜歌、手指游戏歌、跳皮筋歌等。在引导儿童进行音乐欣赏的时候，一般也用富有趣味性的游戏加以配合。

第二，形式上的趣味性与游戏性。学前儿童音乐教育形式具有很强的灵活性和自由性，在同一次音乐活动中，不同的教学组织方式可以同时或者交替出现。例如，歌唱的形式可以是集体合唱，也可以是独唱或者双人对唱、小组接唱等，根据活动需要选择即可。

在学前儿童音乐活动中，儿童可以自由选择活动空间、合作的伙伴或者小组等，用不同的角色参与游戏，教师也可以以示范者、引导者、参与者等各种不同的角色身份进行指导。

第三，方法上的趣味性与游戏性。根据儿童年龄阶段及身心发展的特点，教师可以在音乐活动的设计中，创造一些趣味性和游戏性的方法。如在讲解、示范和提问的时候，教师通过语言、表情和动作的变化和配合，带动儿童的兴趣，使其积极地参与到活动中。有趣、滑稽的动作会更容易引起儿童的注意。

第三节 学前儿童音乐教育内容与途径

一、学前儿童音乐教育的内容

学前儿童音乐教育体系基本分为歌唱活动、韵律活动、打击乐演奏活动、音乐欣赏活动等。

(一)学前儿童的歌唱活动

幼儿园歌唱活动在幼儿园音乐教育活动中占有重要比例。幼儿歌唱能力的发展主要包括歌词、节奏、音准、音域、呼吸、情感体验与表达、独立性、合作性以及创造性等九个方面。选择正确的符合幼儿音乐能力发展及音乐心理特点的教学方法能够使儿童舒适地、有理解力地、有感情地歌唱,能够在美好的歌声中提高幼儿的歌唱能力以及对美好声音的追求和体验。

幼儿园歌唱活动的教学内容主要涉及歌曲、歌唱的表演形式和歌唱的简单知识技能。歌曲是音乐和文学完美结合的艺术形式。幼儿歌曲包括专门为幼儿创作的歌曲,传统的童谣以及由幼儿自己创作或即兴创作的歌谣,以及某些适合儿童演唱的流行歌曲等。歌唱活动中节奏朗诵也是一种艺术语言与音乐结合的艺术表演形式,是深受幼儿喜爱又易于为幼儿所接受的歌唱活动材料。在歌曲的总体选择方面,应该具有纯真性、思想性、艺术性,以及内容、形式、风格等方面的丰富性和多样性。

幼儿园中幼儿可以掌握的歌唱表演形式多种多样,主要有独唱、齐唱、接唱、对唱、领唱齐唱、轮唱、合唱、歌表演等。其中歌表演的形式能够帮助幼儿记忆歌词内容,富有童趣,深受幼儿喜爱,在歌唱活动的教学过程中也广泛应用。在接受幼儿园教育之前,幼儿也会接触和学习到许多歌曲的演唱,但是接受正确的歌唱技能教育,大多是在入园后的歌唱教育活动中进行的。因此,幼儿园歌唱教育活动对于幼儿养成正确的歌唱习惯,掌握正确的歌唱技能非常重要。幼儿可以掌握的简单知识技能主要有:正确的歌唱姿势;正确的发声方法;正确的呼吸方法;准确唱出歌词、节奏和曲调的技能;自然、恰当地用歌声表达感情的技能;正确、默契地与他人合作的技能;正确运用和保护嗓音的知识和技能。

1. 学前儿童歌唱活动的材料选择

歌唱活动的材料主要是歌曲。为学前儿童歌唱活动选择歌曲,应符合音乐艺术审美的基本要求;歌曲的歌词要朗朗上口、具有韵味,要幽默诙谐、富有情趣;旋律要优美动听,能激发儿童歌唱的兴趣,既符合学前儿童年龄特点,又有利于促进学前儿童身心发展,给听者和演唱者以美的享受。歌曲是由词、曲结合的艺术作品,在选择歌唱材料时必须同时兼顾歌词和曲调两个方面:

(1)**歌词的选择**。为学前儿童选择的歌曲,其歌词一般应具有以下特点:

第一,内容与文字要有趣、易于理解。学前儿童的年龄小,生活经验尚不丰富,理解事物和理解语言的能力很有限。这一年龄段的儿童好动、好奇、好玩,因此在歌词内容和文字表述的选择上应注意:①歌词内容与歌曲使用的文字应生动形象、浅显易懂,为儿童所理解,否则,就很难引起学前儿童的兴趣和情感共鸣。儿童的歌唱一旦缺乏了心灵上的感动,也就严重地减弱了其歌唱时的自发性乐趣;②歌词的内容、主角的形象应是学前儿童比较熟悉和喜爱的。从世界各国儿童喜爱的歌曲的内容看,动植物、自然现象、交通工具,身体的各个部分、儿童自己的生活和活动等,都是儿童日常能接触到且感兴趣的内容;③歌词的文字应是生动、有趣的。如使用押韵、重复词,使用象声词、衬词、感叹词、无意义的音节,使用夸张、诙谐的创作手法等。歌词篇幅要短小易记,让儿童学得快、记得快。同时也要为学前儿童提供更多的编唱机会;④歌词应具有潜在的情感价值。例如,《螃蟹歌》中的美好生活体验,

《泥娃娃》中的爱的熏染,《我的好妈妈》中的美德赞扬等。

第二,歌词内容应适于用动作表现。学前儿童天性好动,感情外露,因此唱唱跳跳是他们最喜爱的一种音乐表现形式。他们的活动总体上是不分化的,无论是说话还是歌唱,都常常以动作相伴随。如果歌词本身适宜用动作表现,则歌曲便更容易为儿童所喜爱和接受。而且学前儿童尚处在语言学习的早期阶段,以动作来辅助对语言的理解和表达,是该阶段儿童学习语言的心理需要。另外,这种边唱边做动作的方法不仅有利于儿童记忆歌词、发展节奏和动作的协调性,而且也能更好地帮助儿童表达情感。以歌曲《数鸭子》为例,歌词内容:"门前大桥下,游过一群鸭,快来快来数一数,二四六七八。"简单的两句歌词,儿童能很快地加入肢体的律动歌唱,并能够快速记住歌词。

第三,歌词结构应简单、多含重复。结构简单主要是指句子中所含的词汇较少,语法结构较简单;多含重复主要是指句子在长度、语言朗读节奏、结构等方面多含相同或相近处,甚至在旋律、节奏和歌词方面有较多完全相同的地方。学前儿童在编唱时,可以随意编唱任何不合常理的事情,作为幼儿教师或家长一定要给予积极的肯定和赞扬。此外,简单而多次重复的歌词,也更易于儿童理解和记忆。

(2) **曲调的选择**。为学前儿童选择的歌曲,其曲调一般应具有以下特点:

第一,音域较狭窄。音域是指一首歌曲中最低到最高音的范围。选择歌曲的音域不可过宽,要顺应儿童的生理特点。学龄前儿童不适宜唱过高或过低的音,以保护幼儿的声带。只有在适合的音域内歌唱时,儿童才比较容易唱出自然优美的声音,也只有在适合的音域歌唱时,儿童才不容易"走音"。

一般而言,各年龄阶段的合适音域如下:

2～3 岁:c^1-e^1;

3～4 岁:d^1-a^1;

4～5 岁:c^1-b^1;

5～6 岁:c^1-c^1。

偶尔有高音超出以上范围，但此高音不是多次出现且不在此高音上长时间停留都是容许的。

第二，节奏比较简单。学前儿童一般不适合唱过于复杂的节奏。所选歌曲主要由二分音符、四分音符、八分音符等节奏组成，也可选择含有少量十六分音符、附点四分音符、附点八分音符、休止符甚至切分音节奏的歌曲。

4岁前的儿童选择歌曲，应以二分音符、四分音符、八分音符构成的节奏为主，偶尔也可以出现含有附点音符和休止符的节奏。4～6岁的儿童选择歌曲时，可选择含有少量十六分音符的节奏，附点节奏出现的次数也可以稍微多一点，还可以出现少量含有切分音的节奏。3岁前的儿童所选歌曲的节拍，最好以2/4拍和4/4拍为主。3～4岁的儿童，偶尔也可以选择一些3/4拍的歌曲。4～6岁的儿童选择歌曲时，除了一般仍然以二拍子和四拍子的歌曲为主以外，可以开始较多地选择三拍子和六拍子的歌曲。另外，4～6岁的儿童，还可以适当选择弱起的歌曲。

用较快的速度或较慢的速度歌唱，对4岁前的儿童而言都是比较困难的。因为，4岁前的儿童呼吸比较浅也比较短，而快速度和慢速度的歌唱却要求具有较深的呼吸和较长的气息支持。所以，在为4岁前的儿童选择歌曲时，一般选用中速比较合适。4～5岁的儿童比较容易兴奋，可以适当选择比较轻快活泼、速度稍快的歌曲以满足他们的需要，还应多选择一些安静柔美、速度稍慢的歌曲以陶冶他们的性情。5～6岁的儿童已经开始有了一定的情感自控能力，控制发音器官、呼吸器官的能力也有了一定的进步。所以，可以为他们选择速度稍快或稍慢的歌曲，还可以为他们选择含有速度变化的歌曲，以适应这个年龄段儿童歌唱表现能力成长的需要。

第三，旋律较平稳。学前儿童一般不适合唱旋律起伏太大的歌曲，宜选较为平缓的旋律。一般而言，他们比较容易掌握的是三度和三度以内的音程，同度音重复也包括在内。3岁前的儿童演唱歌曲的音程跳进多为三度以内的音程，小二度不适合他们演唱。3～4岁儿童所选歌曲应注意多选以五声音阶为骨干的旋律。4~6岁的儿童可以演唱四度、五度、八度的音程。在四度以及四度以上的大音程中，学前儿童比较容易掌握的是四度、五度和八度音程。对六度和七度音程，即使是6岁甚至6岁以上的儿童也是不太容易唱准的。因此，在为学前儿童选择歌曲时，宜多选旋律比较平稳的歌曲。三度以上的跳进可以使旋律更加生动活泼，有一点跳进也可以使儿童逐步适应音程的跳进。总的原则是：跳进不宜过多，跳进的跨度不宜过大，更不能有连续的大音程跳进，应注意多选以五声音阶为骨干的旋律。

第四，曲调结构短小工整。学前儿童一般不宜唱结构过于长的歌曲。为4岁前的儿童选择歌曲，以含2~4个乐句为宜，总长度一般在8小节。为4~6岁的儿童选择歌曲，可含6~8个乐句，总长度可增加至16~20小节。为学前儿童所选歌曲的乐句也不宜过长，在演唱中速的歌曲时，二拍子或四拍子的歌曲一般以每句四拍为宜，三拍子的歌曲一般以每句六拍为宜。5~6岁的儿童在演唱速度较快的歌曲时，偶尔可以演唱含稍长句子的歌曲。总体而言，为学前儿童所选歌曲的结构以短小为宜。

第五，词曲结合较单纯，学前儿童一般不宜唱词曲关系过于复杂的歌曲。4岁前的儿童所唱的歌曲大多数应该是一个字对一个音的。4~6岁的儿童可以逐步掌握一个字对两个音的词曲关系。但总的说来，为学前儿童所选的歌曲在词曲关系方面还是应该相对单纯为好，以一字一音的关系为主。

（3）歌曲的内容、形式、情绪与风格的多样性。

第一，为学前儿童选择歌曲，题材应广泛，既要有反映幼儿喜爱的动物、植物和自然界变化的歌曲，也要有反映儿童日常生活、游戏、学习等题材的歌曲，还要有反映社会、节日、儿童熟悉的成人劳动生活等题材的歌曲。

第二，为学前儿童选择歌曲，形式要多样化，独唱、齐唱、对唱、接唱、轮唱、二声部合唱等多种演唱形式都应让学前儿童有所感受。

第三，为学前儿童选择歌曲，情绪也应丰富多样。每一年龄段的幼儿都应有表现活泼欢快、优美抒情、安静甜美、雄壮有力等各种情绪的歌曲，从而丰富自己的艺术体验,增强歌唱表现能力。

（4）**歌曲的总体选择**。为学前儿童选择的歌曲尽管比较短小、简单,但总体上应该具有纯真性、艺术性和教育性。而且要注意避免单一化,应体现内容、形式、风格等方面的丰富性和多样性。除了选择我国的幼儿歌曲外,还要适当选择国外有名的幼儿歌曲。这对学前儿童提高歌唱的兴趣,领会不同风格的歌曲,都有一定的积极作用。幼儿园歌唱活动应注意发展幼儿的歌唱能力,帮助幼儿体验正确的共鸣位置和美好自然的声音;帮助儿童获得咬字、吐字的正确方法,处理好气息与歌唱及情感表达的关系。

总而言之,为学前儿童选择合适的歌曲,不是一个简单的问题,以上的各种因素组合在一首歌曲中,千变万化。因此选材时要考虑到诸多因素,不能机械地、孤立地逐项评价、衡量一首歌曲。歌唱是对学前儿童进行教育的有力手段,所选的歌曲不应违背教育目的,应有利于促进儿童的全面发展。

2. 学前儿童歌唱活动的内容设计

幼儿园歌唱教学不仅是对幼儿进行美育的重要手段,还可有效促进幼儿的注意力、记忆力、想象力、创造力、表达力以及社会交往等多种能力的发展。因此,设计并组织好一节歌唱活动是非常重要的。

（1）**由动作开始的活动设计**。由动作开始导入新歌教学的歌曲,词曲要简单多重复,歌词内容应是直接描述动作过程或是比较富于动作性的。其典型特点是：从动作开始,动作在前。

【例1】小班《头发、肩膀、膝盖、脚》。

根据音乐的节奏、速度边唱边做相应的动作；学习与同伴合作表演,体验合作的乐趣。

第一,教师和幼儿一起演唱歌曲,并启发幼儿边唱边表演（唱到哪个身体部位时,手就摸到哪里）。

第二,引导幼儿编创歌词与动作。启发幼儿想一想还可以拍身体的什么部位,并提醒幼儿注意身体各部位的顺序性,要求边做边唱,做与唱要协调。

第三，组织幼儿合作表演律动。教师示范，边唱边拍一位幼儿相应的身体部位，引发幼儿合作律动的兴趣。鼓励幼儿找到同伴合作表演的律动，要求能友好地拍同伴相应的身体部位。

【例2】中班《走路》。

体验歌唱活动的乐趣，萌发喜爱小动物的情感。能情绪愉快地参与歌唱活动，大胆歌唱，用肢体动作模仿小动物。

第一，学习歌唱表演《走路》："宝宝们的本领真大，你们优美的舞姿把其他小动物也引来啦，你们想知道是谁来了吗？"（想）"我们一起来听听看好吗？"了解歌曲，感知歌曲的动听，有趣。听歌曲第一遍提问：你们听到是谁来啦？（幼儿回答出一个，即点击出小动物）总结："对呀，小兔、小鸭子、小乌龟、小花猫它们一个一个的走来了，哎，它们是怎么走来的呀，我们再来看看它们是怎么走来的好吗？"

第二，理解歌词内容，模仿动物走路播放歌曲提问："小兔是怎么走路的呀？小鸭子是怎么走路的呀？小乌龟是怎么走路的呀？小花猫是怎么走路的呀？"

总结：小兔子走路，蹦蹦蹦蹦跳。小鸭子走路，摇啊摇啊摇。小乌龟走路，慢吞吞。小花猫走路，静悄悄。

我们一起来学学它们走路，师幼一起边念歌词边模仿这些动物走路。

（2）由歌词创编开始的活动设计。由歌词创编开始导入新歌教学的歌曲，词曲内容简单、多重复，歌词内容语法结构单纯、清晰，具有某些语言游戏性质的歌曲。其典型特点是：从歌词创编开始，歌词创编在前。

【例3】中班《秋天》。

第一，欣赏秋景，感受秋天。师生问答形式，即兴创编描写秋天的词句。

小结：原来我们可以从穿着发现秋天，天渐渐地凉爽了，我们穿上了长裤、长袖的衣服。我们还能从地上的落叶发现秋天，树叶变黄了，从树妈妈的身上掉落下来。我们还可以从很多很多的地方发现秋天，比如水果，有些水果是只有在秋天才有的。

第二，学唱歌曲，创编动作。歌曲《秋天》描述的是秋天的一种景象，秋天里有凉爽的风，有漂亮的落叶，有暖洋洋的太阳，那歌曲里面说的会是什么呢？老师看见小朋友唱歌的时候还做了很多小树叶飞和小树叶睡觉的动作，"我们一起来做做看好吗？"（幼儿边唱边跳）"请小树叶们都再来飞一飞，我来看看哪片叶子是秋天中最美的，不仅歌声好听舞也跳得好看。"（幼儿边唱边跳）

【例4】大班《胡说歌》。

第一，学唱歌曲，欣赏歌曲，感受歌曲的滑稽可笑。引导幼儿听出歌曲有几句，共同完成图谱，比较歌词的不同，并学唱歌曲。完整演唱歌曲。

第二，创编衬词和动作（帮助幼儿掌握弱起的节奏），并练习歌曲。鼓励幼儿在一、三、五句后面加上不同的动作。创编好玩的声音做衬词。引导幼儿唱出歌曲有趣、可笑的感觉。

第三，创编歌词，请孩子选一个喜欢的物品（衣帽、鞋、手套等），体验怎样穿戴更好玩，并学模特进行表演。根据刚才体验尝试创编歌词。

第四，幼儿合作表演歌曲。请幼儿自由选择伙伴，商量好动作，随音乐表演。集体创编动作表演。

（3）由情境表演开始的活动设计。由情境表演开始导入新歌教学的歌曲，歌曲内容所反映的是一些简单的，幼儿可以一目了然的情境或事件。其典型特点是：从情境表演开始，情境表演在前。

【例5】小班《小花狗》。

第一，复习活动。孩子小手合拍地边唱边做动作，并进行模仿。在歌曲《咪咪小花猫》的伴奏下，用手指游戏情景表演小花猫的活泼可爱。

第二，熟悉歌曲《小花狗》。掌握歌曲节奏型。教师说歌词，幼儿说"汪汪"。教师与幼儿一起边说歌词边拍节奏，教师边唱歌曲，边与幼儿一起拍节奏。

第三，学习歌表演。教师唱歌曲，幼儿按歌词内容做动作并叫汪汪，教师与幼儿边唱歌边做动作。

第四，玩音乐情境游戏。教师扮"小花狗"，蹲在拱形门前边唱边表演。幼儿扮演"肉骨头"，蹲在教室中间。交换角色游戏。

【例6】中班《小娃娃跌倒了》。

第一，听音乐进教室。

第二，语言节奏。动物乐园，老师出示节奏卡片幼儿拍出后，老师启发幼儿想象是哪些动物来了。

第三，发声练习。展示课件。

第四，新授。让幼儿听课件里小孩的哭声，师生问答，欣赏情景表演，感受歌曲的旋律，了解歌曲的内容；欣赏分解图片，进一步了解歌曲的内容；老师范唱歌曲，教唱歌曲；幼儿再次欣赏情景表演，完整感受歌曲内容；老师出示四幅图片，启发幼儿按歌词内容进行图片排序，加深对歌曲内容的理解。幼儿讨论，老师小结。

（4）由故事讲述开始的活动设计。由故事讲述开始导入新歌教学的歌曲，歌词含有相对完整的故事情节，表述的内容和语言结构也较复杂些，其典型特点是：从讲故事开始，故事在前。

【例7】中班《迷路的小花鸭》。

第一，准备部分。幼儿从活动室外听音乐走进教室坐好播放歌曲《迷路的小花鸭》，发音练习。

第二，基本部分。教师以故事形式，设置悬念，引起幼儿兴趣。教师一边讲述故事，一边演示教具，幼儿欣赏；教师向幼儿介绍活动名称及活动内容，教师完整演唱歌曲，幼儿欣赏；教师结合图示，引导幼儿演唱，熟悉歌词内容；幼儿演唱，教师指导；教师引导幼儿运用不同的演唱形式演唱歌曲；全体幼儿用不同的情绪完整地演唱歌曲《迷路的小花鸭》。

第三，教师小结。教师问："小朋友，在日常生活中，如果你迷路了，你会怎样做？"幼儿随音乐走出教室。

【例8】大班《粗心的小画家》。

第一，教师讲述故事《粗心的小画家》，引入新课。教师问："有一个小朋友叫丁丁，他自认为什么都会画，是个小画家，可是他画的画不是画错了，就是缺了些什么，你们来看！"（出示他的画，请学生讲出错误的地方）

第二，教师说："作曲家把他的故事编成了歌曲，我们一起来听听。"（播放音乐，初次体会歌曲的情绪，是欢快的，还是悲伤的？）

第三，朗读歌词，教师领读，有节奏的读，第二遍加上拍手的动作。

第四，再聆听音乐，注意提出难点。

第五，学唱歌词，跟着老师唱，跟琴唱，跟伴奏演唱。（及时纠正错误的地方，提醒学生注意歌曲的速度）

第六，在演唱熟练的基础上，让学生分组讨论，为歌曲配上动作和符合乐曲的节奏。让学生上台表演，比一比，赛一赛，教师及时表扬。把歌曲完整地演唱，将自己最喜欢的动作、节奏都表现出来，达到歌曲的高潮。

（5）由歌词朗诵开始的活动设计。由歌词朗诵开始导入新歌教学的歌曲，歌曲中歌词的语言逻辑更加复杂，但情境性、故事性却又比较弱。其典型特点是：学习歌词朗诵开始，歌词朗诵在前。

【例9】中班《雪花和雨滴》。

第一，导入律动。根据优美音乐，跟教师做春夏秋冬四季的有关动作。小朋友闭上眼睛，数三下睁开，教师吹白色碎纸屑，问："是谁从天空飞下来？""小雪花是怎样飞下来的？"（沙沙沙，轻轻飘下来）

第二，看图片学第一段。看图片第一段语言有节奏地朗诵："每年的冬天，小雪花都要来到小朋友中间，让我们一起看大屏幕。"理解分析歌词，学唱歌曲，填编歌词："冬天过去了，春天来到了，你听，猜猜是谁'嘀嘀嘀嘀嗒'？""小雨滴会说些什么？""小雪花飘下来，那小雨滴呢？"（落下来）"小雨滴想告诉我们什么？"（春天来到了）

朗诵歌词：教师说前半句，幼儿填编不一样的后半句；语言节奏朗诵，演唱歌词；加动作表演唱，教师稍加工，使动作更有美的感染力。

【例10】大班《小动物怎样过冬》。

第一，朗诵导入活动，引起兴趣。教师问："冬天里，天气怎么样？我们都穿着什么样的衣服？你知道小动物是怎么过冬的？"（讨论）

第二，感知理解歌词内容，出示背景图。教师问："看看图上都有哪些小动物？它们是怎么过冬的？"（讨论，回答）引导幼儿用歌曲的节奏朗读歌词。

第三，学唱歌曲。教师示范唱，整体教唱，边唱边做动作，分角色朗诵表演歌曲，分角色演唱表演歌曲。请四名小朋友扮演四种动物。

（6）由游戏开始的活动设计。由游戏开始导入新歌教学的歌曲，伴随着歌曲边玩边唱，在学玩游戏和玩游戏的过程中自然而然地学会歌唱。其典型特点是：从游戏开始，游戏在前。

【例11】小班《懒惰虫》。

第一，以游戏的形式导入活动。教师问："我们来做个游戏。我是鸭妈妈，那你们是？"（小小鸭）

第二，介绍游戏的玩法。教师问："现在妈妈要来找一找我的小小鸭在哪里？妈妈拍拍你的肩膀，你就站在妈妈的后面做小小鸭，我们一起去找别的小小鸭，好吗？"（好）

第三，游戏：《找小小鸭》。

第四，学唱歌曲《懒惰虫》。教师范唱歌曲，通过提问，帮助幼儿理解歌词，通过游戏《懒惰虫》帮助幼儿记忆歌词，幼儿学唱歌曲。

【例12】中班《青蛙》。

第一，活动导入。感受欢快的音乐形象，模仿青蛙跳，捉虫的动作，听音乐做游戏，懂得青蛙是保护庄稼的益虫。

第二，学唱歌曲及尝试演奏。初步熟悉歌词，教师播放背景音乐，带领幼儿根据音乐节奏做小青蛙跳跃的动作。在游戏的同时，教师有节奏地清念歌曲《小青蛙》的歌词。进一步熟悉歌曲内容及节拍，小朋友在教师指导下，练习两遍青蛙跳和捉害虫动作。音乐开始，幼儿唱小青蛙捉害虫，唱完后，做动作模仿青蛙跳，来到农田，蹲下来，做捉虫准备。当教师说轻轻跳过去捉害虫，小朋友模仿青蛙捉害虫的姿态，靠近害虫跳跃，捉住害虫，假装吞食。

第三，小结。模仿小青蛙的动作离开教室。教师说："小青蛙们捉害虫的本领真大，一会儿跟着妈妈到外面去捉害虫吧！"

（二）学前儿童的韵律活动

舞蹈是用人的身体姿态、动作造型来传达思想感情的一门艺术。在学前儿童音乐活动中，音乐与身体动作常常是不能分开的。随音乐进行的身体动作是学前儿童学习音乐，体验和表达情感的最自然的方式之一。

幼儿园韵律活动主要包括韵律动作、韵律动作组合和舞蹈。选择正确的符合幼儿身体动作发展能力及音乐心理特点的教学方法使幼儿在美好的音乐中协调地、富有感情地舞蹈，能够提高幼儿的身体协调能力、节奏感以及对动作造型的美感鉴赏。

幼儿园韵律活动内容所需的材料主要有动作材料、音乐材料和道具三方面。在动作材料选择方面，首先要考虑的是幼儿的身体动作发展特点和兴趣。3～4岁的幼儿最感兴趣的是对各种动物、交通工具等的模仿动作；跟随音乐做比较简单的如拍手、点头等基本动作；配上舞步的模仿动作，如小碎步小鸟飞等。4～6岁的幼儿多选择有主题内容或情节的模仿动作。在其他随乐动作的选择方面，更多地加入了舞蹈动作。

在音乐材料选择方面，节奏清晰、结构工整的音乐更适宜用动作来表现；旋律优美、形象鲜明的音乐更能激发幼儿随乐活动的兴趣；适中的音乐速度，更适合幼儿身体动作能力的发展特点。

一般而言，幼儿跟随音乐快乐的舞蹈并不需要使用道具，但适时地运用适宜的道具可以增加幼儿参与活动的兴趣，提高动作的协调能力，增强幼儿的美感。在道具材料选择方面，应选择新颖有趣的，能增加动作表现力和趣味性的，操作简便，安全卫生，经济实用的道具，幼儿自己动手制作的简单道具也是非常不错的选择。

（三）学前儿童的音乐欣赏活动

音乐可以给人们带来愉悦与美的感受，音乐欣赏是通过聆听音乐作品获得审美享受的音乐活动。通过音乐欣赏活动可以提高幼儿的欣赏水平，获得欣赏音乐的美的感受，开阔音乐眼界，丰富音乐经验，提高审美能力。

幼儿音乐欣赏活动所使用的音乐作品包括歌曲、器乐曲、舞蹈、戏剧等类型的艺术作品。在选择音乐作品时，需要考虑作品的内容、形式、风格等是否符合教育的要求，是否符合幼儿感知、理解音乐的实际能力水平。

幼儿音乐欣赏的作品要有较强的艺术性，音乐形象鲜明，能够给幼儿以审美的享受。在艺术形象方面应积极向上，并能激发幼儿热爱生活的情感。音乐作品所表达的内容、形象应是幼儿所熟悉的。作品的篇幅不宜过长，结构单纯工整，形式简单，易于幼儿感受和理解音乐。有些篇幅较长的器乐曲、歌曲，需要教师节选其适合幼儿欣赏的旋律部分。音乐作品的内容、题材、风格应丰富多样，要为幼儿提供中外多种多样的音乐作品，以开阔幼儿音乐眼界。在选择好音乐作品后，教师应熟悉作品的创作背景或故事情节，了解作家生平，主奏乐器，分析作品的曲式结构，情绪内容。结合本班幼儿音乐发展水平，分析音乐作品的重点与难点，设计与之相适应的活动方案与教学方法。

（四）学前儿童的打击乐演奏活动

打击乐演奏活动是幼儿园音乐教育活动的重要内容，是幼儿学习音乐，享受音乐的重要途径之一。通过打击乐演奏活动，幼儿能够初步掌握简单打击乐器的演奏技能，培养节奏感，了解并感受曲式结构和多声部织体，也可使幼儿在合作意识、合作能力、创造意识、创造能力、组织纪律性等方面得到提高。

幼儿园打击乐演奏活动涉及的材料主要有乐器、音乐、配器方案三个方面。幼儿园常用打击乐器主要有：手铃（或称马蹄铃）、串铃、碰铃、响板（或称圆舞板、圆弧响板）、铃鼓、三角铁、双响梆子、鼓、小钹等。不同年龄阶段选择的演奏乐器不同，同一件乐器选择的演奏方法和配器方案也不同。例如，小班幼儿常用手铃、串铃、响板等小型乐器，而三角铁、小钹等则在中大班常用。小班幼儿在演奏响板时，用拍奏法较为适宜，而中大班幼儿则可用捏奏法演奏。小班幼儿除了声音模仿、辨识内容之外，在为乐曲配器的活动中适宜演奏节奏型整齐、简单，乐器种类不超出两种，织体统一的配器方案。

在音乐作品选择方面，适宜选择节奏鲜明、结构工整、旋律优美、形象生动的乐曲。小班音乐一般适宜结构简单的一段体，中大班音乐可以是一段体，二段体或三段体。选择配器方案时，先应符合幼儿不同年龄阶段所具备的不同演奏能力。选配乐器时注意圆润音色组、碎响音色组、脆响音色组乐器搭配使用，根据乐曲的特点添加混响音色组的乐器，使配器方案音色搭配协调，符合乐曲的性质、风格。选配节奏型时，应有整体统一的美感，避免杂乱无章，遵循"既有统一又有变化，既有呼应又有对比"的原则。

二、学前儿童音乐教育的途径

幼儿园的音乐活动是学前儿童接受音乐教育的主要途径。幼儿园音乐教育活动作为幼儿园教育活动的一个子系统，既相对独立，又自然地交织融合在幼儿园教育活动的整体之中。一般而言，可以将幼儿园的音乐教育活动分为专门的音乐教育活动和渗透的音乐教育活动两类：

（一）专门的音乐教育活动

所谓专门的音乐教育活动，是指"由教师根据学前儿童音乐教育的目标和任务，有目的、有计划地安排专门的时间和空间场地，选择以音乐为主的课题内容和材料，组织全体儿童参加的活动"[①]，这类音乐活动按音乐教育内容的不同，可以具体地划分为歌唱活动、韵律活动（包括音乐游戏活动）、打击乐演奏活动和音乐欣赏活动。但是，这些内容往往是综合的，即在一个专门的音乐教育活动中，活动可以围绕某一具体的音乐作品而展开，也可以围绕某一专门的动作技能或某种音乐知识而展开，还可以围绕某个特定的活动主题而展开。活动可以模仿为主的形式而进行，也可以游戏的方式来组织，还可以儿童自发式的探索为主。无论哪一种，大都同时包含几种不同内容的活动。例如，围绕音乐作品《小毛驴》而展开的音乐活动，既可以包含音乐欣赏的活动内容，也可以同时包含有歌唱、韵律动作或音乐游戏的活动内容等。

专门的音乐教育活动不仅有丰富多变的活动内容和形式，而且也有相对的活动时间上的要求：由于学前儿童的注意力和自我控制能力受年龄特点所限，一次音乐活动的时间不宜过长。一般而言，小班安排在15分钟左右，中班安排在20分钟左右，大班安排在30分钟左右。

此外，专门的音乐教育活动可以分为两种不同的组织结构：

第一，"三段式"结构，即把音乐活动分为开始部分、基本部分和结束部分，这种组织结构在很长一段时间里被幼儿园音乐教育活动普遍采纳，是一种较传统的音乐活动组织结构。在活动的开始和结束部分，通常是安排复习性质的活动内容，如复习儿童已经学过的歌曲、律动或舞蹈动作、音乐游戏等。开始部分最常见的活动程序通常是律动进活动室—练声—复习歌曲或韵律动作；结束部分最常见的活动程序通常是复习韵律动作、歌表演或音乐游

---

① 潘健、张孜、岳彩晨：《学前儿童音乐教育》，西安：西北工业大学出版社2015年版，第19页。

戏;而活动的基本部分是主要部分,通常安排学习尚未接触过的新作品或新技能的活动内容。"三段式"的组织结构有其一定的合理性:它把对儿童而言相对比较陌生或困难、需要儿童有较积极而饱满的精神来参与的活动内容,安排在他们情绪稳定、注意力相对集中的"基本部分"时间里;而把儿童较为熟悉的、能够振奋精神、集中注意力的活动内容,安排在活动的"开始部分"和"结束部分",以有效地在儿童的大脑中产生"唤醒""恢复"和"调整"的效果,从而使儿童在对旧知识、技能的巩固复习中不断地丰富和加深对已有知识经验的体验和理解,进而上升为更高一层的新经验。

第二,"单段式"结构,即没有明显的三部分划分界限,而是围绕基本部分中新授的活动内容来组织安排活动结构。通常在活动中不再安排复习性质的"开始部分"和"结束部分",仅以唤起与新活动内容有联系的旧有知识经验为"导入活动"来激发儿童的兴趣,振奋儿童的精神,集中儿童的注意力,再分层次、递进式地进入到新作品的感受和学习活动。在活动的最后,则注重使儿童享受和体验到新活动所带来的愉快和舒适。

"单段式"的组织结构在目前幼儿园的音乐活动中运用得较多,这种活动组织结构的安排相对而言,能充分体现出围绕着一个作品(或音乐技能)的各个环节、步骤和程序上的系列性、层次性,从而使整个活动程序的每一步骤都注意到利用儿童的旧有经验和刚形成的新经验,为儿童提供可以迁移、运用旧经验的机会,同时也使新经验的形成更有效。

(二)渗透式音乐教育活动

所谓渗透的音乐教育活动,是指除专门的音乐教育活动以外,随机、灵活地蕴涵、渗透在儿童一日生活及其他教育活动之中的丰富而多样的、"隐性"的音乐教育活动。渗透式的音乐教育活动具体有如下四种:

1. 节日活动中的音乐活动

节日活动中的音乐活动通常特指为庆祝节日而组织安排的各类音乐表演

和娱乐性活动。在这类音乐活动中，由儿童自愿地担任主持人，安排、确定表演的节目，鼓动全体儿童都来参与音乐表演。这种氛围的活动容易使儿童充分地体验到音乐活动的快乐，从而促进幼儿音乐能力的发展。首先要确定节日音乐活动的内容，有计划地组织和练习；其次节日节目内容安排要恰当、丰富多彩。节日应安排不同形式、性质、风格的节目，歌、舞、乐穿插进行，以更好地吸引幼儿的兴趣。另外，组织节目必须从教育幼儿的目的出发，让幼儿在庆祝节日的活动中提高对节日的认识，从中受到教育。庆祝节日活动还应注意调动全体幼儿的积极性，集体节目的数量要多些，活动时间不宜过长。

2. 日常生活中的音乐活动

在日常生活的各个环节和活动中，可以随机而灵活地组织和安排一些与音乐有关的内容。例如，在用餐、睡觉、散步、阅读、游戏时穿插播放一些优美动听的音乐，让儿童欣赏；在儿童自由活动、散步等时间由教师或儿童发起、组织自愿参与的音乐活动等。

3. 整合于主题的音乐活动

整合于主题背景下的音乐活动，是指教师依据主题目标有目的地选择，并利用主题系列活动中幼儿积累的经验，引导幼儿对音乐作品进行感受和表现的活动。它体现了音乐与主题的整合与渗透、音乐与领域的整合与渗透、生活经验与音乐的整合与渗透。整合于主题中的音乐活动，是指渗透在幼儿园的主题活动背景中的、与主题相关联的音乐活动。这一类音乐活动往往是隐性的，且是自然地与语言、数学、科学、美术等学科领域交融于同一主题之中的，它的呈现是以主题内容为线索，以与其他学科内容相结合为特点的。

4. 游戏活动中的音乐活动

游戏是儿童的主导活动，是幼儿园教育最主要的活动形式之一。在幼儿园形式丰富多样的各类游戏活动中，可以有机地渗透音乐教育的有关内容。如角色游戏中的"小剧场"游戏，儿童在这类游戏中的表演既有对平时音乐教育内容的复习，也有自我的、即兴的音乐创造表演。例如，在教师创设的区域游戏活动环境中，儿童可以自愿地选择加入"音乐角"的游戏活动，利用提供的有关乐器、音带及其他有关道具，进行自发的、探索式的音乐活动。在这类游戏活动中，教师可以以一个参与者、合作者的身份加入，对儿童给予一定的间接式的引导；儿童之间可以很自由地、平等地充分享受与同伴间的合作和交流。

第四节　学前儿童音乐教育的组织形式

教育活动组织形式是指根据一定的教育目的、教育内容以及教育主客观条件，组织安排教育活动的方式。作为幼儿园教育活动的一个分支，学前儿童音乐教育活动也是靠多种形式实施的。概括而言，学前儿童音乐教育活动的组织形式包括主题性音乐教育活动、常规性音乐教育活动和活动区音乐教育活动。

一、主题性音乐教育活动

所谓主题性音乐教育活动，是指根据某一阶段幼儿园全面教育内容的需要，确定一个教育主题，围绕这一主题选择适合本班幼儿年龄特征的，在音乐程序上循序渐进的，幼儿在演唱演奏方面力所能及的，具有音乐艺术审美情趣的，与主题内容有关的音乐教材，而加以组织的音乐活动。主题性音乐教育活动"春天"，就是以"春天"为题材，根据幼儿的实际能力和作品的艺术性，选择富有春天气息的、真正具有艺术生命力的作品，而不仅仅是以"春天"为主题唱一首歌曲，也不是仅仅挑选"春天"的字样做表面文章。只有围绕"春天"选择了那些真正具有艺术生命力的作品，才可能使音乐教育活动具有生命力，幼儿才可能去想象、思维，也才可能在深层次上将色彩、语言、动作等因素有机地结合起来，真正达到音乐与其他活动（如绘画、语言、表演）内容的整合。所以，组织幼儿园主题性音乐教育活动，最关键的是教材的选择，教师要善于寻找音乐与绘画、语言、科学等幼儿园教育活动的其他领域自然又恰切的结合点。

二、常规性音乐教育活动

常规性音乐教育活动是学前儿童音乐教育活动中最具传统、最为常见的一种组织形式，是充分体现音乐艺术特点，最有效地发挥音乐活动审美教育功能必不可少的一种组织形式。常规性音乐教育活动一般由三个环节组成，这三个环节即所谓的"三段式"：开始部分、基本部分、结束部分。

三、活动区音乐教育活动

活动区音乐教育活动是指在自选活动时间内，以活动区为形式，幼儿根据自己的兴趣和需要，自由地选择音乐活动的内容、材料及合作伙伴，从而开展音乐活动。这种形式更能体现幼儿是学习的主人，教师是幼儿游戏的伙伴，即幼儿需要学会按照自己的意愿做出选择，对自己的决定负责；通过自己对活动内容和材料的驾驭，通过自己与合作伙伴的合作与协商，组织音乐活动并实现自己的想法。而教师则只是幼儿活动的促进者、合作者、咨询者或谈话伙伴，而不是命令者和要求者，即教师需要帮助幼儿选择适当的游戏材料和处理游戏情境，以观察或直接参与的方式去实际地帮助幼儿提高能力，充分发挥自选游戏的作用。有效开展活动区音乐教育活动需要注意以下问题：

第一，教师在幼儿园一日生活安排中，需要有计划地留出幼儿在活动区自选活动的时间，在教室环境的布局上，需要有意识地留出幼儿自选活动的空间。只有这样，才能激发幼儿对音乐活动的热情。

第二，在音乐活动区内需要投放有关音乐的图片、书籍、玩具、教具、道具、布景等材料。一方面，可以从视觉、语言上丰富幼儿对音乐作品的感性经验与认识；另一方面，可以为幼儿的音乐表演提供真实的情境，使幼儿能够自由地、戏剧化地、创造性地表现歌曲和音乐的意境。

第三，音乐活动区材料的投放、环境的设计，都要以不影响和不妨碍幼儿的自由活动为前提。教师要考虑怎样使教室内不同区域的孩子的活动互不干扰。既不要使音乐区发出的声音干扰了别的区域活动，也不要使别的区域发出的声音影响了音乐区幼儿对自己音乐表演和音乐创造活动的倾听、欣赏与纠正。

综上所述，学前儿童音乐教育活动的组织形式是多种多样的，不同的形式在音乐教育活动中都发挥着独特的作用。因此，教师在选择和利用活动组织形式组织幼儿音乐教育活动内容时，要从幼儿的经验、能力以及教学内容的实际出发，灵活地选择并将多种形式有机地结合在一起，为幼儿提供各种不同的学习经验，促进幼儿的全面发展。

第二章 学前儿童音乐教师教学活动分析

学前儿童音乐教学的开展，可以很好地促进幼儿和教师之间的沟通和互动。为了能使学前儿童音乐教学更好地开展，应关注学前儿童音乐教师的教学活动，以期提升学前儿童音乐教学质量。本章重点围绕熏陶影响类音乐活动、感知理解类音乐活动、元素积累类音乐活动、创作表演类音乐活动、游戏体验类音乐活动展开论述。

第一节　熏陶影响类音乐活动

"音乐教育能够对幼儿认知发展起到促进作用，能够发展幼儿的想象、联想和思维能力。"[①] 通过音乐教育，能够培养幼儿坚持不懈的刻苦精神和克服困难的勇气和意志。培养学前儿童音乐能力一直是难度大、效率低的工作，家长将学前儿童送入音乐培训机构学钢琴、舞蹈，进行音乐启蒙，但部分学前儿童的音乐感知能力、表现能力和鉴赏能力却并没有明显的提高，这其实与学前儿童的音乐习惯有关，因为音乐能力的培养不是一蹴而就的，而是必须经过长期的熏陶影响才能见效的，要想保证音乐的熏陶与影响不间断、不走样，必须依赖学前儿童自身的好习惯。

在学前儿童接受音乐熏陶与影响的过程中，教师给予行为方法上的指导是必要的，但更重要的是要使这些正确的行为和方法稳定化、持续化，并变成学前儿童的一种自觉行为机制，即习惯。养成了优秀的习惯，学前儿童的优秀行为将会层出不穷，他们的学习主动性也能得到充分地发挥，这样他们的音乐能力才能不断地形成和发展。因此，要提升学前儿童的音乐能力，一定要依靠熏陶影响类音乐活动培养学前儿童良好的音乐习惯。

"学前儿童熏陶影响类音乐活动指的是依照学前儿童相应的音乐习得经验而选择和组织的有助于学前儿童良好音乐习惯形成的基本音乐知识、基本音乐态度、基本音乐行为。"[②] 人在音乐领域的成长发展过程中，有隐性与显性两个层面的变化：①隐性层面的变化，即难以察觉到的变化，如学前儿童的节奏感、感受力等；②显性层面的变化，即以"外显"的方式呈现出的变化，如

---

① 潘健、张孜、岳彩晨：《学前儿童音乐教育》，西安：西北工业大学出版社2015年版，第23页。
② 贺绍华、邓文静：《学前儿童音乐教育》，北京：中央广播电视大学出版社2017年版，第37页。

矫健的步伐、挺拔的身段、气质等。

一、熏陶影响类音乐活动的范围

所谓熏陶影响类音乐活动，即让音乐的熏陶与影响成为学前儿童日常生活的一种习惯，用音乐实行养成教育。对于0～6岁学前儿童的音乐教育应追求综合化、整体性，旨在向学前儿童呈现一个完整的音乐世界，引导学前儿童去发现和建构一个完整的音乐世界。学前儿童熏陶影响类音乐活动应该是生活的，生活是熏陶影响类音乐活动设计和实施的现实背景，应将这类活动尽可能纳入现实的生活背景之中；生活也是熏陶影响类音乐活动的重要手段，生活是动态的，是一个现实的过程，现实生活是感性的、真实的、多样的，现实生活蕴含了许多发展的机会。让学前儿童在生活中渗透进熏陶影响类音乐活动，会熏陶和影响学前儿童的心灵，给予学前儿童情感的滋养，使其自然而然地提升了各方面的音乐能力。学前儿童熏陶影响类音乐活动的范围主要是体态律动、聆听音乐、轻声哼唱等，具体如下：

（一）体态律动

学前儿童的肢体随着音乐自由做节律动作，提升其表现欲和即兴表现能力。学前儿童的体态律动不是为了展示肢体动作的美，而是为了体验音乐。用身体去"品尝"音乐，对于学前儿童来说是既生动又有效的学习手段。

体态律动最理想的状态是学生聆听音乐时随着音乐即兴地律动，即兴律动要从最简单的动作开始。鼓励他们听到音乐时，身体各器官要随着音乐有所反应，或点头，或拍手，或跺脚，或划拍，或手舞足蹈，或摇晃摆动，或以声势动作伴奏，或模仿演奏动作等。经年累月，养成律动习惯，不仅听音乐的注意力提高了，乐感和音乐理解能力也会与日俱增。

教师与家长应让学前儿童通过日常的熏陶与影响接触到各种类型和各种

风格的音乐，让他们听不同国家的音乐和不同曲风的音乐可以开阔他们的音乐视野，这是一种实现多元文化教育目标的有用的方式。如果让孩子能尽早接触早教音乐，他们很快就会意识到很多事情。各种情感和各种主意，都可以通过音乐来沟通。孩子们在跟着欢快的音乐唱歌或是跳舞的同时，还会伴着节奏的强劲变化一起敲击。孩子在开发心智的阶段，受到音乐影响，对他们今后的发育成长无疑有极其重要的作用。

（二）聆听音乐

音乐是听觉的艺术，聆听是人们感知音乐、学习音乐的主要方式之一。聆听是接触音乐的第一步，是最基础的，一切音乐学习都从"听"开始，它是了解和学习要素的首要环节。学前儿童与生俱来就有听觉本能，但是要养成聆听的习惯却不是容易的事。聆听是一种积极、高效的"听"——在听中还包含着鉴赏性的思考、主动性的理解和批判性的接受。聆听教学还要解决听音乐过程中如何引发学前儿童的兴趣，如何激活学前儿童的音乐思维，如何让学前儿童的音乐记忆更深刻等问题。为了实现以上要求，教师必须勤钻研、巧设计，把聆听教学运用于学前儿童的日常生活中，与激励、想象、探究结合起来，提高听音乐的效率和质量。

教师可以有意识地对学前儿童进行强化训练，把这些有效的聆听行为变成学前儿童自觉的行为机制，变成一种习惯，这就等于把打开音乐宝库的金钥匙交给了学前儿童。

（三）轻声哼唱

轻声哼唱，即小声地、漫不经心地、肌肉放松地轻声哼唱，它不讲究科学性和艺术性，完全是随心所欲的，可以解除精神疲劳，对学前儿童自己的身心有极大的好处。

经常跟着音乐轻声哼唱歌曲对学前儿童很有好处。学前儿童轻声哼唱是他们在静止状态时内脏器官的正常运动,可以增加肺活量。轻声哼唱松弛了学前儿童的面部肌肉,调节改善了他们的呼吸系统,还能调节改善学前儿童发声共鸣系统(胸腔、口腔、头腔)。另外学前儿童轻声跟着愉悦的音乐哼唱还能抒发情怀,自得其乐、陶冶情操,同时还有利于排遣心理压力。轻声哼唱是人类自古以来的一种本能,是人们很好的一种情感表达方式。

二、熏陶影响类音乐活动的特征

熏陶影响类音乐活动的特征如图 2-1 所示。

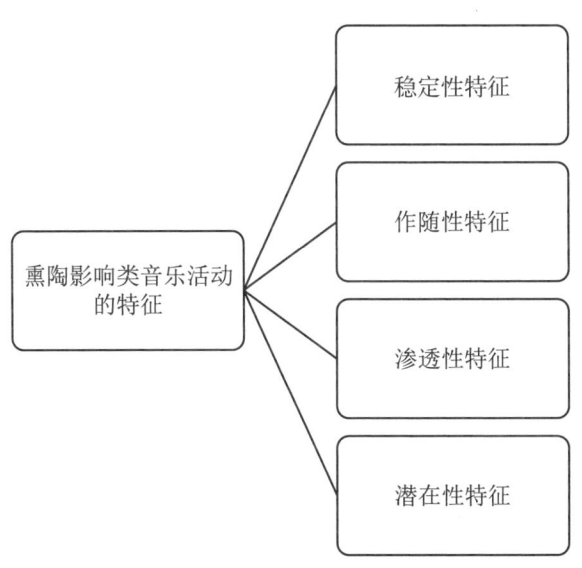

图 2-1　熏陶影响类音乐活动的特征

(一)稳定性特征

习惯并非与生俱来,而是后天养成的。让音乐的熏陶与影响成为学前儿童的良好习惯,需要一个长期的过程,这既是对毅力的考验,也是对耐力的磨炼。为使学前儿童习惯于被音乐熏陶和影响，就要求学前儿童每天、每一环节都坚持不懈、日复一日地进行。良好的音乐熏陶影响习惯是在不断坚持、巩固中建立起来的，在养成过程中要一以贯之，重复熏陶和影响，不能随意变动。

（二）伴随性特征

播放背景音乐是独特而简单快捷的方式，学前儿童仅使用单感官——耳朵，就可以达到接受目的，由于听觉系统在接收外来信息的同时，并不妨碍其他感官或肢体的正常使用，所以学前儿童可以一边听音乐一边干别的事情。

音乐熏陶影响允许学前儿童在任何姿态、任何情况下聆听，可以在散步时、进餐时、游戏时，由于是伴随性，学前儿童在收听时并不是全神贯注地听，而是处于半注意收听的状态，是有一些随意和被动的聆听。

（三）渗透性特征

所谓渗透性就是在学前儿童并没有认真聆听或学习，并不太懂的时候，就学习到了很多的东西。在日常生活中，熏陶影响类音乐活动往往以有形或者无形的方式，对置身其中的学前儿童施与影响，使他们在潜移默化中受到"润物无声"的熏陶。熏陶影响类音乐活动正是通过这种渗透性，慢慢地滋润着他们的心灵。

（四）潜在性特征

在熏陶影响类音乐活动中出现的音乐作品，并不是学前儿童需要学习和掌握的内容，但在播放过程中，学前儿童对作品有一些粗浅的感知，一旦要学习该作品，潜在性的影响就会转化为现实性的知识经验，学前儿童就会发现自己早已对旋律、节奏或歌词有些许印象。

学前儿童被音乐熏陶和影响，其价值是处于潜在状态的，只有当音乐作品再次作为学习对象出现时，才有可能转化为一种现实的心理能量，产生美感效应，这种潜在性，可促进学前儿童在学习倾听过的音乐过程中发挥主观能动性。

三、熏陶影响类音乐活动的目标

（一）熏陶影响类音乐活动的总体目标

第一，能通过听觉系统初步感受并喜爱生活环境中的音乐美。

第二，喜欢在音乐的伴随下参加各项活动，并能大胆地用表情和肢体动作表现自己对音乐的情感和体验。

第三，能用自己喜欢的方式表现自己对背景音乐的感受。

（二）熏陶影响类音乐活动的阶段目标

0～1岁学前儿童参加熏陶影响类音乐活动的年龄阶段目标：①有初步的韵律感，有一定的乐感和注意力；②听到音乐时情绪愉快；③对播放的音乐有兴趣，听到音乐时会手舞足蹈。

1～2岁学前儿童参加熏陶影响类音乐活动的年龄阶段目标：①对音乐感兴趣，喜欢听音乐；②能在音乐的伴随下，愉快地参加各种活动；③能随着音乐自由舞动肢体，进行体态律动。

2～3岁学前儿童参加熏陶影响类音乐活动的年龄阶段目标：①喜爱听音乐和哼唱歌曲，听音乐自由做动作时，有一定的韵律感；②情绪能随着播放的音乐逐步调节，适应各种不同风格的音乐；③听到不同的音乐，表情与动作有不同的变化。

3～4岁学前儿童参加熏陶影响类音乐活动的年龄阶段目标：①容易被生活和环境中各种好听的声音所吸引；②喜欢听音乐或观看与音乐相关的音乐表演；③经常自哼自唱或模仿有趣的动作、表情和声调。

4～5岁学前儿童参加熏陶影响类音乐活动的年龄阶段目标：①喜欢倾

听各种好听的声音，感知声音的高低、长短、强弱等变化；②能够专心地聆听适宜气氛的音乐，并初步产生与音乐的共鸣；③愿意伴随着音乐自由地唱跳。

5～6岁学前儿童参加熏陶影响类音乐活动的年龄阶段目标：①乐于模仿自然界和生活环境中有特点的声音，并产生相应的联想；②聆听音乐时，常常用表情、动作、语言等方式表达自己的理解，愿意与别人分享、交流自己喜爱的艺术作品和美感体验；③有自己比较喜欢的音乐风格，能用不同的方式表达自己的感受和想象，并乐意与同伴交流，也能独立表现。

（三）熏陶影响类音乐活动的活动目标

熏陶影响类音乐活动的活动目标是指教师对学前儿童在具体的熏陶影响类音乐教育活动中的学习效果的预期，是音乐活动目标的具体化，直接体现了教师对活动目标理念的认识和理解，显示教师将概括性、总体性目标要求向具体的可行性实际教育要求转化的能力，决定着学前儿童的发展。

活动目标和活动过程之间的相互作用，影响着目标的转化和落实；不适合的目标导致无效的过程，致使教育无效；虽有合适的目标，但过程无支撑性，教育效果也无法实现。熏陶影响类音乐活动的目标在制定时应注意的问题包括：①活动目标趋于知识化、技能化；②活动目标的内容空泛、抽象、笼统；③活动目标的定位脱离音乐，音乐活动似是而非；④活动目标的适宜性欠缺；⑤对目标的把握失调——对活动过程要么强硬控制，要么盲目放任。

教师在制定活动目标时，要避免教育观念模糊，对熏陶影响类音乐教育的审美价值和课程目标认识不清，存在困惑；不能仅仅把目标作为一种形式和摆设，忽视目标确定的依据。应该按分析教材—分析幼儿—策略选择的步骤，设置具有音乐性、具体化、动态性和系统化特征的目标，并将预成目标和生成目标有机结合，进一步深化对熏陶影响类音乐活动目标的制定。

四、熏陶影响类音乐活动的意义

熏陶影响类音乐活动的意义如图 2-2 所示。

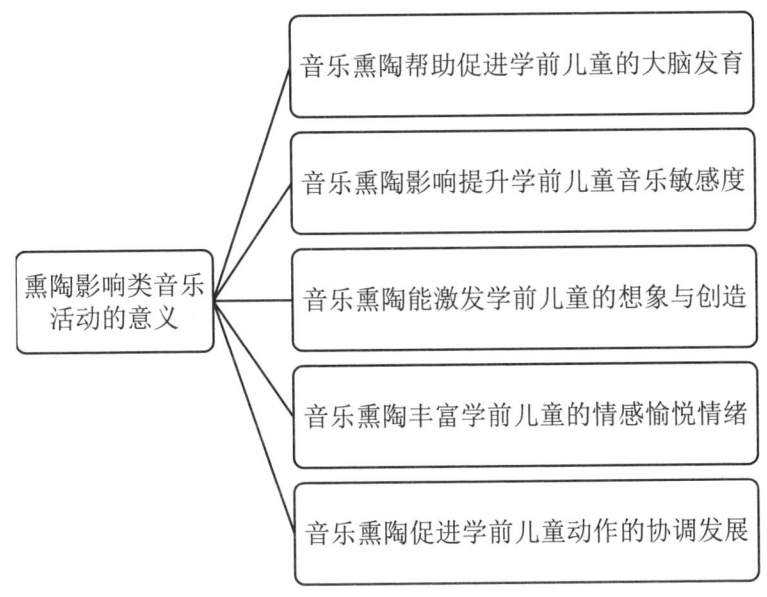

图 2-2 熏陶影响类音乐活动的意义

（一）音乐熏陶能帮助促进学前儿童的大脑发育

熏陶影响类音乐活动能让学前儿童变得更聪明。大脑科学研究表明：音乐的波动能以生物电的形式影响人的记忆神经元，可使大脑神经元上的突触数增加，轴突变粗，从而改变大脑进行信息交换和加强思维能力的物质基础。美好的音乐能给大脑一个良好的思维基础，使人的性情和智力得到优化。因为只有这个乐章的频率、节拍才能激发出 8～13 赫兹的轻松的右脑 α 波，才符合大脑科学的原理，才能使人快速进入身体放松而大脑敏锐的状态。

因为音乐能刺激学前儿童大脑的发育，令他们的小脑袋变得更灵敏更协调，不但能锻炼他们的记忆力和感受力，发展他们的空间感和时间感，而且对学前儿童的语言、数理、逻辑能力的提高都有很大的帮助。音乐能唤起平时被抑制的记忆，心理学认为，音乐能渗入学前儿童的心灵，激发起他们无意识的超境界的幻觉，并可以唤起平时被抑制的记忆。而生物学认为有节奏的音乐可以刺激生物体内细胞的分子发生一种共振，使原来处于静止和休眠状态的分子和谐地运动起来，以促进新陈代谢。

（二）音乐熏陶能影响提升学前儿童音乐敏感度

音乐的情感表达是非常微妙的，音符的排列略有不同，就能创造出完全不同的乐曲。因此，喜欢音乐的孩子不但会有敏锐的听力，也拥有敏锐的感觉，在练习过乐器的孩子身上，这种特质会表现得更加明显。通过音乐可以培养节奏感，让学前儿童在生活中身临其境地感受到音乐中的静与动、高与低、长与短、强与弱，领会音乐节拍的魅力。在这一过程中，学前儿童按照音乐的旋律线发生了本身运动的韵律线，即手、脚、身段的上下、左右、前后等不同的位置变化。

音乐还能培养学前儿童对音乐的感知能力。在学前儿童成长发育的过程中，听觉能力是先于视觉能力发展的，1岁左右的学前儿童视力还很弱，需要通过听来感知这个世界，这时候要注意有意识地引导他们进行听力的感知，让他们听音乐，并在听的过程中通过肢体语言将内心的感受表达出来，这不仅仅是锻炼了学前儿童的听力和身体行动能力，而且更让学前儿童学会了通过调动自己所有的感知器官来完成这个过程，帮助他们挖掘出这种潜在的本能。

（三）音乐熏陶能激发学前儿童的想象与创造

音乐只是一组声音，转瞬即逝；但音乐又是世界上内涵最丰富的东西，因为它留给我们的想象空间是无边无际的。所以，音乐对学前儿童想象能力的培养是任何别的东西都无法比拟的。学前儿童对音乐的想象不是被动的，而是融入了他对这个世界的感受和记忆，也激发着他自己的创造力。绝大部分喜欢音乐的学前儿童，都会在日常生活中哼哼唱唱一些自己"发明"的小调，尽管他哼得不着调，可这是学前儿童即兴发挥自己的艺术创造力的表现。

学前儿童在参加内容丰富的音乐活动时，有很多时候需要运用想象进行大脑创造性思维。例如，在舞蹈中，学前儿童"闻乐而思"，灵敏地感知特定的时刻、空间的各类神态，把音响转化为形态，接着在大脑中反映出种种栩栩如生的形态和情节。在给学前儿童播放优美动听的音乐的时候，有很多时候需要运用想象进行创造。例如，在给学前儿童听一首有关自然的音乐时，可以给他们描绘出一幅动人的画卷，再让他们通过其想象力和创造力第二次对这个音乐进行加工。而且音乐可以弥补语言文字的不足，可以启迪和拓展学前儿童的时间和空间的观念，培养学前儿童的想象力和创造力。

（四）音乐熏陶能丰富学前儿童的情感愉悦情绪

世界上的优美旋律中蕴涵着各种不同的情感，复杂微妙而动人心弦。正是如此丰富多彩的音乐世界，培养出了一颗丰富细腻的心灵。所有的学前儿童在听到自己喜欢的音乐时，都会露出开心的表情，有些还会随着音乐而"手舞足蹈"，这是他们不需要任何学习就能得到的快乐享受。在音乐带给学前儿童的一切东西中，快乐是最珍贵的。学前儿童随着听力的逐步发展，对音乐能表现出明显的情绪反应，有的听到音乐后能手舞足蹈，并对听过的音乐有记忆。如果能充分地让学前儿童接受音乐的熏陶影响，对其大脑的锻炼会有潜移默化的作用。

受音乐感染和熏陶的学前儿童会心平气和，情绪稳定而思想活跃，热情活泼，兴趣广泛，并能较好地促使注意力集中，提高学习效果。音乐能够陶冶情操，也有助于学前儿童养成良好的情绪情感。通过音乐的熏陶影响，能促进学前儿童感受并学习用歌声来表现音乐的情绪和自己的情绪；同时，让他们也学会一些音乐的演唱形式,增强对音乐旋律的敏感性,培养对美的感受能力。

艺术对人的影响是"润物细无声"的那种,听熟、练会几首曲子并不能改变一个学前儿童,但长期受到音乐的感染和熏陶,必定能让学前儿童变得宁静优雅,对生活中美的一切也会显得更加敏感和陶醉。

(五)音乐熏陶能促进学前儿童动作的协调发展

学前儿童在进行有节奏的身体动作时,通过伴随着音乐自由做出各种肢体动作,使大脑神经控制动作的能力和保持平衡的能力有所发展。音乐不仅可以丰富学前儿童的音乐经验和审美情趣,还能提高学前儿童音乐表现技能和能力,培养他们活泼开朗的性格,增强其自信心和成功感,使其真正成为音乐活动的主人。例如,听到音乐《我是解放军》,学前儿童会根据有力、雄壮的音乐,做出解放军神气的样子,像解放军一样雄赳赳地走路,甚至庄严地敬礼。虽然他们的动作不一,但都能把解放军的形象通过自己的经验、想法去表现,把自己的想象发挥得淋漓尽致。音乐符合学前儿童的身心特点,可以鼓舞他们的进取心,促进体能的发展。例如,播放《十个小矮人》的音乐,让学前儿童边听音乐边学做高人走、矮人走,他们既感受了音乐游戏的快乐,又能安静地听老师发不同的语言指令,随着指令的变化而变换动作。让他们辨别高低音区,高音区扮演高人,低音区扮演矮人,音高的变化控制着学前儿童的扮演行为,训练听觉的灵敏性。

五、熏陶影响类音乐活动的内容

熏陶影响类音乐活动是通过浸润式的音乐环境,让学前儿童可以像学会母语一样自然地接触、倾听和喜爱音乐。这种将学前儿童放在音乐环境中的"浸润",并非盲目和随意的,而是一种既有目标也有层次的潜移默化的活动过程。它与传统的音乐集体教育活动最大的不同在于:熏陶影响类音乐活动以音乐为环境在学前儿童一日生活中贯穿音乐旋律，教师或家长配合旋律讲解背景，随时回答学前儿童对音乐的提问，在学前儿童活动中、睡觉前、饭前给予内隐强化，促使音乐这种概括性和抽象性非常强的知识在儿童内隐和外显学习的相互关系中得到发展。

渗透式音乐活动是指在一日生活的各项活动中，随时随地、有意无意地将音乐融入其中，渐进地、慢慢地渗透到孩子日常学习、生活环境中，从而丰富他们情感，启迪他们智慧，让他们像学会母语一样自然地沉浸其中，充分利用环境无意识地学习欣赏音乐，把音乐渗透到自己的一日生活的各个环节，多渠道、多形式感知音乐，在音乐中成长。

（一）熏陶类的音乐活动

音乐是声音的艺术，它装点生活，美化生活，给生活带来无限乐趣。好的音乐是一种审美享受，好的音乐养性怡情，好的音乐还具有保健和治疗功能。音乐能陶冶学前儿童的情操，他们对音乐有天然的热爱和向往，每一位学前儿童都需要音乐，都有接受音乐熏陶的愿望和要求。因此，音乐启蒙教育在学前儿童的生活中显得尤为重要。

1. 渲染气氛的音乐活动

音乐具有美化心灵的作用，是学前儿童学习、生活和成长过程中不可或缺的启蒙教育。学前儿童的一日生活是一个有机整体，在一日生活中适宜的氛围中用音乐渲染气氛，能够加强学前儿童对音乐的感性认识和增加接触音乐的体验机会，培养学前儿童的音乐思维和审美能力，养成良好的行为习惯。

音乐对学前儿童全面和谐发展有着其独特的功能，要在学前儿童一日生活中合理运用音乐元素，将音乐贯穿一日生活的始终，促进学前儿童学习生活有序进行。例如，学前儿童在绘画或进行手工制作时，为他们小音量播放一些柔美的背景音乐有利于他们尽快安静下来，专心投入到创造和表现中。又如，体育活动开场时都需要让学前儿童活动开身体，如果没有音乐渲染气氛，孩子们的情绪很难调动起来,而如果选择适当的雄壮激昂的音乐,在音乐的伴随下,他们带着矫健的步伐跑入活动场地,可以最有效地调动他们身上的运动细胞。因此,善用音乐,巧用音乐,在音乐的熏陶下,用音乐巧妙地进行渗透,渲染气氛,能取得事半功倍的效果。

2. 丰富情感的音乐活动

音乐是人类的第二语言,是人类最亲密的朋友,美的音乐不但能愉悦身心,而且能使孩子心灵得到净化,使其行为变得高尚。音乐是积聚灵感、催发情感、激活想象的艺术。音乐可以与生活结合起来,营造广阔的音乐空间。音乐本来就是从生活中创造出来的,音乐可以陶冶情操,音乐可以使人振奋,音乐可以使人愉悦。在学前儿童一日生活的各个环节中,音乐有着不可忽视的重要性,恰当应用音乐的功能,可以使学前儿童生活更生动,更富情趣,更显得生机勃勃。

生活是丰富的、多彩的,它可以带给我们丰富的情感;音乐是引人入胜的,是引导学前儿童感受和表现艺术的重要活动。音乐有调节情绪的作用,音乐的情感性能给学前儿童增加兴奋情绪的积极动力,将音乐渗透于学前儿童的一日生活中,对其发展起着非常积极的作用。

音乐是人类生活的反映,人们用音乐抒发情感,用音乐愉悦生活,音乐能带给人们美感,使人们获得高尚的情感。音乐有益智的功能,有集中注意、激活思维、发展语言、丰富想象的作用,可以促进学前儿童智慧发展;音乐有审美功能,能给予学前儿童美的享受,美的音乐能够使他们情绪高昂地全身心投入到活动。例如,在进餐时播放一些柔美、轻快的轻音乐,有助于学前儿童拥有一个好心情,便于食物消化。因此,将音乐渗透于学前儿童的一日生活中,对他们的发展起着积极的作用,成人应借助音乐动情的特点对学前儿童实施熏陶。

3. 随机感染的音乐活动

音乐对培养学前儿童思想情感、活跃气氛、挖掘音乐艺术潜能等都具有十分积极的作用。因此,可随机将音乐渗透于学前儿童一日生活和各个领域的活动中,将音乐与学前儿童的生活和学习相融合,为他们创造一个良好的良性成长环境。

音乐是学前儿童生活中不可缺少的元素,对学前儿童的发展起着积极的作用。教师和家长要把音乐教育的美感艺术与学前儿童一日生活有效地结合起来,把音乐艺术渗透在常规教育的每一个环节,让幼儿在轻松愉悦的环境中养成良好的行为习惯。

(二)影响类的音乐活动

1. 规律提醒的音乐活动

音乐是学前儿童成长过程中不可缺少的一部分,在对他们进行良好生活习惯和学习品质的培养中,成人需要遵循学前儿童发展规律和预设目标,创造让他们积极和愉快参加各类活动的音乐环境,也可借助音乐的作用使对学前儿童良好习惯的培养更加高效,让音乐和日常规范渗透在他们一日生活中的各个方面。

对学前儿童进行音乐规律提醒,应贯穿在日常生活的每个时刻中,如唤醒起床,可以选用较为轻快、活泼的音乐,播放时音量从小慢慢放大,待学前儿童醒来后,音乐可继续一段时间再停止播放;给婴儿哺乳时,可辅之以悠扬的音乐,这样能激起幼儿的食欲;安抚学前儿童入睡,可选用徐缓的《摇篮曲》,音量要逐渐放小,待婴儿入睡后,再徐徐消失。上述音乐的选用和编排,应当相对固定,以便让学前儿童形成有规律的条件反射。

学前期是萌生规则意识和形成初步规则的重要时期,是一个充满活力、蕴藏着巨大发展潜力和具有极强可塑造性的生命阶段。因此,结合幼儿喜欢音乐的特点和有规律的作息时间安排,在生活、教学活动、游戏活动的有些环节选择相应的音乐或乐器作信号,长此以往,会使幼儿产生动力定型,即听到同一种音乐,就会作出同样的反应。学前期是培养幼儿各项素质养成的基础时期,将音乐应用在学前儿童一日生活常规培养中,既可以培养他们对音乐的喜爱,又可以让他们在轻松、愉快的范围内形成"规矩"。

对幼儿园班级常规的适应，是帮助学前儿童建立良好社会适应能力、融入集体的第一步。学前儿童的一日常规并不少，而他们由于年龄、阅历、经验的限制，教师通过简单的常规说教，让具体形象思维占主导的学前儿童强行记忆是不太可行的。当前，我们需要建立良好的常规，避免不必要的管理行为，逐步引导幼儿学习自我管理。教师或家长利用音乐作为手段帮助学前儿童建立良好的常规意识，能够让学前儿童在快乐的情绪体验中记住常规并内化为习惯。

将适宜的音乐融入学前儿童的一日生活中，并将指令音乐化，可以让他们在指令音乐中自主愉快地活动，让学前儿童在音乐声中养成有序、自主的好习惯，愉快地度过每一天。

2. 生活伴随的音乐活动

音乐教育离不开学前儿童的生活，他们的一日生活中充满了音乐的元素，只有使音乐教育生活化，才能更好地实现音乐教育的价值，使学前儿童在熟悉的生活情境中感受音乐，在轻松愉悦的音乐氛围中享受生活，健康成长。充分运用伴随学前儿童一日生活的"背景音乐"显得尤为重要。

音乐可以陶冶人的情操，可以鼓舞人的进取精神。音乐是儿童的天性、儿童的本能，音乐在儿童生活中占有极重要的地位。将音乐渗透于学前儿童一日生活，就是将音乐的美感艺术和他们一日生活教育有效结合起来，把音乐渗透在他们一日生活的每一个环节中，让学前儿童在轻松愉悦的环境中建立起良好的生活常规。运用丰富的节奏，使一日生活教育"游戏化"；运用优美的旋律，使一日生活教育"艺术化"；不断提高学前儿童的音乐素质，使一日生活教育"简单化"。

3. 自然过渡的音乐活动

早教机构或幼儿园的一日生活中的每一个环节都值得教师重视。我们要科学、合理地安排和组织一日活动，让过渡环节衔接自然、合理，使幼儿身心愉悦地投入到下一个活动中去，以减少不必要的等待，才能让幼儿在幼儿园生活得更快乐。

一日生活是学前儿童一天的全部经历，一日生活是个体在参与、体验与创造中，利用环境自我更新的历程。一日生活的环节包括入园离园、生活环节（餐点、如厕、洗手、喝水等）、区域活动、集体教学活动、进餐环节、午睡环节、户外活动、户外游戏等。这些环节的存在都是因为学前儿童的需要，都有不可替代的价值。音乐本身的愉悦性、感染力使听音乐成为学前儿童最喜欢的活动之一，他们日常生活中每一个游戏和生活环节的时间都不长，环节与环节之间还会经常有一些喝水、吃点心、如厕等活动，用那些他们熟悉和喜爱的音乐作为这些环节的自然过渡，可以给他们带来愉快的情绪，那些韵律感十足的节奏能吸引他们积极参与其中，手舞足蹈。

教育源于生活，也应该面向生活，在这种回归自然的教育理念中，我们发现学前儿童对艺术的表达来自生活中的亲身体验和对生活点滴的捕捉，所以我们将生活中他们日常活动的时间节点作为音乐的播放时机，将音乐自然地渗透到学前儿童的每个生活环节，让幼儿在音乐中学习，在音乐中生活，感知音乐的跳跃，感受音乐的美妙。

六、熏陶影响类音乐活动的途径

音乐渗透于学前儿童的一日生活，对幼儿的发展起着积极的作用。教师与家长借音乐能调动情绪的特点对学前儿童实施教育，他们喜闻且乐于接受。音乐不仅能让学前儿童身心的愉悦，而且能使他们产生想象，让他们在自然、愉快、轻松的气氛中接受一些要求和自觉去完成一些任务。学前儿童的教育中无论是学习知识还是行为养成教育，教师和家长都要按照《幼儿园教育指导纲要（试行）》（简称《纲要》）和《3～6岁儿童学习与发展指南》（简称《指南》）的要求去做，达到让学前儿童积极主动、愉快参加活动的目的。学前儿童熏陶影响类音乐活动在价值导向上要避免功利化、成人化、通俗化。

（一）幼儿园的熏陶影响类音乐活动途径

《幼儿园教师专业标准（试行）》（简称《标准》）强调幼儿园教师必须具备教育教学实践能力，特别要具有观察了解幼儿、掌握不同年龄幼儿身心发展特点和个体差异的能力，做好一日生活的组织与保育、游戏的支持与引导、教育活动的计划与实施等。在音乐教育领域，教师需要转变思路，加强专业修养，从单一的学科教育理念转变为与幼儿一日生活相适应的"大"音乐教育理念，才能更好地促进幼儿音乐审美能力和其他能力的全面发展。幼儿的一日生活是一个有机整体，在一日生活中进行幼儿音乐教育，能够加强幼儿音乐学习的感性基础和增加幼儿接触体验音乐的机会。这样不仅能够培养幼儿的音乐思维和审美能力，而且能够帮助幼儿在快乐与美感中养成良好的行为习惯。幼儿园的熏陶影响类音乐活动途径如图2-3所示。

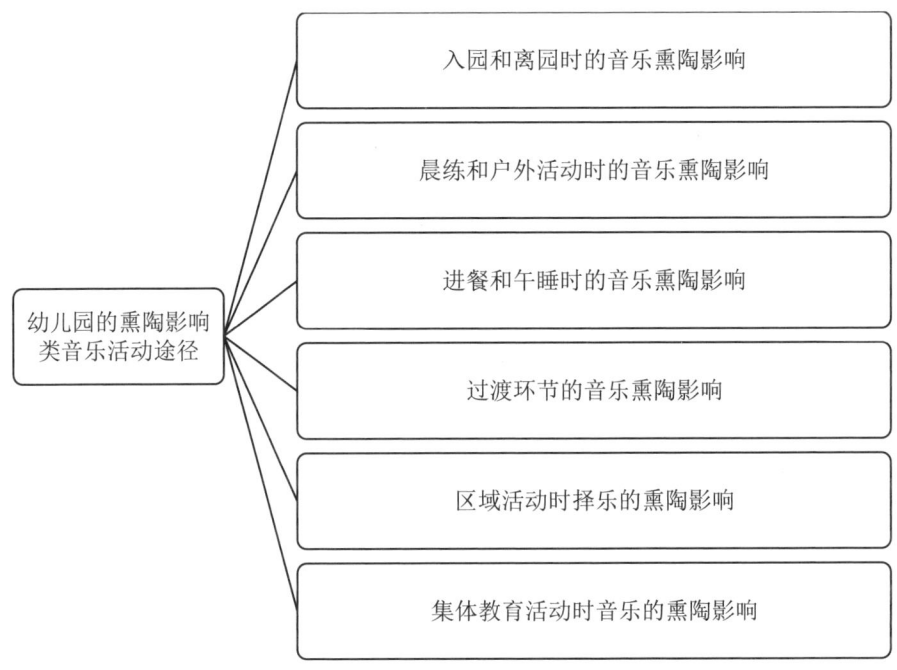

图2-3 幼儿园的熏陶影响类音乐活动途径

1. 入园和离园时的音乐熏陶影响

学前儿童突然从家庭步入幼儿园这个完全陌生的环境，往往会产生不安和焦虑的情绪。当他们进入幼儿园时，幼儿园内响起一曲活泼欢快、亲切动听、有趣的音乐，能让他们一进入活动室就有一个好心情，这样能帮助他们稳定、调剂情绪，激发愉快的情绪。如播放学前儿童熟悉的歌表演《哈巴狗》《吹泡泡》等，他们会情不自禁唱起歌谣转移注意力，减少对父母的依恋感，使他们愿意与老师亲近，建立情感，并将依恋对象转移到老师身上。离园时，教师播放优美的儿童歌曲或音乐有助于缓解他们等待家长的焦虑和急躁。

入园和离园是建立良好家园关系的主要时间。入园时，要选用活泼、优美的音乐，减轻学前儿童早起入园的紧张感和暂时离开家长的焦虑感，对即将开始的一日生活充满期待。例如，《幸福拍手歌》是一首外国儿童歌曲，4/4拍，旋律活泼、风趣而富有朝气，前三句是逐音升高的模拟递进式结构，结尾新颖、简单。大家围坐成一圈，教师将歌词的适当部分替换成已经来园的学前儿童的名字，然后带领他们按照歌词做拍手、跺脚、拍肩、拍腿的动作。

离园时，在教师与学前儿童说再见、他们互相说再见、教师与家长沟通他们在园情况等环节，适合选用抒情、优美的音乐，如《再见歌》《小步舞曲》等，可以使学前儿童的情绪较为平稳地等待家长，有序地整理东西。

2. 晨练和户外活动时的音乐熏陶影响

上午的户外活动，教师可以组织音乐律动活动，为学前儿童提供充分活动的机会，增强他们身体的适应和抵抗能力，调动他们参与运动的积极性，这个环节适合选择动感较强、节奏感鲜明的律动音乐，并结合集体音乐教育活动的内容进行延伸和拓展。例如，配合音乐《健身操》，教师可以引导学前儿童随歌词提示做动作，唱到"转转脖子"时，顺时针或逆时针转脖子；唱到"往上往上快长高"时，做双臂伸展或跳跃动作；也可以创编新歌词做动作，如歌词可改为"我的皮球我拍拍，我的皮球我拍拍，前也拍拍后也拍拍，左也拍拍右也拍拍"。

3. 进餐和午睡时的音乐熏陶影响

教师进行音乐渗透一般用时 5 分钟以内，大部分学前儿童能听到指令后迅速安静下来，但往往有个别好动的儿童比较难调整情绪安静下来静静地等待进餐。教师可以播放《勤劳人和懒惰人》的音乐，让他们自发地跟着音乐哼唱起来，体会劳动得来的食物来之不易。

4. 过渡环节的音乐熏陶影响

过渡环节是指学前儿童一日生活中各项活动之间的衔接转换环节，是非正式的、闲散的，自由活泼的。利用丰富的音乐教育资源，有助于不同环节的顺利过渡。

（1）运用不同节奏的音乐，提醒学前儿童调整身心活动的节奏。过渡环节的设置不仅满足了日常教学活动有节奏更替的需要，而且满足了学前儿童日常身心活动有节奏更替的需要。这两种情况在日常的教学中既彼此区别，又互相交织。我们在教学实践中应当适当采用不同节奏的音乐，调整时间的设置，寻找两种节奏转换的时机，在尊重学前儿童身心的同时也能顺利地进行教学活动。例如，在语言活动与户外活动之间的过渡环节，可以采用活泼欢快的音乐调动学前儿童的情绪，帮助他们做好动静转换的准备，也可以采用《健身操》等歌曲，利用歌词提示学前儿童进行活动内容的转换。

（2）利用半开放的音乐活动，给学前儿童自由的空间。《幼儿园教育指导纲要（试行）》强调"保证幼儿每天有适当的自主选择和自由活动时间"，处处体现"以幼儿发展为本"。幼儿园一日生活的过渡环节相对其他环节而言，是一个较松散、自由的环节，也是一些意外事件易发的环节。教师在实践中可以采用半开放的音乐活动，让学前儿童能在有序过渡中体验自由。例如，音乐律动活动"跟我做"，学前儿童用稳定的节拍来说儿歌、做动作，动作和语言是有序的，但在"跟我做"中，"轻轻拍""重重拍""慢慢拍""快快拍"的部分，可以自由发挥，任意做动作，互相模仿。这个过渡环节能够培养学前儿童对于不同音乐元素变化的感知和理解力，在活动中体验模仿的乐趣，还能够让他们自由发挥及与他人配合。

（3）营造宽松的环境，促进学前儿童行为习惯的养成。音乐活动能够建立学前儿童良好行为习惯的内部动力机制，将他律转变为自律，培养他们基本的规则意识和行为习惯，发展他们的交往能力和合作能力，还能够将道德要求转化为他们活动的需要，以提高教育的有效性。

在宽松的环境中，学前儿童不仅能利用过渡环节进行自主的游戏和学习，而且还能释放心理能量，有利于他们的自主自律能力和健康人格的形成。

5. 区域活动时择乐的熏陶影响

音乐教育的有关内容也可以有机渗透在幼儿园形式多样的活动区中。例如，角色游戏区"小剧场"中，学前儿童可以复习音乐集体活动中的教学内容，也可以进行即兴的音乐创造表演；在"音乐角""表演区"中，他们可以利用乐器、唱片及道具进行自发的音乐探索活动；在建筑区中，他们也可以开展适当的音乐活动。

除此之外，幼儿园还可以创设专门的音乐角来进行音乐活动。例如，幼儿园将音乐活动区与富有探索、挑战性的躯体运动内容联系起来，改变了音乐区原本设置过于女孩化的情况；设计能吸引男性学前儿童参与的音乐活动内容，如体现力量感的自制爵士鼓等。

建议把音乐角设置在相对宽敞的公共空间，避免拥挤和影响其他区域。例如，小班的学前儿童喜欢学唱歌，对那些富有戏剧色彩、情绪热烈的歌曲尤其感兴趣，会反复跟唱。他们也会试着用一两种打击乐器演奏出不同的节奏。虽然节奏并不准确合拍，但是这表明他们已开始学着控制自己的动作进行表达。所以，在音乐角的设置上，应注意对学前儿童安全及生理保健方面给予考虑，活动区环境尽量宽松。

同时，教师在指导时要注意适度。过多的指导不利于学前儿童活动的生成，甚至会破坏他们的游戏。同样，过少的指导也不利于他们提升经验。所以,在音乐活动区活动中,学前儿童主体的作用和教师的主导作用是相辅相成的。在活动过程中,教师扮演的是"催化剂"或学习共同体的角色。另外,教师要在充分考虑学前儿童的内在需要和感受的基础上,正确评价他们的游戏活动,注重发挥评价的激励作用,支持每一个他们在活动中的创造,激发他们进一步游戏的兴趣和热情。

6. 集体教育活动时音乐的熏陶影响

目前,音乐教育实际已经渗透在幼儿园的主题活动和语言、数学、科学、美术、健康等领域的教育活动中。教师应该善于利用音乐教育资源,将歌唱、律动、游戏、表演、即兴音乐创作等活动内容,运用在主题活动及各个领域的教育活动中,善于寻找不同领域教育活动之间的关联,探索领域整合的突破口,将知识性、趣味性、情景性和活动性有机地结合,使各种教育活动生动活泼起来,这样才能更好地促进学前儿童的全面发展。在数学活动中,可以融入探索声音的大小、打击乐器的分类等内容;在美术活动中,可以融入听音乐画画等内容;在语言活动中,可以融入音乐剧表演、音乐故事朗诵等内容。例如,将音乐律动"找朋友"加入礼仪活动中,让学前儿童在与老师、同伴的歌曲对答中掌握基本的节奏型,如"××""×××"等,了解声音的强与弱。

音乐与各领域教育活动的整合要根据具体内容而定,自然合成一个整体。例如,将古诗词音乐《咏鹅》运用在语言活动中,增强教学效果。这首音乐作品采用五声调式的傣族风格曲调,辅以锣鼓配器,表现学前儿童眼中鹅的可爱姿态。由于考虑到学前儿童的特点,音域控制在六度以内,没有过大的跳进,因此曲调简单、清新,而且朗朗上口。在语言活动中的导入环节,可以播放《咏鹅》的音乐,教师随乐朗诵诗歌,讲述诗歌的内容。通过音乐导入,语言活动可以更加生动,更富有感染力,当教师随音乐朗诵诗歌时,学前儿童能够体会到诗歌语言的韵律美。另外,教师也可以引导他们一起进行诗词朗诵、诗词对答、配乐朗诵等活动。

（二）家庭中的熏陶影响类音乐活动途径

1. 家庭中起居生活时的音乐熏陶影响

学前儿童睡觉时，给他们听安静柔和、节奏舒缓的音乐。轻柔的摇篮曲是最佳选择，爸爸或妈妈也可以轻拍着宝宝清唱甜美的摇篮歌催他入睡。对学前儿童而言，家长的歌声就是天籁之音，轻轻地拍也可以让他们感受到音乐的节奏。当学前儿童午睡时，播放安静柔和的如勃提姆斯、莫扎特等的摇篮曲，使他们宛如在妈妈的摇篮式的怀抱里进入梦乡。当学前儿童起床时，播放一些活泼、有力的乐曲，如《土耳其进行曲》《钢琴奏鸣曲》，使他们从睡梦中清醒，有精神地投入到游戏活动中。

2. 家庭中饮食用餐时的音乐熏陶影响

除了睡觉时间，在其他时间都可以适时地给他们提供音乐信息的刺激，强化他们对各种音乐情绪和音乐旋律的感受和记忆。学前儿童进餐时，优美抒情、节奏平缓的曲子响起，进食就成了一件愉悦又放松的事情。例如，播放莫扎特的《第五小提琴协奏曲》，使学前儿童有秩序地入座，安静地吃完自己的一份饭菜，改变了以往吃饭时严肃的场面。

3. 家庭中亲子游戏时的音乐熏陶影响

亲子游戏中，放一些轻快活泼、节奏跳跃的音乐，学前儿童会很自然地把音乐中所表达的情绪和自己当时的心情联系在一起，如此的音乐感受又会很自然地被记忆。例如，在游戏时，用优美的轻音乐作为提示音乐，如轻音乐《玫瑰舞曲》等；或者以音乐作为指令，用不同的音乐代表不同的信号，如整理玩具、户外活动、集体活动的信号等。可以让学前儿童跟随音乐的节拍有节奏地做动作，如"合拢放开"，家长可以让学前儿童边听音乐边打拍子，也可以让他们听着音乐有节奏地表演相应动作：合拢放开、小手拍拍、小手放腿上、小手爬呀爬到不同的位置等，既训练学前儿童的节奏感又训练他们对音乐形象的感受能力。

学前儿童在家中自由玩耍时，家长可以给他们播放旋律优美、动听、和谐、高雅的音乐，如《小狗圆舞曲》《玩具进行曲》等，作为他们精美的、富有"营养"的精神食粮，以熏陶、感染他们，培养他们活泼、开朗、健康的性情和品格。学前儿童听到这些音乐，会手舞足蹈地跳一跳，会开心地玩一玩。

4. 家庭中锻炼身体时的音乐熏陶影响

大多数的学前儿童都会喜欢用动作来表达他所感受到的音乐情绪，听到音乐，他们就会逐渐跟着音乐摇摆身体或手舞足蹈，然后就自然而然地培养出节奏感。

第二节 感知理解类音乐活动

一、感知理解类音乐活动的特征

（一）0～3岁儿童音乐感知理解的特征

儿童对于声音的感知在胎儿期就开始了。在胎儿期，胎儿最先感受到的声音是母亲的心跳，这被称为"心搏音乐"，它能够让胎儿感到母亲子宫环境的安全，当母亲受外界环境刺激改变心跳速率时，胎儿在母腹里也会做出反应。出生后的婴儿如果哭闹不安时，母亲抱着他们靠近心脏部位时，他们会觉得有安全感，从而会消除不安的情绪。婴儿出生后，随着与外界不断接触，婴儿对声音的反应和感知也逐步发展起来。2个月左右的婴儿就能够区别门铃声或者敲门的声音，3个月左右时可以区分人的声音，特别对母亲的声音敏感。2岁左右时儿童会对歌曲感兴趣，而且喜欢找物体敲击创造自己的音乐。

第一，1～1.5岁儿童音乐感知理解的特点。1岁多的儿童倾听、分辨音乐的能力进一步发展，他们能准确地分清声源，迅速分辨出音色具有细微差别的不同声音，区分出环境中的许多声音。同时，随着年龄的增长，他们逐渐能较为准确地模仿、发出这些声音。例如，看见火车，就可能对火车鸣笛感兴趣，进而拖长自己的声音模仿；看见小羊羔，也很喜欢模仿小羊羔咩咩的叫声；看见小狗会发出汪汪的叫声，他们对这些"神奇"的声音一遍遍模仿，经常乐此不疲。

第二，1.5～2岁儿童音乐感知理解的特点。随着运动能力的增强和生活范围的拓宽，儿童对声音的好奇心和辨认能力一并增长。他们不仅对周围环境中不同音色的声音感兴趣，而且还会爱上某些特别的音乐或音色，如广告中的某些片段会使他们着迷。如果能在家里听到吉他、口琴、钢琴、电子琴等乐器发出不同音色的声音，他们会感到异常快乐和神奇。2岁是大部分儿童出现"轮廓歌"（只是一个唱歌的大体构架，近似唱歌）的时期，这个阶段多让他们听一些或者学唱一些以二度音程和小三度音程为主、多种音色的简单儿歌也是非常不错的选择。

第三，2～2.5岁儿童音乐感知理解的特点。这个年龄阶段的儿童逐渐对真实的乐器（主要是打击乐器）发生了兴趣，会表现出对乐器演奏的兴趣。这个时期如果给儿童提供各种能发出不同音色的乐器，像沙锤、铃鼓、木鱼、铝板琴、三角铁、大鼓、小鼓等，或者各种各样能发出不同音色声音的物体，供儿童自由摆弄，他们会兴趣盎然地去敲打和演奏，创造性地"演奏"属于自己的音乐，进而在"玩"的过程中感受不同材质乐器的音色。

第四，2.5～3岁儿童音乐感知理解的特点。随着身心迅速发展，这个年龄阶段的儿童逐渐对音乐游戏发生兴趣，他们不仅喜欢而且能自主玩一些简单的、集体性质的音乐游戏。相比而言，2.5岁以前的儿童玩音乐游戏一般则以亲子音乐游戏为主。此外，这个阶段的儿童已经逐渐能够正确使用一些简单的乐器，如沙锤、小鼓、串铃等，因此，这个阶段可以根据歌曲性质的不同，选用适当的乐器通过敲打的方式来演奏简单的乐曲或者歌曲。

(二)3~4岁儿童音乐感知理解的特征

3~4岁儿童已经从周围的生活环境中获得了较多的倾听体验和习惯,并且开始逐渐自发地注意听他们喜欢的音乐,并分辨它们。但是由于受到生理、心理等方面的影响,这一年龄段的儿童还不容易理解音乐作品的不同情绪性质,但他们能感受到不同性质的乐曲。例如,听到优美的摇篮曲会自然地晃动身体;听到雄壮有力的进行曲时,会不由自主地踏步、跺脚、敬礼等。可见,这一年龄段的儿童已经有了对音乐情绪性质的初步感受。

3~4岁的儿童对音乐的理解能力十分有限,但随着他们认识、思维能力的逐步发展,小班末期的儿童能够学会借助想象理解音乐,但是对于音乐的内部结构、旋律、音色、速度等方面还不能区别。儿童在幼儿园良好教育的熏陶下,能学会借助于想象、联想来理解性质鲜明的音乐情绪,产生一定的共鸣。同时,这个年龄段的儿童由于语言发展水平有限,还不能用语言较好地表达对作品的感受,他们的表现手段往往就是身体动作,即尽量用自己能做出来的动作表现音乐。

(三)4~5岁儿童音乐感知理解的特征

4~5岁儿童的听辨能力有所提高,逐渐能辨别声音的细微变化,表现在倾听、听辨能力和感受能力的进一步增强。他们一般已能欣赏内容较广、性质风格多样的音乐作品,如舞曲、进行曲、摇篮曲等。在教师的引导下,能初步感受到乐曲的结构,听出乐段、乐句之间的重复,如感受A—B—A结构,以及在乐曲性质上的明显变化;可以感受到音乐简单的趋势结构,在不同的部分能够分辨出情绪上的差异。

随着儿童思维、想象的进一步发展,4~5岁儿童对音乐的理解能力也在不断地发展,这种理解能力表现为对歌曲及有标题的器乐曲的理解,儿童已经能借助歌词和已有的生活经验、音乐经验理解音乐。能够对音乐所表达的情绪有所理解，并且可以产生一定的联想，但对于没有标题的器乐曲的理解还有一定困难。他们在音乐欣赏过程中表现能力也在不断增强。他们基本上会用比较自由、多样的手段进行创造性的表现，如绘画、语言等，并且在表现过程中追求表现的独特性和创造性。例如，在让中班幼儿欣赏《野蜂飞舞》时，教师在启发幼儿欣赏感受音乐后，能用简单图形来表示野蜂飞舞状态的情景，以及用肢体语言来表达，如抱着头追逐等。可见，4～5岁儿童已经具备运用不同图形、符号表现音乐的能力。

（四）5～6岁儿童音乐感知理解的特征

5～6岁儿童对音乐的感受和理解能力都有更大的进步。随着他们音乐经验的不断丰富和积累，其听辨能力更强了，能从音乐的粗略区分阶段进入到对音乐比较细致区分的阶段，辨别较为复杂的器乐曲的结构、音色及情绪风格上的细微差别。同时，他们能够对音乐形象鲜明的同类音乐作品进行分析和归类，并且用语言表达音乐感受的能力也增强了，能在清楚地辨别、理解音乐作品的速度、力度、音色、节奏等表现手段变化的过程中进行大胆地想象和联想，并找出充分的理由。

5～6岁儿童在音乐欣赏过程中的创造性表现形式更为丰富、多样，能用身体动作、嗓音表达、语言描述、图片再现等形式创造性地表现音乐，同时对音乐中音调和节奏变化的敏感性，以及对旋律的感知、记忆和理解、想象、表达等能力都在不断发展和提高。

5～6岁儿童，这一年龄阶段的儿童已经具备记忆音乐短句，把重复出现的短句从各种不同旋律中辨别出来的能力，也具备了一定的体会、理解音乐中传递的情绪、情感的能力。例如，儿童在欣赏《狮王进行曲》时，在教师的引导下能够将音乐的主题部分用结构图表现出来，并且用嗓音和动作模仿狮子的形象，随着音乐扮演角色做游戏及打击乐演奏，充分感受和享受音乐。

二、感知理解类音乐活动的目标

（一）感知理解类音乐活动的总体目标

第一，认知目标：①能够形成一些初步的音乐、舞蹈概念，掌握一些简单的音乐、舞蹈知识，并用以指导如何运用各种概念、知识进行感知、理解和表现；②能够感受、体验音乐欣赏作品所表达的内容和情绪，理解音乐作品最基本的表现手段，能再认和区分已欣赏过的音乐作品。

第二，情感与态度目标：①乐意参与音乐欣赏活动，能够体验并努力追求倾听、观赏音乐、舞蹈作品的快乐；②对各种不同的音乐、舞蹈的形式、内容有比较广泛的爱好；③喜欢与他人分享倾听、观赏及谈论音乐舞蹈表演的快乐。

第三，操作技能目标：①初步养成有注意情感参与的安静倾听、观赏的习惯；②初步积累一定的音乐、舞蹈语汇，能在欣赏音乐的过程中注意运用有关的概念以深化自己的感知和理解；③初步学习运用各种不同的艺术表现手段来表达自己对音乐、舞蹈的理解认识、想象联想和情感体验；④能够在音乐欣赏的过程中尝试与同伴交流和配合，共同协作来表达对音乐的感受和理解。

（二）感知理解类音乐活动的阶段目标

3～4岁儿童感知理解类音乐活动的目标：①喜欢倾听、观赏周围环境中各种事物的形态、声音和运动状态；②在教师的引导下短时间内专心倾听音乐；③学习感受性质鲜明单纯、结构短小明晰的歌曲和有标题的器乐曲的形象、内容和情感，能够进行简单的联想与想象；④听辨音乐中差异明显的音区高低、力度强弱、速度快慢等音乐特点；体验比较典型的摇篮曲、进行曲和舞曲的不同情趣；⑤愿意用自己的体态、噪音和动作参与欣赏活动；⑥努力在短时间内集中注意地倾听或观看自己喜欢的音乐舞蹈表演。

4～5岁儿童感知理解类音乐活动的目标：①主动倾听、观赏周围环境中各种事物的形态、声音和运动状态；②学习听辨音乐中差异比较明显的音区高低、力度强弱、速度快慢；③进一步感受典型的不同类型音乐的特点；感受二拍子和三拍子乐（歌）曲的特点。学习用多种方式表现欣赏音乐舞蹈的感受；④喜欢倾听音乐，养成安静、专心倾听的良好习惯；⑤能够感知和理解歌曲的内容、基本情绪，以及不同风格的歌曲；⑥能够辨别音乐作品中较明显的速度、力度、音高变化；⑦能够用不同形式描述音乐形象，如绘画、舞蹈、语言等；⑧能在一定的时间内比较集中注意地倾听音乐、观看、舞蹈、戏剧表演等。

5～6岁儿童感知理解类音乐活动的目标：①主动倾听、观赏周围环境中各种事物的形态、声音和运动状态；②能够准确地感受音乐中的形象、内容和情感，并产生丰富的联想；③进一步深入感受典型的不同类型音乐的特点；④进一步学习使用多种音乐的、非音乐的表征方式（如歌唱、舞蹈、演奏、语言、绘画、制作、构造、戏剧表演、角色游戏等）参与欣赏活动，表现自己的感受、体验、想象和创造，提高体验和表达音乐情趣的能力；⑤能够准确地判断音乐作品中的速度、力度、音高变化，并对音乐的结构有所了解；⑥初步养成有情感参与的安静倾听音乐、观赏舞蹈及戏剧表演的习惯。

三、感知理解类音乐活动的意义

儿童是一个整体，发展也是一个整体，他们在实践中获得的经验也是一个整体。对于儿童而言，音乐有着极强的感染力，是孩子们生活中经常接触的艺术。在音乐欣赏中不仅可使幼儿接触更多的优秀音乐作品，开阔他们的音乐眼界，丰富他们的音乐经验，发展他们的思想、记忆力和思维，而且还能增强幼儿听觉的敏感性，培养良好的倾听习惯，培养幼儿对音乐稳定而持久的兴趣，以及初步的审美情趣和审美能力。感知理解类音乐活动的全过程意味着：让儿童亲自到音乐活动中获取表达、交流、创造的经验，探索发现音乐的意义所在，而不是仅仅让儿童通过学习实际练习，来继承人类社会业已形成的音乐文化（知识、技术和价值观）体系。理想的音乐教育应在最终能使儿童将其在音乐经历中所获得的一切有益的营养，渗透到他们"生命的每一个细胞"中去，而不是仅仅让他们将对音乐的认识和对音乐的热爱之情，组合进他们的智力和情感领域，成为其中的一个组成部分。因此，音乐欣赏是与其他各种音乐活动紧密联系的一个极富教育价值的重要内容和领域。

（一）帮助儿童赋予音乐作品具体形象

音乐欣赏的首要前提是借助听觉器官来获得音乐作品的形式和内容方面的事实性资料，在这个基础上才谈得上感受、体验和想象。幼儿在音响感知的过程中，赋予不同的音响元素（如音色、音高、节奏、旋律等）以具体形象的意义，表现出自己的创造性。

第一，幼儿不仅能感知和描述音乐的音色、力度等，还能感知并描述节奏、旋律和曲式的进行和变化。例如，听到《野蜂飞舞》中密集的节奏，幼儿画出了手枪发射子弹时的样子。在幼儿的心里，高低轻重的声音都变成了一个个具体的形象，仿佛跳跃着的不是音符，而是真实的事物——幼儿在抽象的音符与具体的形象之间建立了不可思议的联系，注意到了不同感官形式的相同之处，并以合适的方式（文字或图形）捕捉到了这些相同之处并将它们表现出来。这些感官形式有触觉（柳树枝长长地在水面摆）、动觉（小兔子在蹦蹦跳跳）和视觉（有人在爬山）等。可见，幼儿在欣赏音乐的过程中调动了多种感官，将各种不同的感官形式联系起来，并以文字或图形表现出来，这正是创造性的表现。

第二，幼儿会将感知到的音响元素用非同寻常的方式组织起来。感知了乐曲的音响元素之后，便开始对这些元素组成的音响形式进行整体的把握，这种整体的把握不是对元素简单地累计相加，而是将音响元素有机组合，创造出一个新的情景、新的整体，通过自己的方式将其具体、形象、完整地表现出来。例如，幼儿将感知到的音乐形式放置于自己创造的某一情景中，成为情景的一个有机组成部分。有的幼儿将钢琴伴奏的大提琴曲《天鹅》用"小女孩随音乐起舞"这样的情景表现出来。画中小女孩的翩翩舞姿或许就是大提琴那婉转悠扬的琴声，一旁收音机飘出的音符或者小女孩正在弹奏钢琴的情景就表示了乐曲的钢琴伴奏。在这个过程中，幼儿不仅感知到了乐曲的形式，创造了某一情景，还在大提琴声和小女孩的舞姿之间发现了一种相似之处，从而将音乐形式以这样一种自己创造的、相类似的情景表现出来。也有的幼儿将感知到的单个的音响元素组织成一个全新的情景。例如，幼儿欣赏完《金蛇狂舞》后，在绘画中将感知到的鼓、弦乐器、吹奏乐器等单独的音响元素经过组织后，以一场热闹的舞台表演情景表现了出来。在绘画中，乐曲中的各个元素都可以找到相对应的内容。然而，这种组织不是对音乐中各元素的一个简单相加的过程，而是经过重新组合创造出一个全新的情景。在这个情景中各部分之间并不是彼此孤立的，而是彼此联系，共同组成了一个整体。

这种"构型"的能力并不是凭空产生的，而是有着相关经验的支撑：有的是亲眼见过，有的是亲身经历过，有的则是在电视等媒体上见过等。幼儿将新感知到的内容纳入原有的心理结构，将已掌握的知识重新组合从而构成了新的形式和内容，显然，这就是创造性的表现。

（二）帮助儿童赋予音乐作品情绪情感

从欣赏到的不同的音乐作品中，幼儿会"体验"到不同的情绪情感。例如，幼儿听了《天鹅湖》觉得"天鹅很温柔"；听了《二泉映月》觉得"有很多人在哭"等。

显然，幼儿在感知音响的过程中，把自己的情感和人格投射到了音乐作品中，与音乐融为一体，从而体验到"音乐的情感"。从表面上看，幼儿体验到的情绪情感似乎是音乐作品自身具备的一种客观性质，其实不然，对于同一首乐曲，不同幼儿的情感体验会有所不同，如对《天鹅湖》，有的幼儿觉得"很可怕"，也有的幼儿想象发生了很悲伤的一件事情。音乐心理学的研究也证实：不同个体对同一音乐作品会有不同的甚至是截然相反的情感体验，这说明音乐本身并不具备固定的情感内容，可以为欣赏者的创造潜能提供一定的发展空间。另外，形式只是一种符号，真正使人快乐的东西是透过这些符号见到的那些个人的情感和欲望。按照这一理论，音乐作为一种符号形式，人们在其中体验到的审美情感实质上是个人情感的投射。一方面，幼儿使原本不具备情感意义的乐曲充满了情感的内涵，赋予乐曲以新的意义；另一方面幼儿调动主体已有的情感体验，与乐曲的外在形式充分结合，构成乐曲新的内容。这些正是幼儿创造性的充分表现。

音乐欣赏心理学还告诉我们：不同的人群、同一人群中的不同个体、同一个体在不同的时空条件下，对同一音乐所做的反应都会是不同的。这些不同的反应大致可以划分为四种类型：①注重音乐的音响形式；②注重音乐所引起的情绪、情感体验；③注重音乐所引发的想象、联想；④注意音乐所唤起的理性沉思。

在情绪情感的体验中，幼儿不仅能体会到不同乐曲形式蕴含的情感意义，也能够体味到不同的乐曲在情感上的细微的不同之处，体味到同样的情感在不同乐曲中不同的层次，情感体验既丰富又富有层次性。例如，幼儿在欣赏《天鹅湖》的过程中，可能先会说"感觉很温柔"，后来又会说"我感觉到这个音乐有一点点可怕"这种前后感觉不一致，表现了幼儿情感体验的丰富性。同样是"可怕"，对于《天鹅湖》，幼儿直接用"好可怕啊"这样强烈的惊叹语气来描述，来区别于那"一点点可怕"。这表明，对于不同乐曲所表现的相类似的情感，幼儿不会一概而论，他们会用不同的层次来表达这些情感细微的差别。这种情感体验的丰富性和层次性首先表明，幼儿是主动地体验音乐的情绪情感，而不是被动地欣赏音乐。也正因为如此，幼儿才会不满足于一开始的情感体验，而是在整个音乐欣赏的全过程中对音乐作品的细节保持高度的注意力。幼儿内在的心理结构随时准备接受外在的新的刺激，以便随时根据外在客观影响的变化调整内在的认知模式，使内在心理结构发生创造性的进化。

在音乐欣赏过程中，幼儿会主动将体验到的情绪情感与自己已有的经验相结合。例如，欣赏《金蛇狂舞》时想到"过年了，在放鞭炮""结婚了，很多人在凑热闹"。幼儿将体验到的乐曲欢快的情绪氛围用同样热闹的喜庆的情景表现出来，实现情感体验和已有经验的结合。这种结合不仅将已经体验到的乐曲的情感表现了出来，同时也使情绪情感和幼儿心理结构两个方面都得到了丰富：一方面，情绪情感被赋予了更加丰满的艺术的意义；另一方面，情感和已有经验的这种结合使幼儿自身内在的心理结构得以充实，并导致新的、更深刻的审美情感的产生。审美情感是由欣赏对象的审美特征被主体感受理解时所引起的和想象、幻想相联结的自娱性情感，它是审美对象、主体的情感体验和原有心理结构充分融合后的创造性结果。

（三）利于儿童音乐欣赏中的创造性表现

想象是创造新形象的过程，是人类的一种带有创造性的心理活动。幼儿思维的具体形象性决定了幼儿在欣赏抽象的音乐时，容易由音乐的音响和体验到的情绪情感引发产生想象和联想。幼儿在音乐欣赏中的想象，就是他们在音乐原有的听觉表象的基础上进行加工重组，形成新的表象的过程。这些新的表象有些是联想到的具体形象，有些则是经过组织的故事情节，也有一些是创造出的意境。无论是从有到有（建立新联结、重新组合），还是从无到有（创造出新的形象）都是幼儿在音乐欣赏中的创造性表现。

第一，联想到具体形象。所谓联想是在两种不同事物之间找到相似之处，从而建立联结。许多幼儿在感知不同风格的音乐作品时，都会联想到具有某些特点的人物、动物或某种动作行为。例如,从柔和婉转的"天鹅"联想到"小蝴蝶在跳舞"的形象;《野蜂飞舞》旋律的反复使幼儿联想到"小猴在跳""蜜蜂飞得很快"等小动物的动作行为等。

不管是象征还是比喻的形象,都是幼儿在乐曲的结构或情感与具体形象之间找到了某种相似之处,从而创造性地将两者联结起来的结果。由此可见,幼儿联想到的许多形象,不管是静态的还是动态的,都具有运动性的结构,如"跳舞""落叶""衰老"等。正因为如此,幼儿才在女性轻柔的舞姿和乐曲轻柔而百转千回的运动感之间,在不断重复、再现与变化的曲式和翻跟斗之间找到了相似之处。

第二,幼儿将结合已有经验,创编出一些故事情节。幼儿对具体形象的联想容易引发将各种具体形象组织成故事情节的心理过程。对具体形象的有机结合,其结果是故事情节的创编。从引发幼儿创编故事的来源上看,幼儿创编的故事可以分为两种:一种是主要由音乐的情绪情感引发而创编的故事。这种故事往往是在幼儿欣赏完乐曲之后,以体验到的情感为中心,形成故事的中心情节;另一种则是主要以乐曲的音响引发幼儿创编的故事。往往是幼儿在乐曲进行的过程中,跟随乐曲的音高、音色甚至曲式的不断变化,而不断地推进故事情节,乐曲停止,幼儿的故事创编也随之停止。但是这种故事中心情节的过程还是离不开体验到的情绪情感。

四、感知理解类音乐活动的类型

(一)音乐欣赏的活动

音乐是人类社会精神生活的基本组成部分,音乐对学前儿童而言同样有着特殊的情感意义。音乐中高低起伏的旋律、快慢有序的节奏、丰富形象的音乐语言,深受学前儿童喜爱。在幼儿园的音乐教育活动中,音乐欣赏活动作为素质教育的一部分,对发展幼儿的直觉、想象与表达能力有独特的作用。

音乐欣赏活动是幼儿园实施音乐教育活动的一种重要形式。在这种音乐欣赏活动中，由于学前儿童不能像成人那样抽象地理解音乐作品，他们需要依赖一定的音乐操作活动、游戏活动等来感知、欣赏音乐。因此，在幼儿园的音乐欣赏活动中，音乐教师需要通过多种形式来引导学前儿童学习如何欣赏音乐，通过欣赏音乐来扩大他们的音乐眼界，使他们有机会接触更多的音乐作品，激发情感，开发智力。这也是当今教育所必需的。

1. 欣赏音乐能够激发学前儿童情感的动力

音乐是声音的艺术，声音在时间的过程中流动，音乐也在时间过程中慢慢展示艺术形象，表现情感艺术。每一首音乐作品都表达了一种内容和情感，以音乐形象感染人，打动人心，陶冶情操，使人在音乐情感中受到教育。例如，在组织小班学前儿童欣赏《我的好妈妈》这首歌曲时，通过教师与学前儿童生动、形象的表演，激发学前儿童对妈妈的情感，让学前儿童感受到妈妈每天上班是很辛苦的，应该尊敬和热爱妈妈，而且学会用行动去表示对妈妈的关心。

在组织中班学前儿童欣赏《云》这首歌曲时，缓慢、优美的旋律使学前儿童在愉快而平静的心境中进入一个神奇的世界。这首歌曲激发了孩子的情感，唤起了他们美丽的幻想——白云像帆船；白云像雪白的棉花；白云像柔软的床，睡在上面轻飘飘，软绵绵的。

大班学前儿童欣赏的歌曲《赛马》，曲子热烈奔放，坚定有力，鲜明地刻画出了赛马场上群马飞奔的情景。音乐热情洋溢，把学前儿童引向内蒙古人民节日赛马的热烈情景中，使学前儿童感受到他们在节日里的欢快心情。

还有很多音乐作品也生动地描绘了自然景象，真实地反映自然之美，如《春之歌》《动物狂欢节》《牧童短笛》等。这些优秀的音乐作品通过音乐让人去认识和理解事物，在人的内心唤起一种强烈的感情，因此，音乐是激发情感的动力。

引导学前儿童去欣赏音乐，能激发他们的情感，让他们慢慢地感受音乐的情感,领会艺术的美,使心灵得以陶冶。

2. 欣赏音乐让学前儿童感受不同类型乐曲

音乐感受能力是人们在对音乐作品产生审美过程中所获得的相应的情绪体验能力。引导学前儿童欣赏音乐,就是在引导学前儿童感知和理解音乐作品的情感、内容,培养学前儿童的听觉能力和音乐审美能力。

为了让学前儿童感受不同类型乐曲及其情绪特点,教师可选择不同类型的乐曲给学前儿童听,然后启发学前儿童把体会到的感受表达出来。例如,学前儿童在欣赏舒伯特的《摇篮曲》时,他们就会随着音乐做哄娃娃睡觉的动作,动作自然、合拍,并能富有感情地随音乐做出各种不同哄娃娃睡觉的动作:抱在手里摇晃,轻轻拍娃娃,前后推动小摇篮似地摇动,最后双手合拢放在脸旁表示娃娃睡着了。这些动作表达出了对《摇篮曲》的感受,也加深了学前儿童对音乐的感受。

(二)舞蹈欣赏的活动

学前儿童的舞蹈欣赏活动包括欣赏舞蹈艺术作品、欣赏现实生活中社会事物和自然现象呈现的动态美。艺术作品中的美是艺术家按照一定的审美目标、审美实践要求和审美理想的指引,根据美的规律所创造的一种综合美。生活美是一种经验现象,是人们经常能够欣赏和感受的。不同年龄段的学前儿童舞蹈欣赏活动的内容要根据学前儿童能力发展情况进行选择,具体见表2-1。

3~4岁学前儿童舞蹈欣赏活动的内容可以选择贴近学前儿童生活的,带有可模仿性很强的动物形象、姿态的舞蹈作品;同时也可选择学前儿童熟悉的、感兴趣的舞蹈给学前儿童开展舞蹈欣赏活动。

表 2-1 不同年龄段舞蹈欣赏活动的内容

3～4 岁	4～5 岁	5～6 岁
（1）喜欢听音乐或观看舞蹈、戏剧等表演； （2）乐于观看绘画、泥塑或其他艺术形式的作品。	（1）能够专心地观看自己喜欢的文艺演出或艺术品，有模仿和参与的愿望； （2）欣赏艺术作品时会产生相应的联想和情绪反应。	（1）艺术欣赏时常常用表情、动作、语言等方式表达自己的理解； （2）愿意和别人分享、交流自己喜欢的艺术作品和美感体验。

4～5 岁学前儿童舞蹈欣赏活动可以选择学前儿童熟悉的故事、舞蹈形象表现具体的、描绘儿童生活的舞蹈作品和学前儿童感兴趣的童话剧，如舞蹈《十一点半》、学前儿童童话舞剧《丑小鸭》等。同时可以适当选择一些有代表性的民族民间舞蹈，如《傣族舞曲》《孔雀飞》等。还可以选择欣赏一些学前儿童生活中不常见的舞蹈形象，如企鹅笨拙的走路样子等。

5～6 岁学前儿童舞蹈欣赏活动的内容则可以选择不同风格的作品，欣赏自然环境中有代表性的舞蹈动态，并尝试分析其特点。在进行欣赏舞蹈活动的同时要注意活动的可延伸性，如欣赏完芭蕾舞蹈以后可以尝试自己踮着脚尖跳舞等。在这个年龄阶段，教师可以在组织欣赏活动时，鼓励学前儿童大胆想象、创编舞蹈，学会把已知的舞蹈形式、基本舞蹈动作融为一体，形成自己对美的认识和解读。

第一，学前儿童舞蹈欣赏活动需要注重思想性和艺术性。舞蹈是美育手段之一，传情是舞蹈艺术的特点。舞蹈的思想性必须通过艺术性来体现，所以在教师选择学前儿童舞蹈欣赏内容时要考虑到思想性和艺术性的统一。例如，欣赏学前儿童舞蹈《我不上你的当》，通过对舞蹈内容的欣赏，让学前儿童懂得我们不能随便地跟陌生人离开，面对好吃的、好玩的"诱惑"，要坚决抵制，这就是舞蹈作品对学前儿童的教育意义，体现了思想性和艺术性。

第二，学前儿童舞蹈欣赏活动要形象化、具体化。由于学前儿童的思维特点是形象和具体的，因此，学前儿童舞蹈欣赏活动就更应注意形象化和具体化，抽象、写意的内容和动作学前儿童难以理解和接受。

第三，学前儿童舞蹈欣赏活动要社会化、多元化。在信息技术飞速发展的时代，学前儿童对社会的认识也是需要与时俱进的，因此舞蹈欣赏活动除了涉及学前儿童日常生活、社交生活内容外，还要有自然界方面的内容。这不仅可以使学前儿童从不同角度接受到美的教育，还可以使欣赏活动生动活泼，丰富多彩。还可以选用优秀的国内外的舞蹈作品，使学前儿童获得多种多样的情绪情感体验和美的感受。

（三）戏剧欣赏的活动

戏剧是多种艺术综合在一起的舞台艺术。学前儿童天生就喜欢装扮与表演想象中的角色，戏剧欣赏是学前儿童重要的学习方式之一。学前儿童戏剧欣赏活动应遵循自然赋予孩子们的游戏天性和扮演、模仿天性，并以此作为学前儿童戏剧教育的生长点。同时，戏剧为儿童提供一个虚实相结合的舞台世界，而这种虚构性最接近儿童游戏的精神世界，能激发儿童的想象力和创造力。在这种虚构的情境中，学前儿童的身体、大脑、情感同时受到触动，让自己有机会成为一个思维敏捷、身体灵动、情感丰富的完整人。

可以为学前儿童提供多角度、多层次的戏剧欣赏活动，无论从思想上，还是从观念上、道德上、行为上、人际关系上、智育上、美育上，都可以为他们提供正确而多方面的信息，对学前儿童心智的发展起到正面而有效的作用。

学前儿童戏剧欣赏活动的主题来源可以是文学作品、戏剧影视作品，还可以是情节性的美术作品、音乐作品，甚至是孩子们感兴趣的事件或想法。目前，主要以成熟的戏剧影视作品及文学作品为载体设计并开展幼儿园的戏剧欣赏活动。

1. 依据年龄特点选择欣赏的戏剧

在剧目筛选过程中，教师应充分考虑学前儿童对欣赏戏剧活动的经验，以及动作、语言的发展水平。针对小班学前儿童的能力发展水平，以及他们的歌舞、语言表达缺乏连贯性，以集体性表演为主等特点，教师就应选择情节简单，线索明确，对白重复，且有歌曲音乐加入的戏剧样式剧目，如《小兔乖乖》《拔萝卜》等。到了中班，可增加哑剧、话剧等剧目的欣赏活动，重在语言理解及运用和动作的表现上，如《过猴山》。大班学前儿童的语言能力明显增强，动作的表现力更为丰富，对戏剧中人物间的关系、人物特质设定等的理解能力都有提升，在戏剧欣赏活动中可以选择角色丰富的、情节起伏的戏剧，如《白雪公主》。

2. 结合戏剧要素挖掘教育的价值

依据戏剧的基本元素及《幼儿园教育指导纲要（试行）》《3～6岁儿童学习与发展指南》中艺术领域教育目标，教师应细化相关的经验，开展多元化的欣赏活动。例如，在《三个和尚》欣赏活动中，教师除了引导学前儿童按戏剧基本要素学会欣赏作品外，还可以引导学前儿童对三个和尚的外貌造型特点进行观察与分析，开展泥塑及绘画活动；也可挖掘其语言及社会教育的价值，开展故事的续编与改编活动，从而挖掘戏剧欣赏活动多层次的教育点。

3. 欣赏丰富多样的戏剧活动类型

戏剧欣赏活动基本类型包括：影视欣赏类活动，如动画片、文学故事、音乐故事欣赏等；装扮类活动，如勾脸化妆、角色装扮等；道具辅助类活动，如佩戴角色头饰、服装等；模仿表演类活动，如片段表演、师生互动表演等。活动的呈现形式是多种多样的，包括集体、区域、大带小、家园活动等。多样化的戏剧欣赏活动为不同气质类型的学前儿童提供了适应各自气质特点的学习机会，使他们找到了自己的位置。

五、感知理解类音乐活动的方法

学前儿童音乐欣赏活动是幼儿园音乐活动的重要组成部分。音乐虽然是一门高深的艺术，但对3～6岁的学前儿童而言，学会欣赏它也是十分必要的。因此，教师组织开展音乐欣赏活动一定要有趣味性、针对性和实效性，引导学前儿童渐渐地感受、理解音乐。

（一）主题提示法

在学前儿童音乐欣赏中，教师可以通过讲解、说明和提示等语言引导，直接将学前儿童带入音乐作品的主题中。这种方式适用于音乐结构比较简单或音乐形象十分鲜明的音乐作品，即某个特写的旋律代表某个特写的形象。例如，小班的《小羊和老狼》，教师直接告诉学前儿童今天听的一首曲子讲的是小羊和老狼。然后提出问题：哪一段音乐是表现小羊的？哪一段音乐是表现老狼的？发生了哪些事？让学前儿童带着问题去欣赏分辨音乐。中班的《海边的小朋友》，教师可以告诉学前儿童讲述的是海边的故事，让学前儿童找出哪一段的音乐是表现小朋友高兴地来到海边的？哪一段的音乐是表现小朋友在海边跳舞的？哪一段离开了海边？带着问题学前儿童来分辨音乐。大班的《三只熊》由三段性质各异的独立小曲组成。教师提示学前儿童音乐表现的是三只熊，然后提出问题：哪一段小曲表现大熊笨拙懒散的步态？哪一段小曲表现小熊跳舞的愉快心情？哪一段小曲表现小熊骑车穿梭时的灵巧和敏捷？带着问题让学前儿童来欣赏分辨音乐，并让学前儿童学学这三只熊不同的神态和心情，这种方法启发学前儿童边听边动脑筋去想，把注意力引导到音乐作品上来，启发学前儿童自己去想，去探索。欣赏后，教师和学前儿童还可以进行交流，给学前儿童充分表达内心感受的机会，让学前儿童表现出来。

（二）语言导入法

使用语言导入法[①]，即教师在设计故事角色时，与情节中音乐作品的形象、结构相对应。讲故事后，使学前儿童对音乐有一个初步的印象。不过教师在

---

① 此处的语言导入法是音乐欣赏活动中最常见的表现形式，即教师用一段富于引导的抒情语言或编成一个具有引导意义的故事，用来引起学前儿童对音乐欣赏内容的兴趣。

讲故事时，应该留有余地，不能将故事情节讲得太详细，应留出空间，给学前儿童有个印象。有了这个印象，再欣赏音乐，他们就很容易进入情境之中。这既能激发学前儿童欣赏的兴趣又能将学前儿童带入音乐情节之中，是十分有效的方法。例如，欣赏"发生在森林的故事"时，教师可以将这段音乐作品编成一个关于小动物跟着老狼悄悄走进森林里的故事。当学前儿童在欣赏前听了这个故事之后，立刻被故事的紧张、冒险的情节吸引住了。学前儿童这时关心的就是小动物跟随老狼的背后有没有被发现；老狼是怎样对付小动物的。在教师讲述故事的引导下，学前儿童会很自然地带着问题去欣赏音乐，寻找音乐中的变化，找到重音、轻音。

第三节 元素积累类音乐活动

传统的幼儿园音乐活动的类型包括歌唱活动、韵律活动、打击乐演奏活动和音乐欣赏活动，因此歌唱、节奏、基本动作是幼儿音乐活动的基本元素。我们把与提高幼儿歌唱能力、节奏能力和基本动作发展能力相关的音乐活动统称为元素积累类音乐活动。

一、元素积累类音乐活动的特征

（一）幼儿歌唱能力发展特征

幼儿的歌唱活动是与学说话同时开始的。在幼儿歌唱活动中，教师应让幼儿学会在唱歌和说话时倾听自己的声音，并学着控制声调的高低，逐渐在活动中获得音准感。同时，还要发展幼儿发声器官的协调能力，从听和唱两方面来培养幼儿歌唱的音准。

1. 小班幼儿歌唱能力发展特征

小班幼儿辨别声音细微差别的能力差,他们往往由于不能区别发音上的细微变化,而存在音准问题,往往不能正确地唱出歌曲旋律,唱歌如同"说歌",在无伴奏及独立演唱时走调、没调的情况比较多见。因此,小班幼儿歌唱的音域一般为C1～A1(即C调的1～6),在这个音域范围之内,随着语言能力的发展,3岁幼儿基本可以掌握歌词,但对不理解的字词,吐字往往不清楚。同时,由于肺活量较小,唱歌的音量也较小,还不能根据乐句的需要来换气,常常是一字一换,因此唱歌的速度一般为中速或慢速。

小班幼儿初步已有了想把歌曲唱好的愿望,而且借助于歌唱活动进行自我表现的欲望和能力也有了增强,特别是对富有戏剧色彩的、情绪热烈的歌曲具有很大的兴趣,比较喜欢歌曲中生动、形象的象声词部分及歌曲中的重复部分。但由于心理发展水平的限制,这个年龄段的幼儿合作性不强,在集体歌唱时还不能做到协调一致。小班后期,他们基本上能够懂得通过改变声音的强弱、快慢、音色及声音表情来表达音乐的情绪,初步体会集体歌唱活动中协调一致的快乐。

2. 中班幼儿歌唱能力发展特征

4～5岁幼儿歌唱的音域有所扩展,一般可以达到C1～B1(即C调的1～7),对音准有了一定的把握能力,在乐曲或伴奏下可以唱准旋律适宜的歌曲,对级进和三度、四度的小跳一般不感到困难。在掌握歌词方面也有进一步的提高,一般能够比较完整、准确地再现熟悉歌曲中的歌词,唱错字、发错音的情况相对较少。音量明显增加,对气息的控制能力也有了进一步的提高,在教师的引导下,能按乐句和情绪的要求换气,能够表演速度稍快(含较多八分音符节奏)和稍慢(含较多二分音符节奏)的歌曲。中班年龄段的幼儿不仅能够较协调地参加集体歌唱,在音量、速度、力度、音色、表情等方面的协调能力也有所增强,同时还表现出独自唱歌的愿望和兴趣,在歌唱能力的发展上已经表现出了一定的创造性。

3. 大班幼儿歌唱能力发展特征

5～6岁幼儿歌唱的音域可以达到 C1～C2（即 C 调的 1～i），这一年龄段的幼儿旋律感的发展，特别是音准方面的进步尤为明显，能够比较准确地唱出旋律的音高，而且还能够唱好大跳及半音。初步建立了调式感。随着语言能力的提高，他们能够记住较长、较复杂的歌词，在歌词的发音、咬字吐字方面表现得更趋完善，对气息的控制能力较中班幼儿又有了进一步的提高，能够按乐曲的情绪要求较自然地换气。由于大班幼儿唱歌时音量的增加，常出现"喊唱"的现象。能够演唱旋律和节奏更为多样化的歌曲。歌曲的协调一致能力大大加强，对各种演唱形式产生兴趣，创造性歌唱表现一时明显增强。

随着幼儿年龄的增长及歌唱活动经验的不断积累，幼儿对歌唱活动的兴趣及歌唱的技能都日趋浓厚和完善。了解幼儿歌唱能力发展特点，有助于我们在确立歌唱活动目标、选择歌唱教材及指导歌唱活动过程时更具针对性，以便更好地做到因材施教，促进幼儿健康发展。

（二）幼儿节奏能力发展特征

1. 小班幼儿节奏能力发展特征

3岁以后的幼儿，进入幼儿园后接触了一些节奏乐活动，使用过打击乐器，如小铃、响板、铃鼓等，这使他们对节奏乐活动的兴趣得到了较大的满足。

3～4岁幼儿演奏的经验非常有限，而且随乐的意识较差，所以他们在演奏过程中使奏出的音响与音乐相协调一致是有一定困难的。这一阶段的幼儿一般处于凭感觉感知事物的阶段，部分幼儿在演奏时往往对摆弄乐器更感兴趣，而游离于音乐之外，容易被各种乐器发出的声音，如轻轻摇晃的沙槌声、清脆的碰铃声等所吸引，这个年龄段的幼儿很难用准确节奏、适宜的音色来表现音乐。同时，由于3～4岁的幼儿动作发展不足、自控能力较差，在集体演奏活动中做到与同伴相互配合和协调，有一定的困难，但在教师的引导下，幼儿开始初步意识到要与同伴进行合作，能与同伴同时开始、同时结束演奏。

2. 中班幼儿节奏能力发展特征

4～5岁的幼儿在打击乐的操作演奏技能方面的发展较小班幼儿有了较大的进步，他们不仅能模仿成人的演奏方法，还开始探索同一种乐器的不同演奏方法，掌握了更多小乐器，如木鱼、三角铁、鼓等的演奏方法，并且能用适中的音量和音色进行演奏。

4～5岁的幼儿合作协调性也有所进步，在演奏中，他们能在2～3个不同声部的演奏配合中处理好自己声部与其他声部之间的关系，能看指挥较准确地与同伴同时开始和结束，能够依据指挥的手势含意来调整自己的乐器操作和演奏，并有尝试指挥的欲望。

3. 大班幼儿节奏能力发展特征

随着幼儿节奏乐经验的不断积累，5～6岁幼儿掌握的打击乐器种类更多了，他们可以演奏使用小肌肉操作的乐器，如三角铁、双向筒等。幼儿演奏的能力也更强了，能探索同一种乐器的不同奏法，有意识地控制对音色、音量的表现力。同时，此阶段的幼儿对音乐的表现力也更强了，能比较准确地演奏有附点节奏和切分节奏的乐曲及结构相对复杂的乐曲，努力使自己的演奏与音乐的速度、力度等表现手段相一致。

5～6岁幼儿在表现节奏乐中的合作协调能力也得到很好的发展，他们能在多声部合奏中主动调节好自己声部与其他声部间在节奏、音色、速度、力度上的合作，能与指挥配合默契，尝试做指挥，从中获得愉快的体验，有较强的集体演奏意识。在创新方面，他们不仅能为乐曲选择合适的节奏型和配器方案，而且还能自主探索打击乐器的制作，以及大胆地尝试即兴指挥等。

（三）幼儿基本动作发展特征

幼儿的基本动作是韵律能力的主要内容。幼儿韵律能力包括单纯的身体动作和联合的身体动作的发展、动作的表现能力等。幼儿韵律能力的发展是受其生理器官和心理过程相互作用的影响的，由于单纯的身体动作对神经系统的协调要求较低，联合的身体动作对神经系统的协调要求较高，因此，不同年龄段的幼儿的韵律能力是不同的，其基本动作的发展特点也是不一样的。

1. 小班幼儿基本动作发展特征

3～4岁幼儿的动作逐渐进入了初步分化的阶段。大多数幼儿已经能自如地运用手、臂、躯干做单纯的大肌肉动作，如拍手、点头、摆臂、跺脚、摇头等。在成人的引导下，他们开始从不懂音乐的节奏发展到努力使自己的动作与音乐节奏相一致。但由于受到神经系统协调性发展的局限，其平衡及自控的能力还较差，特别是腿部力量较弱，脚掌缺乏一定的弹性，身体左右摇摆比较大，所以对幅度较大的上肢动作容易掌握，对下肢肌肉力量及弹性要求不是太高的单纯的移位动作，如小碎步、小跑步等较容易掌握，还能对音乐的总体结构做出反应，如耐心等待前奏，整齐地随音乐开始、结束，在乐段或乐句转换时改变动作等。但对跳跃动作及上下肢联合的身体动作的掌握及小肌肉的运用还有一定的难度。

3～4岁阶段的幼儿与婴儿相比，利用动作来表现音乐的经验更丰富了。当他们听到熟悉的音乐时，往往会自发地跟着音乐做踏脚、拍手的动作，但这些单纯的身体动作并不能做到完全合拍。

小班幼儿在韵律活动中的动作表现往往以自我为中心，他们还不善于运用动作与同伴配合、交流、共享。但他们在动作的创造表现方面有了初步的意识和发展，这个年龄的幼儿能根据音乐性质的变化，用相应的动作来表达自己的感受、情感。例如，音乐速度快，动作也加快；音乐连贯、平和，动作则缓慢、平稳。同时，小班的幼儿还能用自己想出来的动作模仿、表现日常生活中所熟悉的具体事物，如动物、植物、交通工具等，用动作来表现自己的情感。

2. 中班幼儿基本动作发展特征

4～5岁的幼儿由于中枢神经系统对动作的控制能力增强，动作发展也有了明显的进步，身体大动作、肌肉及手臂动作得到了很好的发展。他们的走、跑、跳等下肢动作及小肌肉的机能也逐步得到提高，能够比较自由地做一些连续性的移位动作，如跳步、垫步等，而且平衡能力及动作的控制能力也有所加强。他们上下肢的联合动作也逐渐发展起来了，可以自如地随音乐的轻、重、快、慢等变化调节，可以由易到难地学会 2/4 拍、4/4 拍、3/4 拍的舞步，而且与音乐相协调的动作显得更为自如，其节奏的均匀性、稳定性也更加明显。

在动作表达的过程中，中班的幼儿开始注意与同伴进行合作、交流，例如，在集体的韵律活动中，他们会寻找一个比较空的位置，不与同伴产生碰撞，还会和同伴自由组合进行合作表演等。在创造力表现方面，中班的幼儿随着认知能力的发展，情感逐步丰富，动作语汇和动作表达经验也在不断丰富，他们开始使用一些基本的舞蹈语汇来进行简单的创编。虽然这种创编需要教师的提示和整理，但是，幼儿主动创编意识和积极调动并运用已有经验的能力明显增强。

3. 大班幼儿基本动作发展特征

5～6 岁幼儿的动作有了进一步分化且更加精细，对身体、躯干等大肌肉动作和手臂、手腕、手指等小肌肉动作的自控能力更强。他们可以自如地变化上、下肢动作的速度及幅度，并且能够做更复杂的上、下肢联合动作，如采茶、摘葡萄等，需要手臂、手指、头部、眼睛、腰部及脚部配合的动作。大班幼儿还可以掌握更为复杂的连续移动动作，如秧歌十字步、跑马步等。同时他们的重心及平衡能力也有了进一步的提高，而且还能学会用动作对较复杂的节奏，如含有附点、含有切分音的节奏或含有 3/4 拍、6/8 拍的节奏做出反应。

大班幼儿在韵律活动中的合作协调意识越来越明确，合作协调的技能也越来越强，并开始主动与同伴一起参与韵律活动。他们能够用动作、表情与同伴交流、合作，同时有了用动作语汇创造性地表现音乐的积极性。

总而言之，幼儿基本动作发展特点在不同年龄段、不同的发展水平、不同的个体上会产生不同的差异性,教育者要有针对性地对幼儿进行循序渐进的引导和教育,帮助幼儿积累一定的艺术动作语汇,体会使用身体动作进行自我表达的乐趣。

二、元素积累类音乐活动的选材

(一)幼儿歌唱活动的选材

在目前使用的幼儿歌唱教学教材中,有许多好歌,但由于歌曲内容与幼儿的生活经验偏离了,不易于幼儿理解,并不适合幼儿歌唱,所以影响了幼儿歌唱活动的质量。教师应依据幼儿音乐学习的规律、身心发展规律,以及身心发展水平来选择歌唱活动的材料,主要包括歌词的选择和曲调的选择两方面。

1. 歌曲歌词的选择

(1)贴近幼儿生活,易于幼儿理解。歌曲歌词的选择,需要贴近幼儿生活,易于幼儿理解。日常生活是幼儿歌曲的主要内容。日常生活的每一天都是幼儿品德、习惯、认知、情感、社会性表现等形成的过程,因此歌词的内容应是幼儿在生活中特别熟悉的事物或现象。幼儿在这种活动中可以边唱边跳,既满足了好动的天性,也发展了协调性,这对促进幼儿身心和谐发展具有积极的意义。

(2)主题单一,结构简单,多重复。由于幼儿的生活经验有限,歌词的结构应相对简单、多重复,便于幼儿记忆。结构简单是指句子中所含词汇较少,语法结构单纯;多重复是指句子与句子之间在长度、结构、节奏等方面相同或相近。这种简单多重复的歌词结构可以为幼儿提供更多的自由编唱机会。

(3)形象鲜明、生动,便于幼儿表现。边唱边跳是幼儿喜欢的一种音乐表现活动,选择的歌词所塑造的形象应鲜明、生动,易于幼儿用动作表现。

2. 歌曲旋律的选择

(1)音域适宜。幼儿身体发育尚不完善,因此,歌曲的曲调应考虑其力所能及的音域范围。在曲调的选择上，幼儿一般不宜唱过高或过低的音，只有在适合的音域范围内歌唱，儿童才比较容易唱出自然优美的声音，也只有在适合的音域歌唱，幼儿才不容易"唱走音"。

（2）节奏简单。为幼儿选择歌曲时应注意所选歌曲节奏和节拍不宜太繁杂，应简单而清晰，多以二分音符、四分音符、八分音符的均分节奏为主。小班歌曲曲调的节奏应主要由二分音符、四分音符和八分音符组成；中、大班可逐渐增加带有附点音符、少量十六分音符、切分音节奏及弱起节奏的歌曲。节拍主要是2/4拍和4/4拍，偶有三拍子的歌曲配合表现特殊的音乐情感。

（3）旋律平稳。幼儿一般不适合唱旋律起伏太大的歌曲，为幼儿选择的歌曲旋律应起伏平稳。一般而言，幼儿唱下行音比唱上行音更容易唱准，最容易掌握的是下行的三度和三度以下的音程，再就是四度、五度和八度音程，对六度和七度音程不易唱准。因此，小班适宜多选与三度音程的旋律音高有关的歌曲，中、大班幼儿的歌曲旋律可适当增加一些三度以上音程的跳进。

（4）结构工整。为幼儿选择的歌曲结构不宜太长，而应短小工整。一般而言，小班以4个乐句为宜，总长度一般在8小节左右，而且每一乐句的长度最好相等；中、大班可以有6～8乐句，总长度也可增至16～20小节，偶尔也可唱稍长乐句的歌曲或不十分工整的乐句，结构上可以有一些简单的二段体或三段体的歌曲，但总体上还是以唱结构短小而工整的歌曲为主。

在选择歌曲时，总体上要考虑教育性和艺术性的完美统一。教育性并不是单指具有思想教育意义的作品，那些能够培养幼儿热爱大自然、热爱生活，表达童年欢乐和具有童趣的娱乐性内容和知识性内容的歌曲，都是有教育意义的。艺术性主要是指音乐形象是否准确、富于表现力，曲调性质是否符合歌曲内容，词曲是否吻合一致，歌曲的形式是否完整，调性是否统一，歌词能否给人以美感等。另外，还应注意歌曲题材、体裁、风格的丰富性和多样性。

（二）幼儿节奏活动的选材

1. 节奏活动中的打击乐器

幼儿园的乐器演奏活动主要指打击乐器的演奏。在幼儿园的打击乐演奏活动中可供幼儿使用的乐器很多，它们的来源有专用的幼儿打击乐器、成人的小型打击乐器，以及幼儿在成人的帮助下自制的打击乐器。3～6岁阶段的幼儿，由于受生理发展的局限，他们使用打击乐器主要以身体的大肌肉动作为主，因此，在选择打击乐器时应考虑便于幼儿操作，让幼儿能自然、简便地展示、表现音乐。目前，幼儿园常见的打击乐具体如下：

（1）木质乐器。木质乐器是采用木头为材质加工而成的打击乐器，它的特点是发音清脆、响亮、短促、有力，无固定音高，无延续音。

① 圆舞板（响板）。圆舞板由皮筋将两片贝壳状的硬木固定住，是通过两片木块的撞击引起振动并发音，其音色清脆圆润。圆舞板的演奏方法有两种：一种是用手指的大拇指和中指轻轻捏住圆舞板中间的凹槽（双手各持一个），捏击合拢时发音；另一种是将圆舞板放于左手手心，用右手掌拍击发音（这种方法适用于年龄较小的幼儿）。

② 木鱼。木鱼是由木头刻制而成的，形状似鱼，中间镂空且顶部有发音孔的一种乐器。木鱼的演奏是通过一根木质的敲击棒敲击木鱼的顶部发音，其音色接近圆舞板的清脆、响亮。木鱼有大小不等的形状，幼儿打击乐中常选用中、小型的木鱼。幼儿在使用木鱼演奏时，左手持木鱼下端，右手持木槌，敲击开口旁边的木棱之处发音，敲击后应迅速离开敲击点。

③ 双响筒。双响筒是用硬木加工而成的一段中间装有把柄的有节木筒，可通过一根木质的敲击棒敲击木筒发音的一种乐器。有的双响筒还在筒身上面刻有沟槽，称为"加沟双响筒"，其发音和演奏方法与普通的双响筒相同。幼儿在演奏时，左手持双响筒的木柄，右手持木棒，敲击筒身发音，敲击后应迅速离开敲击点。

④ 蛙鸣筒。蛙鸣筒是由一节中间镂空且有发音孔的毛竹或木头制成的筒状乐器，外部表面刻有一道道棱子，且一端有可握持的短把柄，其音色类似于青蛙的鸣叫声，并因此得名"娃鸣筒"。

蛙鸣筒的演奏方法有两种：一种是幼儿一手握持蛙鸣筒的握柄，另一手持敲击棒刮奏；另一种是幼儿一手握持蛙鸣筒的握柄，另一手持敲击棒敲击筒身。

（2）金属乐器。

① 三角铁。三角铁是一根弯成等边三角形的钢条，用绳子悬挂一端，通过一根金属敲击棒敲击发音的一种乐器。幼儿使用的三角铁是由成人打击乐器演变而来的，其音色清晰、悦耳。三角铁的演奏方法有两种：一种是幼儿左手提起三角铁的提绳，用右手握住敲击棒，敲击三角铁的底边发音，敲击动作要轻巧，富有弹性；另一种是幼儿左手提起三角铁的提绳，用右手握住敲击棒，快速敲击三角铁的左右两边，或者转圈连续敲击三角铁的3个等边，会产生激烈而特殊的音响效果。

② 碰铃。碰铃通常是由一对相同的小铃组成的，用一根绳子或可握的木柄将两个小铃固定，通过相互撞击引起振动而发音。碰铃的音色清脆、柔和且高而轻，在打击乐器演奏中属高音乐器。碰铃既可以表现音乐的强拍，也可以表现音乐的弱拍。幼儿在演奏时，用双手捏住穿过碰铃（顶端）的绳子或木柄，对撞发音，撞击后迅速离开撞击点。如果要停止碰铃的延续音，可将碰铃快速地放在腿上或胸前。

③ 小镲。小镲又称为小钹、小水镲，它是由黄铜制成的圆形薄片，中部隆起，中央有孔，以镲巾或绳子系起，两片为一副。对击发音，其声响有力，激动人心。小擦的演奏方法有撞击、震击、磨击、闷击四种：1）撞击。幼儿两手分别持住镲巾与镲的连接处，使两片镲斜对于胸前，两手合力撞击而发音；2）震击。幼儿两手分别持住镲巾与镲的连接处，使两片镲斜对于胸前，两手合力撞击，撞击后立即将镲稍微离开，但要使镲片的一部分相贴，发出持续的

振动音；3）磨击。幼儿两手分别持住镲巾与镲的连接处，使两片镲斜合于胸前，两手合力画圆，磨击发音，声音特色鲜明；4）闷击。幼儿两手分别持住镲巾与镲的连接处，使两片镲斜合于胸前，依据节奏两手使镲片像蚌壳一样做开合的动作，合时发音，音量不大，但是充满神秘的韵味。

④ 锣。锣是由铜合金制成的圆盘状的一种乐器，并配有锣槌。锣有大小之分，演奏时，大锣由绳子固定在可抓握的木柄上或固定在特制的架子上，而小锣一般手持即可，通过锣槌敲击锣面引起振动而发音。大锣的音色低沉，共鸣强烈，有较长的延长音，小锣声音尖锐响亮。如果要停止锣的延长音，可以用手按住锣面即可。

（3）散响乐器。散响乐器是幼儿打击乐中经常使用的小型打击乐器，其发音点比较分散，无固定音高。散响乐器因其音量较小，所以适合于多人共同演奏。

① 串铃。串铃又称手铃，是由金属鼓串成的马蹄形或半圆形、棒状的若干个小铃固定于各种形状的手柄上而成的。摇动发音，音量不大，音响效果类似铃鼓。

② 沙槌。沙槌是一种用椰壳或塑料制成的空心球体，内装有细小的沙粒状物体，每两只为一副。沙槌可以双手齐奏，也可以双手交替演奏，其音色轻柔而干脆。

③ 铃鼓。铃鼓是用皮革或塑料蒙在带有可活动的金属小钹的木质环形鼓框上，通过手指或手腕的敲击或手腕的抖动、摇晃，而引起金属小钱振动发音的一种乐器。

铃鼓的演奏方法有多种：可以一手持铃鼓，向另一手的掌部拍击鼓面，其音色柔和稳重；也可以一手持铃鼓，用鼓面撞击身体部位（如肩、肘、膝等），其音色较明亮活泼；还可以一手持铃鼓，用手腕的力量快速抖动，使铃鼓发出持续震荡的"哗哗"声。晃动适合于演奏较长的音符时值。

（4）鼓类乐器。鼓类乐器是通过敲击蒙在乐器上的皮革张面而发声的乐器。幼儿园常用的鼓类乐器为大鼓和小鼓。

① 大鼓。大鼓的音色低沉，音量较大，如果演奏时轻轻击打，也会产生柔和而绵长的音响；敲击鼓面中心，将会产生浓厚的音响且有较长的延续尾音；敲击鼓面的边缘部位，则音色脆硬单薄且延续音较短。演奏大鼓时，手臂要放松，手腕有力而富有弹性。

② 小鼓。小鼓的声音结实而有弹性，演奏时两手握槌掌心向下，以拇指、食指、中指捏住鼓槌1/3处，无名指和小指自然弯回收拢，槌头击点靠近鼓心，使两槌夹角呈90°。

（5）自制乐器。依据幼儿的年龄特点，幼儿园各年龄段的幼儿在开展节奏乐活动时，还会引导幼儿利用生活中各种材料，自制一些打击乐器。可以用来制作打击乐器的材料很多，如水杯、碗、易拉罐、纸箱、纸筒等。

2. 节奏活动中的乐曲选择

幼儿园的打击乐演奏活动是引导幼儿根据音乐来演奏打击乐器，通过各种乐器给音乐配伴奏以使音乐更动听的活动。在活动中幼儿能通过乐器敲击来表达和表现对音乐的感受和理解。因此选择好的音乐是成功开展打击乐教学的第一步。

由于幼儿音乐记忆能力较弱，活动中容易受干扰，教师在为幼儿选择配合打击乐演奏的音乐时，要选择节奏鲜明、结构工整、旋律明快优美的音乐。配合打击乐演奏的音乐体裁一般是进行曲、舞曲或其他情趣性和艺术性的音乐作品。这些作品的节奏具有明显特点，曲式结构工整、段落清晰，一般是二段体或三段体，且段落的旋律对比鲜明，适合启发幼儿用不同音色、音量的乐器和特色的节奏变化来表现音乐的内容情感。

幼儿园的打击乐曲一般可以分为两类：一类是伴随歌曲或旋律乐器演奏的器乐曲进行的打击乐器演奏乐曲；另一类是纯粹由打击乐器或替代性的打击乐器来演奏的打击乐曲。

（三）幼儿韵律活动的选材

幼儿园韵律活动材料广泛而有特色，如歌曲、器乐曲、舞曲等，他们的选择要考虑到幼儿的年龄特点及动作发展规律。

1. 音乐选择

（1）旋律优美，节奏感强。旋律优美、动听的音乐自然能激发幼儿参与和表现韵律活动的欲望，引发幼儿积极用模仿动作、舞蹈动作和游戏动作来表现音乐的旋律和情绪情感。因此，选择不同节奏、不同性质和风格的音乐，能丰富幼儿对音乐的感受和体验，帮助幼儿理解音乐和动作之间的关系，提高幼儿对音乐的反应能力。

（2）结构工整。韵律活动的配乐同样要遵循结构工整的原则，简洁的结构和清晰的段落有助于幼儿区别对比音乐形象，能够将模仿动作、舞蹈动作、游戏情节或玩法的发展过程与音乐的曲式结构相适应。

（3）音乐形象鲜明，便于用动作表现。幼儿的知识经验、社会实践和音乐的感悟都处于启蒙阶段，形象生动、鲜明和有趣的音乐，有助于幼儿用动作、游戏表现。

2. 道具选择

在幼儿韵律活动中，道具不仅能增强活动的艺术性，还可以辅助幼儿更有效地参与活动。教师在选择道具时应注意以下方面：

（1）艺术表现力。表演中使用的道具要能依据实际需要，使音乐表现更为准确和丰富，同时可以帮助幼儿展开丰富想象和联想，促使幼儿对动作和音乐的表现更为充分。例如，"新疆舞"的编排中对铃鼓的学习和使用，能更好地表现少数民族舞蹈的韵味；"编花篮"中小篮子的使用，使幼儿的表演更为生动有趣。

（2）结构简单，方便操作。韵律活动中的道具要适中、数量少、结构简单，尽量避免无关要素的干扰，以免分散幼儿学习时的注意力。在制作上要因地制宜，使用生活中常见的材料，如小沙槌（矿泉水瓶里装上小豆子）、纸筒等。

三、元素积累类音乐活动的途径

3～6岁的幼儿已经到了入幼儿园的年龄，大部分的家庭选择将自己的孩子送到能照看和教育幼儿的专门机构，因此，幼儿音乐教育的中心从家庭转向幼儿园。《幼儿园教育指导纲要》中明确指出，健康、语言、社会、科学、艺术是幼儿园教育的五大领域。其中，艺术领域包括了元素积累类音乐的教育活动。在幼儿园中，幼儿园教师会组织丰富的歌唱活动、韵律活动和打击乐的演奏活动。

此外，在幼儿的离园期间，很多家长为幼儿选择一些幼教培训机构，如非常著名的奥尔夫音乐教育等继续进行幼儿音乐学习。很多幼儿音乐教育培训机构结合国外的音乐教育方法，对幼儿的歌唱活动、韵律活动和节奏乐活动进行针对性的指导。

四、元素积累类音乐活动的策略

第一，生活发现策略。在幼儿的生活世界中，我们发现很多音乐元素，如婴儿牙牙学语中蕴含着旋律、成人拍宝宝睡觉包含着拍子、走步与跑步蕴含着节奏等。幼儿在传统玩耍中能更多地发现音乐，如"火车马上开""土豆丝土豆片"等拍手游戏中的节奏与速度，"跳皮筋"游戏中的歌唱、稳定拍与节奏。教师要善于发现和拓展运用生活中的音乐元素，运用幼儿熟悉的生活内容作为音乐活动材料，引发幼儿更多地自发进行音乐游戏。

第二，关注倾听策略。音乐是声音的艺术，倾听是根本。元素积累类音乐的基本元素包含了歌词、节奏、基本动作等内容，幼儿学会倾听是学习这些基本元素的前提和基础。幼儿养成倾听音乐的习惯，是音乐学习的必然要求。

音乐活动中倾听的内容包括音乐旋律特点和音乐语言内容。

第三，图谱图画策略。图谱图画策略是将音乐的某些特点用图画、符号、实物等表现出来的一种方式，把看不见摸不着的音乐辅助以看得见的图谱图画。元素积累类音乐活动中幼儿的歌唱活动、韵律活动、演奏活动都可以借助图谱图画的帮助有效地进行。图谱图画可以是教师设计的、为音乐增加可视性的辅助工具，也可以是幼儿表现音乐时绘制的。需要注意的是，图谱图画的使用是把双刃剑，运用得当会帮助幼儿理解和感知音乐，但是如果运用不当就会限制幼儿的想象力。因此，在音乐活动中，看图谱图画、听音乐、讲故事很重要。

第四，道具表演策略。音乐活动可以利用许多音乐之外的道具材料，如头饰、杯子、纸条、纱巾、彩带、海洋球等增加趣味性和参与性，幼儿伴随着音乐玩手中的物品同时也是在表现音乐。音乐与表演距离比较近，所有的音乐都在直接或间接地讲故事，所有的故事情节都能以表演的形式表现出来。

第五，游戏玩耍策略。没有一个幼儿不喜欢游戏和玩耍，幼儿音乐教育活动中如果设计一些幼儿原生态的游戏和玩耍元素，让孩子在音乐活动中回归他们的天性，他们自然会乐在其中。

第四节　创作表演类音乐活动

构建主义理论认为：学前儿童的学习不仅是由外而内的输入，更要强调学习者自身体系自内而外地生长。音乐的创作表演是指学前儿童用自己的方式表达对音乐的感受和理解，这是投入学习的结果，是学前儿童从被动接受到主动学习的过程，教师在这一环节中要了解、倾听和尊重孩子的表达与表现方式。

第一，表演类音乐活动是指音乐的再现与再创作活动。幼儿园表演类音乐活动主要是指对某个音乐作品的再现，一般指儿童根据教师指令做出反馈性的音乐行为。在表演类音乐活动中，学前儿童通过器乐、人声、肢体等把乐曲表现出来。表演类音乐活动的再创作者是教师，教师根据现有的音乐作品，根据具体教学环境和条件，以及自己对音乐作品的理解，对音乐作品进行二度创作，并指导学前儿童表现出来。表演类音乐活动是锻炼学前儿童表现力的基本步骤，让学前儿童在此过程中，学会集体表演或者独立表演的能力。

第二，创作表演类音乐活动是指学前儿童为主导的有意识的音乐的创造，并把创作内容进行表演的行为。学前儿童根据已知的经验和能力，对音乐的表现方式进行自主创造。

一、创作表演类音乐活动的特征

（一）学前儿童音乐表现力发展特征

对音乐进行表现是学前儿童学习音乐的第一步。学前儿童在此阶段可以通过歌唱、乐器演奏和有目的的肢体动作来表现音乐。他们也可以通过一些简单的技能来演奏音乐，完成适当难度的读谱和排练型表演，并完成适当难度的独奏甚至合奏。

在1岁以前，幼儿的音乐活动需要包含大量的身体引导的互动，如跳跃、挠痒痒、轻拍等。当幼儿1岁之后，他们的注意力就会集中于用物体发出的声响，如会好奇于用木槌打击鼓会发出什么声音。因此这个阶段的音乐活动应该开发身体动作与人声表演。假如在这一阶段取得成效，那么幼儿在2～2.5岁时会自己自主发出一些声音，并向发出"音乐性"的声音进行发展。因为幼儿学习音乐是从感知期开始的，所以他们需要大量进行肢体及身体动作的接触和互动，而这些都必须与父母一起完成。

因此父母在0～3岁幼儿音乐学习中扮演着重要角色，幼儿的音乐表现活动是与父母一起完成的。1岁以前，父母可以通过带着孩子观课，与孩子一起坐在音乐教室内观看音乐课程。2～3岁的孩子可以通过父母引导进行"音乐性"的律动。因此在0～3岁期间，孩子的音乐学习主要依靠父母，其表现力往往不会在课堂内显示出来，更多的时候是在教室外显示出来的。例如，听到某段熟悉的旋律时做出肢体反应，或者可以唱出课堂内使用过的某段音乐等。

到了3岁，儿童可以听辨出歌唱性的声音和正常说话的声音；可以演唱一些简单的歌曲；也可以通过肢体动作来对音乐做出相应反应。3～4岁的儿童可以辨别说悄悄话和大声喧哗的声音；可以演唱一些简单的歌曲；完成一些歌唱类的游戏。

4～5岁的儿童可以分辨成年男性、女性和儿童的声音；可以完全模仿并表演有简单旋律性和有明显节奏感的音乐句子；可以展示基本的表演技能和表演行为。5～6岁的儿童可以用肢体动作表现音乐元素（音乐元素包括旋律、和声、节奏、风格、种类、音乐织体、曲式等），还可以根据音乐明显的节拍、节奏、律动、旋律走向、情绪反应变化和音乐模式变化进行肢体动作表现。

（二）学前儿童音乐创作力发展特征

对音乐的创作力是学前儿童音乐学习的第二步。学前儿童在此阶段可以根据他们所听到的或者可以预见的声音来进行创作。他们也可以通过辨认符号或者非符号表示的形式来创作音乐，表现出对他们音乐原本化的理解，也可以通过内心创作完成一些即兴表演。

第一，0～3岁的学前儿童主要精力投入在初步的音乐经验的学习上，少有音乐创作的表现。

第二，3～4岁学前儿童可以运用肢体动作来表现大声和小声、快和慢、高音和低音、有声和无声，以及有节拍和无节拍。

第三，4～5岁学前儿童可以辨认一些简单的音乐模式，可以运用图标或者自创的符号来表示音乐的节拍。在此阶段，运用图像表示所听到的音乐或者声音是学前儿童的重要表现手段。

第四，5～6岁学前儿童可以为故事或者诗歌即兴创作一些声效，也可以创编简单的歌曲。

二、创作表演类音乐活动的选材

（一）创作表演类歌唱活动的选材

选择学前儿童歌唱活动作品时教师应该从歌词、音域、节奏、旋律、曲式结构上考虑。

第一，选择的歌曲应该是有趣的，是可以激发儿童兴趣的；歌词内容应可以创编成故事情节，或者具有童话感，能帮助学前儿童理解和欣赏音乐的美感。

第二，歌词的文字应该适合学前儿童的经验和语言发展水平。

第三，所选歌曲的音域要适合学前儿童。3岁前儿童的音域在D_1～G_1之间，4～5岁儿童的音域在C_1～B_1之间，5～6岁儿童的音域一般可以包括一个八度：C_1～C_2。学前儿童演唱最舒适的音区为D_1～A_1，以上音域可作为选择歌唱类音乐的参考，但要防止机械操作。

第四，选用节奏简单的歌曲。适合学前儿童的歌曲大多是2/4拍、4/4拍等拍点清楚、强弱突出的歌曲，多以二分音符、四分音符、八分音符为主。根据儿童发展阶段和对音乐的学习经验，还可以选择含有少量的附点音、切分音和休止符的音乐。

第五，歌曲的旋律走向应尽量平稳，音的跨度尽量为三度、四度、五度及八度；五声音阶为主的旋律应是主要的选择范围。

第六，歌曲的长度短小，曲式结构清晰、工整、简单，速度中等。

第七，2岁以前的儿童更喜欢听无伴奏的音乐。

(二)创作表演类舞蹈活动的选材

肢体活动中的音乐要具有审美价值,在旋律和节奏上要富有特点。由于肢体活动中以背景音乐作为依托的,因此音乐的品质也决定了肢体律动活动的品质。

第一,音乐中可以包括大声和小声、快和慢、高音和低音、有声和无声、有节拍和无节拍等相反的音乐模式,给学前儿童提供肢体动作创作的条件。

第二,教师可以选择学前儿童可以理解的故事,并在说故事时运用舞蹈、戏剧,以及视觉作品与音乐结合的方法来培养学前儿童的表现能力。

第三,动作选择。自娱性学前儿童舞蹈的动作分为基本动作、模仿动作和舞蹈动作:①基本动作是指学前儿童在反射动作基础上发展起来的生活动作,如走、跑、跳、摇头、点头、弯腰、屈膝、击掌、招手、扭胯、抓握等;②模仿动作是指学前儿童在表现特定事物的外在形态和运动状况时所做的身体动作,如鸟飞、鱼游、刮风、下雨、花开、树长等。此外,学前儿童还常模仿日常生活的动作,如洗脸、刷牙、拍球、打气等;模仿成人活动的动作,如播种、骑马、开车等;③舞蹈动作是指经过多年的演化和进步,已经程式化了的艺术表演动作,这类动作比较适合5~6岁的学前儿童学习。自娱性学前儿童舞蹈中的动作主要是一些基本舞步,如3~4的学前儿童比较适合小碎步、小跑步;4~5岁的学前儿童适合蹦跳步、垫步、踵趾步、点步;5~6岁的学前儿童适合跑跳步、交替步、十字步、进退步等。

自娱性学前儿童舞蹈的手臂动作一般以摆动和画圆为主,常见的手臂姿态是平举、上举、下垂和曲肘。中班以后可以选择手腕转动、提压腕等精细动作。

(三)创作表演类节奏活动的选材

第一,道具选择。创作表演类音乐活动在大部分情况下并不需要道具,但有时是需要道具的，这时应注意：①所选道具不宜过大、过重，使用技巧也不宜复杂；②所选道具不能粗制滥造，也不宜过于讲究逼真。可以向学前儿童提供某种线索，让他们自己去选择道具；或向学前儿童提供某种材料，让他们自己去制作道具等，这对发展他们的想象能力和动手能力大有裨益。此外，选择道具应当尽量使用学前儿童身边普通的甚至是废旧的物品，让学前儿童自己决定怎么利用它们进行活动。

第二，打击乐器音乐选择。应选用节奏特征鲜明，活泼和节奏感强的音乐，乐曲长度应该以短小精悍为主。部分歌唱类音乐也可用于节奏打击，利用歌词中的不同人物或动物角色，以及不同的动作来分辨不同音色，以给学前儿童提供创作的条件。

第五节　游戏体验类音乐活动

音乐游戏是一种比较特殊的韵律活动，其特殊性主要表现在游戏和音乐的相互关系上。在音乐游戏中，音乐和游戏是相互促进、相辅相成的，音乐指挥、促进和制约着游戏活动，而游戏动作又能帮助儿童更具体、形象地感受和理解音乐，获得一定的情绪情感体验。因此，音乐游戏是深受儿童喜欢的一种音乐活动。

一、游戏体验类音乐活动的作用

（一）愉悦幼儿的身心，促进其健康发展

幼儿在参加音乐游戏活动时总是欢乐的，他们的情绪处在积极的状态，

身体各器官也处于积极的状态。在各种不同的音乐游戏中，幼儿的活动量大小不同，身体活动的部位不同，这些活动不仅促进了幼儿的神经、心脏、呼吸、骨骼、肌肉等的发育，而且可以发展幼儿的基本动作。例如，在小班音乐游戏"拉个圆圈走走"中，虽然小班幼儿是刚入园不久的新生，但欢快的音乐一响起，会让他们的恋母、恋家情绪得到缓解，并且能激活其情绪状态，使他们更容易适应幼儿园生活，乐于参加幼儿园的活动。在活动中，随着走、跑、跳不同内容的交替，幼儿的走、跑、跳基本动作也得到了发展。他们的焦虑情绪也会被欢快的音乐、有趣的游戏给冲走，快乐的感觉油然而生，这种轻松愉快的氛围，对幼儿的身心健康发展也有着积极的作用。

（二）丰富幼儿的知识，促进其智力发展

游戏是幼儿对现实生活的反映，音乐游戏是在此基础之上加上音乐的元素，对旧有的生活经验进行升华和对新知识进行探索。在音乐游戏中幼儿运用各种感知觉、注意力、记忆力、思维力、想象力积极活动。例如，在中班音乐游戏"猫捉老鼠"中，幼儿要调动以往的生活经验和想象，解决怎样做动作才能和音乐匹配并在游戏中机智灵敏地捉住对方或不被对方捉住的问题。又如，在大班音乐游戏"小老鼠与啤酒桶"中，老师在随着音乐讲述故事后，结合教具让幼儿了解游戏情节的发展，这时幼儿会根据已有的生活、知识经验，通过联想来巩固、加深对游戏情节的了解，从而为下面的表演游戏奠定良好的基础。由此可见，音乐游戏会对幼儿的知识经验积累产生积极影响，巩固和丰富幼儿的知识，促进其智力等方面的发展。

（三）促进幼儿的审美情趣，提高审美能力

游戏体验在促进幼儿审美情趣方面也会产生积极作用。在音乐游戏中，幼儿通过动作去表现美、创造美，有助于幼儿审美能力和美的创造力的发展。在音乐游戏活动中，幼儿能主动地选择各种动作、造型、表情、手势等体态语及色彩鲜艳、生动丰富的道具，自由自在地感知美、体验美、创造美。

例如，在音乐游戏"水族馆"中，老师可以用色彩鲜艳的海绵纸做一幅海底世界图，把海底生物世界活灵活现地表现出来，给小朋友视觉上美的感受。老师又让幼儿用动作来表现海底有哪些动物，这个环节使幼儿的肢体充分活动起来，有的小朋友摆出了美人鱼的造型；有的小朋友扮成美丽的小丑鱼；有的小朋友把自己变成了可爱的水母；还有的小朋友把自己变成了大鲨鱼。每个孩子都尽可能地把自己最美好的动作展示出来，表达自己对美丽的海底世界的向往，再加上优美的音乐，无不给幼儿以美的体验。游戏是幼儿产生美感的重要源泉，而音乐游戏更容易激发幼儿在优美动听的音乐中把美表现出来。

（四）开发幼儿创造力，加强其思维想象

音乐游戏也是一种创造性的活动，因为音乐游戏的过程是幼儿想象活动的过程，幼儿的想象力发挥得越充分、丰富，他们的表演就越形象、生动，所以音乐游戏也能促进幼儿创造性的发展。例如，在上音乐游戏"赶花会"时，老师用增加故事情节，如鸭妈妈带鸭宝宝去赶花会怎样走的路、怎样打的招呼等，引导幼儿进一步感受音乐的内容，并请幼儿随音乐做出各种不同的动作，帮助幼儿体验和表现游戏情节。在音乐的第二段引导幼儿做出花儿开放的不同动作，并摆出造型。第三部分让幼儿自由表现乐曲性质，鼓励幼儿根据自己的想象把创编出的走路、打招呼、游泳过河，以及开花的造型等动作表演出来，再跟着音乐一起把游戏情节完整地展现出来。这样的学习过程能调动幼儿动脑的积极性，并能跟着教师的有效提问、引导，展开想象的翅膀，创编出和别人不一样的动作，发挥其创造性。

又如，在上音乐游戏"包饺子"时，为了让幼儿感知包饺子的过程，教师特地从家里带了电磁锅并现场和面，擀饺子皮、包饺子，创造出浓浓的包饺子场景。小朋友在这真实的场景中，自然而然地知道了包饺子、煮饺子的过程，

了解了开锅后饺子是怎样在锅里翻滚的。当让小朋友把自己想出的动作做给大家看时，有的小朋友用单脚跳来表现；有的小朋友双脚跳；还有的小朋友竟然翻起了跟头。我们应该佩服孩子们丰富的想象力和活跃的创造性思维。在这一学习过程中，幼儿把生活经验迁移到了音乐游戏的情节中来，使他们的创造性得到了较好的发展。

二、游戏体验类音乐活动的方法

（一）语言指导法

第一，讲解。讲解一般包括讲述和讲解。在音乐教学活动中，教师运用讲解的方法，主要是为了向幼儿提供各种与音乐学习有关的材料，以及加工这些材料的程序和方法。

第二，提问。提问的目的是提取幼儿已有的经验，提醒幼儿关注观察的重点、程序或关系，暗示活动的操作规则，参加运动的身体部位。提问的原则包括：问题应该具有开放性、启发性；应该易于记忆，易于理解，易于回答，有明确的指向性；对小年龄的幼儿不要一次提几个问题。

第三，提示和指示。运用这个方法主要是为了引导和集中幼儿认识——反映生活的注意方向。除了教师所熟悉的、直接的、完全的指示和提示以外，好的教师还应善于使用眼神、口型、身体接触及其他各种不完全的语言来帮助幼儿学习。

第四，激发和鼓励。激发和鼓励主要是激发和维护幼儿参与活动的热情并使其对自己的学习能力不断增加信心。

（二）范例法

范例具有形象性、具体性、直观性和真实性的特点，在音乐活动中，范例运用具有更加重要的意义。

第一，示范。在音乐教学活动中，示范主要是指教师用现场演唱、演奏，以及做动作表演的方法来向幼儿提供活动的范例。教师提供的范例应该是多样化的，教师或其他成人、本班幼儿或其他儿童，自然、社会的各种事物、现象等都应该成为示范的例子，在提供示范时应做到适时、适应、谨慎、灵活。

第二，演示。在音乐教学活动中，演示主要指教师用操作各种直观教具的方法向幼儿提供活动的范例，如图片、绒板、磁板教具、桌面教具、幻灯片、投影、录音、录像、课件等。

（三）角色变换法

在音乐教学活动中，教师需要经常运用变换自身角色的方法对幼儿的学习进行指导。指导方法有"参与"和"退出"。

第一，参与，主要指通过参与的"角色"增强对幼儿学习活动的调控。

第二，退出，主要指通过角色的变化等措施弱化幼儿对自身的控制而同时强化儿童对他人的调控。

第三章 学前儿童音乐教师的多元化教学能力

学前儿童音乐教师如果具备多元化的教学能力,可以有效提高儿童的歌唱能力,培养他们良好的音乐素养与音乐审美能力。本章重点探讨学前儿童音乐教师教学的工作能力、学前儿童音乐教师的思想教育能力、学前儿童音乐教师教学中的科研能力、学前儿童音乐教师教学中的语言表达能力。

第一节　学前儿童音乐教师教学的工作能力

教学工作是学校的中心工作,教师教学工作能力的高低,是教师素质高低的重要体现,每一个教师都应自觉地不断提高自己的教学工作能力。"教学"并不等于"智育",教师应依据学习的原理、原则,运用适当的方法、技术,合理地刺激、指导、鼓励学生自觉地学习,使教学任务达到最优化的组合。

学前儿童音乐教师的教学能力不仅仅表现在传授知识上,还表现在传道、授业、解惑上。当代教学的艺术比较准确、完整、精彩的表现形式,应该是通过每一堂课,特别是通过完整的教学过程,促使学生产生求知的欲望,善于思考,勤于探索,使他们在这个过程中,感觉到时代脉搏和思想的跳动;使我们的教学成为学生精神的源泉,成为学生吸收知识、开发心智的广阔天地。这样的工作愈细致、有条理、有规律,就愈能使学前儿童在心灵、思想的深处涌起更加旺盛的求知欲望,他们的个性禀赋就愈能得到充分的发展,最终成为一个善于思考事物、善于思考真理和发现真理的人。

一、学前儿童音乐教师教学工作能力的特性

学前儿童音乐教师的教学工作相较于其他学科教学具有一些特殊性,需要他们具备特定的工作能力和技能,以有效地教导和引导学前儿童在音乐领域的学习和发展。

第一,具备音乐教育专业知识。学前儿童音乐教师需要具备扎实的音乐教育专业知识。他们应该了解基本乐理知识,以及幼儿音乐教育的理论和方

法。这种专业知识使他们能够设计和实施适合幼儿认知水平和发展需求的音乐教学内容。

第二，了解幼儿心理发展规律。学前儿童音乐教师需要深入了解幼儿的心理发展特点。他们应该了解幼儿的认知、情感和社交特点，并将这些知识应用到音乐教学中。通过了解幼儿的认知能力、注意力特点和情感表达方式，为幼儿提供恰当的学习支持和引导。

第三，关注对幼儿创造力和想象力的培养。学前儿童音乐教师需要激发幼儿的创造力和想象力。他们应该设计具有启发性和探索性的音乐活动，鼓励幼儿表达自己的音乐观点和创意。通过提供丰富多样的音乐材料和刺激，培养幼儿的音乐表达能力和创造性思维。

第四，关注幼儿的个体差异。学前儿童音乐教师需要关注每个幼儿的个体差异。他们应该了解幼儿在音乐领域的兴趣、能力和学习风格方面的差异，并根据个体需求进行差异化的教学。通过个性化的指导和支持，帮助每个幼儿充分发展他们的音乐潜力。

第五，创造积极学习环境。学前儿童音乐教师需要创造积极的学习环境，激发幼儿的学习兴趣增加他们的参与度。应该使用富有趣味性和互动性的教学方法，如游戏、歌唱等。

第六，善于情感与情绪管理。学前儿童音乐教师需要具备情感与情绪管理的能力。能够理解和应对幼儿在学习过程中可能出现的情绪变化和情感需求。通过敏锐观察和有效沟通，创造支持性的情感氛围，帮助幼儿建立积极的情感连接与表达，促进他们的情绪发展与情感智慧。

第七，运用多样化评估方法。学前儿童音乐教师需要运用多样化的评估方法来了解幼儿的音乐学习进展。除了传统的考试和测试，教师还可以采用观察记录、作品展示、表演演示等方式来评估幼儿的音乐能力和表现，这样的评估方法能够更全面地了解幼儿的发展情况，为个性化教学提供有力支持。

第八，善于与家长合作与沟通。学前儿童音乐教师需要与家长建立良好的合作与沟通关系。应该及时与家长交流幼儿的音乐学习情况、进展和需求，共同探讨如何在家庭环境中延续和支持音乐学习。通过与家长的密切合作，更好地了解幼儿的背景和家庭文化，为个性化教学提供更精准的指导。

综上所述，学前儿童音乐教师的教学工作相较于其他学科教学具有一定的特殊性。他们需要具备音乐教育专业知识，深入了解幼儿的心理发展，培养幼儿的创造力和想象力，关注个体差异，创造积极学习环境，处理情感与情绪，采用多样化评估方法，以及与家长进行有效的合作与沟通。通过这些特殊的工作能力，学前儿童音乐教师能够为幼儿提供丰富、有趣、个性化的音乐教育，促进他们在音乐领域的全面发展。

二、学前儿童音乐教师教学工作能力的提升

学前儿童音乐教师教学工作能力提升需要做到以下几点：

第一，有正确教育观和正确的教学指导思想。没有正确的教育观和正确的教学指导思想，就没有真正的教学，就没有教学工作能力可言。教师进行教学时，要鼓励儿童创造求新，培养他们的独立思考能力，使之成为勇于探索、勇于创新的人。

第二，有系统、整体的教学观。要从战略上、整个教学体系上，考虑每一个教学过程、每一个教学环节和步骤，使我们的教学形成一个环环相扣、螺旋上升的系统过程。教学能力强的音乐教师，总是把教学的战略思想与教学系统论、整体观统一起来。每上一堂课，总是从总体上考虑问题，要非常熟悉音乐学科的基础知识体系、内部结构、发展方向，以及这些知识对儿童的成长、发展所起的作用等。教师必须确立系统、整体的教学观，有厚实的知识基础，才能完成教学任务，达到预期的目的。

第三，懂得基本的教育教学理论，还要有一些教育控制论、信息论和教育心理学的知识。用这些教育理论具体指导教学的实践，在教学过程既把握共性，又了解个性；既面向全体学前儿童，又能因材施教，富有针对性地开展教学。

第四，有良好的心理品质。要有献身教育事业的精神，热爱教学工作，热爱自己的学生。要有对事业忠诚之心，对工作热爱之情，对教学对象厚爱之意。在勇气和实干精神方面，要有教育改革家的气概和胆识，敢于改革，勇于创新，认准方向，不断实践，百折不挠，勇往直前。

第二节 学前儿童音乐教师的思想教育能力

"学龄前儿童时期是孩子思想品德形成和发展的关键时期，在这个关键的时期，孩子的思想、思维和心智都十分有限，因此，外界因素对孩子的教育影响十分关键。"[①] 因此，学前儿童音乐教师的思想教育能力对儿童的身心发展有重要影响。

幼儿园的学习和生活相对比较自由，但这更需要教师重视对儿童的思想教育。幼儿期是人生最重要的时期，幼儿的身心发展特点决定了幼儿可塑性大，这个时期是幼儿智力发展、语言学习、各种行为和意识形成的最佳时期，这个时候他们最容易接受各种思想和行为的影响，因此，对学龄前儿童进行思想教育，可以帮助和培养儿童树立良好的品德，为孩子未来的人生发展奠定良好的基础。

教师是我国一批又一批优秀人才的培养者，随着时代的进步和教育体制

---

① 于桂萍：《关于学前儿童思想政治教育的研究》，载《教育现代化》，2019年第64期，第205页。

的改革，学前儿童音乐教师也需要不断提升自己，这样才能抓住幼儿养成教育的关键时期，充分了解幼儿思想、品德、行为和意识的具体发展情况，有针对性的诱导和培养幼儿良好的文明礼貌意识行为习惯，教育孩子养成讲文明懂礼貌的习惯。

总而言之，学龄前儿童思想教育是一项长期的系统性的工作，看似简单实则复杂。针对儿童的生理和心理，教师需要在日常生活的点点滴滴培养和教育幼儿从小养成良好的行为习惯和谦让合作、关心他人的优良品德，这也就需要学前儿童教师增强思想教育能力，为幼儿进入正式学习奠定良好的基础。

第三节　学前儿童音乐教师教学中的科研能力

教育科研[①]是改革和发展教育事业的必要条件，也是提高音乐教师素质的重要途径。音乐教师在坚持教学为主的同时从事教育研究，可以及时掌握教育信息，不断丰富学识，不断提高治学能力和教育教学水平。为此，教师必须努力掌握从事教育科研的能力。

教师要进行教育科研，必须具备相应的教育科研能力，这种能力就需要教师坚持教育科研的正确方向和科学态度。

一、从实际出发把握科研方向

学前儿童音乐教育科研既有宏观问题，又有微观问题；既有理论问题，

---

① 教育科研是以教育的实践和理论为对象，揭示教育现象及其规律性的科学研究。

又有实践问题。但不论研究怎样的问题，都不应忘记教育科研的使命在于揭示教育的现象和规律，为教育改革和发展服务。更何况教育科学是具有很大应用价值的科学，如果进行纯理论的经院式研究，就失去了教育科研的意义。为此，音乐教师进行教育科研，应从教育实际出发，以研究教育事业改革和发展中的重大现实问题和理论问题为中心，以建立教育科学体系为目标。

从实际出发包含从教师的工作实际和自身特点的实际出发的意思。一般而言，教师身处教学第一线，担负着繁重的教学任务。学前儿童音乐教师不像专门的教育科研人员那样有较多的时间和精力从事科研，他们的教育理论知识也相对比较薄弱，但对教育现实问题更为敏感，具有丰富的教育实践经验。因此，学前儿童音乐教师从事教育科研，应结合本职工作，偏重研究实际问题，而不宜脱离自己的工作实际，丢掉自身的长处和优势，去搞理论性较强的研究，有时可以从总结经验入手，致力于把经验上升为理论的研究，从而用教育理论指导教育实践。

二、坚持实事求是的科学态度

第一，对客观真理要忠诚。科学研究的目的在于探索真理，并用真理为人类服务，学前儿童音乐教育科研也不例外。而真理具有客观性，是不以人的主观意志为转移的。从事教育科研，先要能孜孜不倦地追寻真理，服从真理，坚持不渝地捍卫真理，以实践作为检验真理的客观标准。

第二，在教育科研过程中要严肃认真、一丝不苟。在学前儿童音乐教育科研过程中，要用科学的方法去搜集充分的事实材料，在进行定性和定量分析时要实事求是，在此基础上所得的结论要合乎逻辑，经得起实践的检验。

第三，要解放思想，有勇于探索的创造精神。科学研究作为创造性的认识活动，要破除对已有科学体系"完美无缺"的想法，消除教育科研"高深莫测"

的神秘感,既尊重权威又不盲从,服从真理而不随声附和多数。

第四,要谦虚谨慎,团结互助。进行教育科研,要求我们在真理面前谦虚谨慎。学前儿童音乐教师科学研究过程作为探索真理的过程,其任何成果都是建立在前人成果的基础上的。在科学技术高度分化和高度综合化的今天,许多课题的研究需要多方面人员互相配合、协同合作。因此,从事教育科研,要遵守科研道德,谦虚谨慎,互相尊重,取长补短,团结协作。

第五,要坚韧不拔,顽强探索。任何工作要取得成就都需要付出时间和精力,都会遇到各种困难。进行教育科研,要有坚韧不拔的顽强意志,要刻苦勤奋,持之以恒,要能在挫折面前不悲观失望,在失败面前不徘徊退缩,始终有决心,有信心,有恒心。

二、学前儿童音乐教师教育科研能力的提升

根据教育的本质和特点可以看出,教育科学研究是教师工作中的重要任务。例如,教师的课前备课是进行如何讲好一堂课的"策略性研究",上课活动进行过程可以被看作是一种"临床性研究",旁听其他教师讲课是"比较性研究",评价教师讲课是有一定"诊断性研究",每一堂课结束后做的总结是"反思性研究",而平时的读书写作是对各种知识的"综合性研究"。总而言之,教师的教育科研离不开实践,教师的科研是一种"理性"的实践。一个教师只要以教育教学为中心、以学校课堂为现场,以学生成长为主体,不断进行常规性、创造性的实践、反思、总结,就可以成为一名学者型、研究型教师。要提升学前儿童音乐教师的教育教学研究水平,需要注意以下方面:

第一,坚持不断学习科学理论。学前儿童音乐教师必须系统地学习和掌握教育学、教育心理学等教育科学理论,以提高自己的专业知识水平。同时,也要广泛涉猎一个或几个相关学科领域,特别是需要结合自己研究的教育课

题，有目的、有意识地形成自己合理的知识结构。教师从事任何研究，如果没有扎实的理论根基，对教育现象的认识就容易浮于表面，也就难以发现其中的教育规律，这样的教育科研即便经常进行，也难以获得水平上的提升，更难以获得有用的成果。

第二，扎根开展教育实践。理论与实践的关系是众所周知的，简单而言，就是理论来源于实践，实践需要理论的指导。观察、思考和实验是研究自然科学的三种主要方法，靠观察来搜集事实，靠实验来证实思考的结果。在这一点上，教育科学研究与自然科学研究是一样的。学前儿童音乐教师具有丰富的实践资源，有利的条件和基础，在科学理论的指导下，观察、思考和实验就会更有价值，这个价值就在于在实践中发现问题，在研究中解决问题，同时也以实践检验着研究成果的价值大小。

第三，培养良好教风学风。学前儿童音乐教师坚持发展自己良好的学风需要做到：踏踏实实地将教育教学工作视为自己的事业追求，这是做好教育科研的基础，也是教育科研的目的；以刻苦钻研、勇于探索的精神思考和解决教育教学问题；坚持务实严谨的治学作风，不马虎，不急躁，不闭塞，孜孜矻矻，潜心研究，持之以恒。

第四，凝练科研思路范式。每个教师都有自己的个性特长及教育教学关注点，在进行教育科研的过程中，要善于发挥自己的特长，只有这样才会开创出属于自己的研究领域和学术专长。从研究方向和研究方法的角度看，可以侧重教育教学技巧的研究，采取案例分析，从点到面，发现新的问题，提出自己的观点和对策；也可以侧重教育教学的策略研究，采取调研统计，由面到点，提出自己的见解和方略。一个教师要形成自己的研究风格并不是一件容易的事，首先需要学习别人的研究风格；其次在这一基础上形成自己的风格，体现自己的价值，并从中体会到教育科研的乐趣。

第四节
学前儿童音乐教师教学中的语言表达能力

教师的语言能力是指教师在教育、教学过程中选择运用语言"传道""授业",培养人才的技能、技巧。教师只有认真提高语言表达能力,掌握语言艺术才能更有效地教书育人,提高教育教学的质量。教师是运用语言向儿童传授知识,与儿童交流思想的,教师的语言在很大程度上决定着儿童在课堂上脑力劳动的效率,决定着教育、教学的效果。学前儿童音乐教师的语言有其特定的要求,这是由教师的职业和服务领域的特点决定的。

学前儿童音乐教师教学中的语言表达能力主要表现在四个方面(图3-1)。

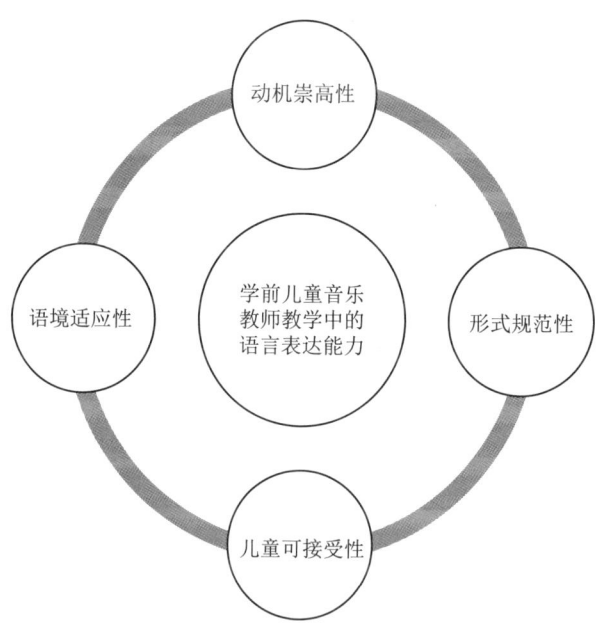

图3-1　学前儿童音乐教师教学中的语言表达能力

一、动机崇高性

包括学前儿童音乐教师在内的所有教师担负着教育人、培养人的职责。教师的职业是崇高的,教师的语言行为必须出于崇高的动机。启迪、影响、感染儿童的心灵,传授音乐相关的文化知识,开发学生的智力,应是学前儿童音乐教师语言活动的基本出发点和当然归宿。无论在课堂领域,还是在课外活动中,学前儿童音乐教师都应运用完美的语言,循循善诱,教书育人。虽然,每一堂课、每一次谈话都会有具体的需求动机,都要求主体的语言形式对语言动机具有相符性,但是,这一切都受教书育人这个总目标的制约,并为这一总目标服务。

学前儿童音乐教师以传播知识为己任,知识是教师对学生进行思想道德教育,培养技能、技巧的"中介",是联结师生精神世界的纽带。学前儿童音乐教师的一切工作,包括课堂教学、练习、组织班课和集体活动等一系列教育教学环节都离不开知识,而知识与科学是统一的。因此,学前儿童音乐教师语言的动机具有科学性。科学性,是指学前儿童音乐教师传授知识必须符合客观实际,反映客观规律。

二、形式规范性

学前儿童音乐教师是教育者,教育者本人的语言修养高,语言运用符合约定俗成的标准,符合语法规范的要求,才能对学前儿童起到良好的示范作用。教师语言的规范性有两个不同的层面:一是基础语言规范;二是学科语言规范。其中,基础语言规范是学前儿童音乐教师先要把握好的。基础语言规范指的是教师在教育、教学工作中运用语言的最基本要求,它是教育、教学中所使用的最基本的教学语言,其特点是准确简洁、生动流畅。

(一)语言的准确简洁

学前儿童音乐教师语言规范把准确达意视为第一要求。语言是一种符号体系,它是由语音、语义、词汇、语法四个要素构成的,语言准确达意就要在这四个方面下功夫。学前儿童音乐教师应该用普通话进行教学,不仅语音要正,而且词汇和语法结构都应该标准化。运用语言要认真辨析词义,要厘清它对不同语体的适用度,力求准确,得体;要反复推敲,避免笼统、含混,力求合乎语法规范,表意恰到好处。凡涉及实质性内容的话题,每个概念的内涵和外延,每个判断的主宾关系都应该用平实的语言揭示清楚,无须追求藻饰,更不应有半点虚浮。

简洁,是在节约、效能方面提出的要求。一方面,内容必须精要,要根据具体的目的,紧紧把握中心;另一方面,学前儿童音乐教师在教育、教学工作中,应考虑怎样让儿童用较短的时间掌握较多的知识,考虑用有限的语言容纳较大价值的信息。词要认真筛选,句式要严格选择。

(二)语言的生动流畅

生动指文章、讲话有文采,绘声绘色,能将所表达的人、事、景、物具体而真切地展现出来,吸引人、感染人。学前儿童音乐教师语言的生动性表现在:首先,要语言形象化,能化抽象为具体,变深奥为浅近;其次,要有启发性,能引起儿童强烈的求知兴趣,激发儿童的联想,唤起他们对真理的追求;再次,要新鲜活泼,不平淡,不用陈词滥调,能令人感到一种清新的格调;最后,要有幽默感,在关键处通过双关、讽喻、影射等修辞方法,谐趣的语言,使学前儿童在轻松愉快的气氛中领悟教师所表达的思想。

为了使语言生动感人,学前儿童音乐教师要运用自己的智慧对日常用语进行加工,洗刷陈旧的字眼,吸收新的语汇,创造有自己的独特风格的语言;要避免生拼硬凑的"套板反应",变换叙述角度,调整表达方式,以增强语言的生动性。

三、儿童可接受性

学前儿童音乐教师要根据儿童的实际情况，采用能被儿童接受的语言进行教学。学前儿童音乐教师说出来的话，必须是儿童易于明白，易于接受的。为此，教师在运用语言时必须考虑儿童的兴趣、智力、知识水平、性别差异等。

兴趣是积极探究某种事物或进行某种活动的倾向。学前儿童音乐教师的用语必须能调动学前儿童的兴趣，引导学前儿童不断地探究。一般而言，凡与一个人已有知识有联系的事物，能增加一个人新知识的事物容易引起人的兴趣。因此，学前儿童音乐教师用语，一方面要注意表达内容的新鲜感；另一方面语言形式应有一定的新异性，用词要讲变化，不可在短短几句话中重复使用同一词语；熟用的词语要有不寻常的组合。语带幽默，可以引发兴趣。兴趣会随着年龄的变化而转移，学前儿童喜爱探究且好动，教学用语要注意针对不同的对象，引发他们不同的兴趣。

四、语境适应性

人们进行社会交流时，既要有生成正确话语的能力，又要有在一定的时间、地点、场合说出相应恰当话语的能力。我们运用语言不仅要符合语言规则，而且要适应语言环境。学前儿童音乐教师应用语言的场合多而复杂，有随便的（如课后谈话）；有欢快的（如文娱晚会的即席发言）、沉重的（如处理偶发的小朋友间不愉快事件）；也有正式的、非正式的等。教师应具有较强的语境适应性，能看场合讲话，用语与情境和谐。一般而言，严肃的、正式的场合说话要严谨，紧扣中心，条理分明，重点突出，用词确切、简约；非正式的场合，用语要生动活泼，亦庄亦谐，庄而不矜持拘谨，言谈举止都使儿童感到可蔼可亲。

是否善于进行语言控制，是语境适应性强弱的反映。所谓语言行为的控制，就是在信息输出和反馈过程中，发现作为控制手段的语言形式不为控制对象所理解或语言形式偏离控制目标，引起控制对象的误解或反感，以及出现情况变化时，做相应的调整变换，以保证用最优化的语言服务于控制目标。语言控制对学前儿童音乐教师而言，无疑是非常重要的。教师在音乐教学过程中，在每一次具体的语言活动中，应十分注意信息的反馈，语言的、行动的、神情的……哪怕是一个微小的眼神，也要注意接收、过滤，掌握学生即时的情绪、心境，对于偏离控制目标的语言方式进行调整，使之为儿童所乐意接受。

第四章 学前儿童音乐教师教学技能的提升

学前儿童音乐教师的教学技能，一般是指在课堂教学中依据教学理论，运用专业知识及教学经验促进实现教学目标的一系列教学行为方式。本章重点论述学前儿童音乐教师职前教学技能的培育、学前儿童音乐教师职后教学技能的提升、学前儿童音乐教师教学实施能力的提升、学前儿童音乐教师教学技能的提升策略。

第一节
学前儿童音乐教师职前教学技能的培育

一、学前儿童音乐教师职前教学技能培育的内容

（一）教学设计技能

学前儿童音乐教师要做好教学工作，必须对教学进行设计，所以，教学设计技能是每位教师胜任这一职业的重要技能。对教学活动进行设计早已有之，只是设计的观点不同、方法各异而已。

1. 教学设计技能的认知

所谓教学设计，是指为了达到预期的教育目标，运用系统的观点和方法，遵循教学的基本规律，对教学活动进行系统规划的过程。从内容上看，它有广义和狭义之分。广义的教学设计是指把课程设置计划（总体规划及部门具体课程计划）、课堂教学过程、媒体教学材料看作教学系统的不同内容层次所进行的教学设计；狭义的教学设计是指教师在教学过程中围绕某一门课程或某一单元、某一课时或某一项培训这些较小的教学系统所进行的设计。实际上，广义的教学设计主要是过程观，狭义的教学设计主要关注的是结果。这里的教学设计特指狭义的教学设计，即对某一单元或某一课时的教学设计（课堂教学设计）。

（1）教学设计的基本特点。学前儿童音乐教师的教学设计具有一些基本特点，这些特点旨在满足学前儿童的发展需求，激发他们的音乐兴趣，促进他们的全面发展。以下是学前儿童音乐教师教学设计的基本特点的详细说明：

第一，游戏性与趣味性。学前儿童音乐教学设计注重游戏性与趣味性。

幼儿喜欢玩耍和探索，因此教师会通过创设富有趣味性和互动性的音乐活动来吸引他们的注意力和增加他们的参与度。游戏化的教学设计可以使学习变得愉悦并激发幼儿的积极性，帮助他们主动参与并享受音乐学习的过程。

第二，身体参与与多感官体验。学前儿童音乐教学设计强调身体参与和多感官体验。幼儿通过身体的动作、舞蹈、歌唱和乐器演奏等方式与音乐互动，感受音乐的节奏、旋律和情感。教师会设计各种有趣的动作表演活动、舞蹈游戏和乐器体验，以激发幼儿的音乐感知和表达能力，培养他们的音乐情感。

第三，多样化的教学资源与材料。学前儿童音乐教学设计采用多样化的教学资源与材料。教师会准备丰富的音乐素材，如儿歌、童谣、经典音乐作品、乐器和音乐图书等，以满足幼儿的不同兴趣和需求。通过多样化的资源和材料，教师可以提供多样的音乐体验和表达方式，丰富幼儿的音乐世界。

第四，个性化教学与差异化指导。学前儿童音乐教学设计注重个性化教学与差异化指导。每个幼儿在音乐学习方面具有不同的兴趣、能力和发展水平，教师会根据幼儿的个体差异制定相应的教学策略和活动安排。通过了解幼儿的特点和需求，教师可以提供个性化教学与差异化指导。在音乐教学过程中，教师会注意观察每个幼儿的音乐表现和反应，了解他们的学习风格、喜好和能力水平。根据这些观察和了解，教师会灵活调整教学方法、节奏和难度，以满足每个幼儿的学习需求，并确保他们能够积极参与和取得进步。

第五，情感引导与情感培养。学前儿童音乐教学设计注重情感引导与情感培养。音乐是一种能够触动情感的艺术形式，教师会通过音乐活动引导幼儿表达情感、体验情感，并培养他们的情感认知和情感表达能力。教师会选择适合幼儿年龄的音乐作品和活动，通过歌唱、表演、共同创作等方式，引发幼儿的情感共鸣，让他们在音乐中感受到快乐、安全、自信和情感交流的重要性。

第六，轻松愉悦的学习氛围。学前儿童音乐教学设计营造轻松愉悦的学习氛围。幼儿是通过愉悦的体验和积极的情感投入来学习的，因此，教师会创造一个温馨、亲近和活跃的学习环境，让幼儿在自由、放松的氛围中感受音乐的乐趣和魅力。教师会运用幽默、鼓励和赞扬等方式，增强幼儿的学习动力和自信心，让他们享受学习音乐的过程。

第七，综合性与跨学科融合。学前儿童音乐教学设计具有综合性与跨学科融合的特点。音乐教学不仅仅能培养幼儿的音乐能力，还可以与其他学科进行有机的融合，促进幼儿的全面发展。教师会结合语言、美术、运动等领域的元素，设计综合性的音乐活动，帮助幼儿在多个方面获得发展。

例如，通过音乐和语言的结合，教师可以引导幼儿学习儿歌和歌谣，并通过歌唱、朗诵等方式培养幼儿的语言表达能力和语感。同时，通过音乐和美术的结合，教师可以启发幼儿的创造力和想象力，让他们通过绘画、手工制作等方式表达对音乐的理解和情感体验。此外，音乐与运动的结合也能帮助幼儿发展身体协调性和节奏感，通过舞蹈、动作游戏等活动培养他们的运动技能和身体意识。

综上所述，学前儿童音乐教师教学设计具有游戏性与趣味性、身体参与与多感官体验、多样化的教学资源与材料、个性化教学与差异化指导、情感引导与情感培养、轻松愉悦的学习氛围以及综合性与跨学科融合等基本特点。这些特点能够满足学前儿童的发展需求，促进他们在音乐领域的全面发展，培养他们的音乐兴趣和素养，并为他们打下良好的学习基础。

（2）教学设计的主体分析。

第一，学前儿童音乐学习需要的分析。学前儿童音乐的学习需要分析涉及对学前儿童在音乐学习过程中的需求和特点进行详细的分析。了解学前儿童音乐学习的需求和特点，可以帮助教师制定有效的教学策略和活动，以促进他们的音乐发展。

一是感知和表达能力。学前儿童在音乐学习中具有敏锐的感知能力，能够感受音乐中的节奏、旋律和情感。然而，他们的表达能力可能有限，尚未掌握完整的语言和表达技巧。因此，教师在设计音乐学习活动时应注重培养学前儿童的表达能力，例如通过歌唱、舞蹈、绘画等形式让他们表达自己的情感和想法。

二是注意力和集中力。学前儿童的注意力通常比较短暂，他们容易分散注意力并迅速转移兴趣。因此，在音乐学习中，教师需要设计丰富多样的活动，以吸引学前儿童的注意力，并通过快节奏、互动性和视觉吸引力等方式来保持他们的集中注意力。

三是动手能力和身体表达。学前儿童具有较强的动手能力和身体表达欲望。他们喜欢通过身体动作来表达音乐的节奏和情感。因此，教师可以引导学前儿童参与体验性的音乐活动，如打击乐器、舞蹈动作等，让他们通过身体的参与来感知和表达音乐。

四是视觉和听觉联结。学前儿童通常将视觉和听觉结合在一起，通过观察和聆听来理解和感受音乐。教师可以设计具有视觉吸引力的教具和多媒体材料，例如彩色图片、动画等，以帮助学前儿童更好地理解音乐的要素和表达。

五是社交互动和合作能力。学前儿童具有强烈的社交需求，他们喜欢与教师和同伴进行互动和合作。因此，在音乐学习中，教师可以组织合唱、合奏和集体舞蹈等活动，培养学前儿童的合作能力。

第二，学习内容的分析。前儿童音乐学习内容的分析涉及学前儿童在音乐学习过程中需要掌握的知识、技能和经验。通过细致地分析学前儿童音乐学习的内容，教师可以合理地设置学习目标和教学活动，以促进他们的音乐发展和艺术素养。以下是学前儿童音乐学习内容的具体分析：

一是声音感知与表达。学前儿童应该培养对声音的敏感度和理解能力。他们需要学习识别不同的音高、音量和音色，并能够模仿和表达这些声音。教师可以通过唱歌、声音游戏和模仿乐器等活动，帮助学前儿童发展声音感知和表达能力。

二是基本音乐元素。学前儿童需要学习基本的音乐元素，包括节奏、旋律和和声。教师可以通过打击乐器、身体动作和歌曲等方式，引导学前儿童感受和表达不同的节奏形式、旋律线索和声音组合。

三是歌曲和歌唱。歌曲是学前儿童音乐学习的重要内容。他们可以通过学习简单的儿歌和童谣，掌握歌曲的旋律、歌词和表达方式。教师可以引导学前儿童唱歌，培养他们的音乐表达和声音技巧。

四是舞蹈和身体表达。舞蹈是学前儿童音乐学习的另一个重要组成部分。通过舞蹈活动，学前儿童可以通过身体动作来表达音乐的节奏和情感。教师可以设计简单的舞蹈动作和舞蹈游戏，引导学前儿童通过身体的参与来感知和表达音乐。

五是乐器和声音实验。学前儿童可以通过接触各种简单的乐器，如打击乐器、木琴、口哨等，体验和探索不同的声音和音色。教师可以组织乐器演示和声音实验活动，让学前儿童通过亲自尝试和创造音乐，培养音乐兴趣和创造力。

六是音乐欣赏和情感体验。学前儿童需要培养对音乐的欣赏能力和情感体验。教师可以引导他们聆听不同类型的音乐，如古典音乐、民族音乐和流行音乐等，让他们感受音乐中的情感和意义。通过音乐欣赏活动，学前儿童可以培养对美的感知和表达，并激发他们的想象力和情感表达能力。

七是音乐游戏和创作。学前儿童喜欢参与音乐游戏和创作活动，这有助于激发他们的兴趣和创造力。教师可以设计各种有趣的音乐游戏，如节奏游戏、音乐拍手游戏等，让学前儿童在游戏中学习音乐知识和技能。此外，教师还可以鼓励学前儿童进行简单的音乐创作，例如编写简单的歌词、创作简单的旋律等，培养他们的创造力和表达能力。

通过对学前儿童音乐学习内容的分析，教师可以有针对性地设计教学活动和材料，满足学前儿童的学习需求和发展要求。同时，教师还应注重活动的趣味性和互动性，让学前儿童在愉悦的氛围中享受音乐学习的乐趣，并激发对音乐的兴趣和热爱。

2. 学前儿童音乐教师的教学设计

（1）学前儿童音乐教师教学目标设计。学前儿童音乐教师的教学目标的设计是为了促进学前儿童在音乐学习中的全面发展，培养他们的音乐能力、表现能力和审美意识。以下是学前儿童音乐教师教学目标的具体设计：

第一，培养音乐感知能力。教师的目标是帮助学前儿童培养对音乐的感知能力，包括听觉、视觉和触觉等方面。他们需要学会辨别不同的音调、节奏和音乐元素，并能够通过观察、聆听和感受来理解音乐的表达方式。

第二，培养音乐表现能力。教师的目标是培养学前儿童的音乐表现能力，包括声乐表演、舞蹈和乐器演奏等方面。他们需要学会运用声音、身体和乐器等媒介来表达音乐，通过歌唱、舞蹈和简单的乐器演奏等活动，培养他们的音乐表达能力和艺术表现力。

第三，培养音乐创造能力。教师的目标是激发学前儿童的音乐创造能力，鼓励他们进行音乐创作和即兴表演。通过创作简单的歌曲歌词、编排简单的舞蹈动作和创造简单的旋律等活动，培养学前儿童的创造力和想象力。

第四，培养音乐欣赏能力。教师的目标是培养学前儿童的音乐欣赏能力，使他们能够欣赏不同类型和风格的音乐作品。通过引导他们聆听古典音乐、民族音乐和流行音乐等不同类型的音乐，帮助他们理解音乐中的情感和意义，培养他们的审美意识和欣赏能力。

第五，培养音乐合作能力。教师的目标是培养学前儿童的音乐合作能力，鼓励他们在集体音乐活动中互相合作和协调。通过合唱、合奏和舞蹈表演等集体活动，培养学前儿童的团队意识和合作精神。

第六，培养音乐知识和概念的理解。教师的目标是帮助学前儿童理解音乐的基本知识和概念，例如音高、音符、节拍等。通过简单的游戏和互动活动，引导他们学习和认识音乐中的基本要素，培养他们对音乐的认知能力。

第七，培养节奏感和身体协调能力。教师的目标是培养学前儿童的节奏感和身体协调能力，使他们能够根据音乐的节奏进行身体动作。通过舞蹈、节奏打击乐和身体韵律活动等,帮助他们感受和表达音乐的节奏,提高身体的协调性和节奏感。

第八,培养音乐记忆和集中注意力。教师的目标是培养学前儿童的音乐记忆能力和集中注意力的能力,使他们能够记住简单的音乐片段和表演动作。通过反复练习和有趣的记忆游戏,帮助他们提高音乐记忆力和注意力集中的能力。

第九,培养情感表达和情绪管理能力。教师的目标是培养学前儿童的情感表达和情绪管理能力,使他们能够通过音乐表达内心的情感和情绪。通过情感体验的音乐活动和讨论,引导他们表达自己的感受,学会用音乐调节和管理自己的情绪。

第十,培养对音乐的持续兴趣和学习动力。教师的目标是培养学前儿童对音乐的持续兴趣和学习动力,激发他们对音乐的热爱和追求。通过丰富多样的音乐活动和启发性的教学方法,激发学前儿童对音乐的好奇心和探索欲望,让他们在音乐学习中保持积极的态度和动力。

(2)学前儿童音乐教师教学过程的设计。学前儿童音乐教师教学过程的设计是为了创造积极、有趣和富有参与性的学习体验,促进学前儿童在音乐学习中的全面发展。以下是学前儿童音乐教师教学过程的具体设计:

第一,情境营造。教师可以通过创造温馨、互动和激发兴趣的教学环境来引起学前儿童的注意力和积极参与。例如,使用明亮色彩和可爱的装饰品装饰教室,布置音乐角落,准备丰富多样的乐器和音乐资源。

第二,启发性引导。教师可以使用启发性的教学方法,激发学前儿童的好奇心和想象力。例如,通过提出问题、引发讨论或讲述故事等方式,引导学生主动思考和探索音乐的内容和意义。

第三,游戏和动手实践。学前儿童喜欢参与游戏和动手实践的活动。教师可以设计各种有趣的音乐游戏和活动,让学生通过亲身体验和实践来感受音乐。例如,玩唱游戏、舞蹈动作模仿、乐器制作和简单的节奏打击等活动,让学生在愉快的氛围中学习音乐。

第四，多样化的教学资源。教师可以利用多种教学资源来支持学前儿童的音乐学习。除了音乐乐谱和录音之外，教师还可以使用音乐图画、故事书、多媒体设备和音乐游戏应用等，为学生提供丰富多样的音乐学习体验。

第五，集体合作和表演。学前儿童喜欢与他人一起合作和表演。教师可以组织集体合唱、舞蹈表演和小型乐队等活动，让学生在团队中合作，并展示自己的音乐才华。

第六，情感体验和情绪表达。音乐是情感表达的艺术形式，教师可以通过选取富有情感的音乐作品，引导学生体验和表达自己的情感和情绪。例如，通过音乐欣赏、情感表达游戏和音乐创作等活动，帮助学前儿童发展情感表达和情绪管理的能力。

第七，反思和评估。教师在教学过程中可以引导学前儿童反思他们的学习和表现。通过简单的讨论或绘画等方式，鼓励学生表达他们对音乐学习的感受和体验。教师也可以提供正向的反馈和鼓励，帮助学生建立自信心和积极态度。

第八，个性化教学。学前儿童在音乐学习中具有不同的兴趣、能力和学习风格。教师应根据学生的个体差异进行个性化教学，提供适合不同学生的音乐活动和任务。例如，对于喜欢唱歌的学生可以提供更多的声乐训练，对于喜欢舞蹈的学生可以设计更多的舞蹈活动。

第九，持续的实践和复习。学前儿童的学习需要通过反复的实践和复习来巩固知识和技能。教师可以设计一系列的音乐活动和游戏，让学生在不断的实践中加深对音乐的理解和掌握。

第十，家校合作。学前儿童音乐教学不仅仅发生在学校，家庭也是重要的学习场所。教师可以与家长合作，分享学生在音乐学习中的成果和经验。教师可以提供家庭音乐活动的建议和指导，鼓励家长与孩子一起参与音乐学习。

学前儿童音乐教师教学过程的设计应该综合考虑学生的发展特点、兴趣和能力，注重激发学生的参与和探索精神，创造积极、愉快的学习氛围，促进他们全面发展音乐能力和艺术素养。

（二）教学导入技能

1. 教学导入技能的认知

导入是指在新的教学内容或活动开始时，教师引导学生进入学习活动的方式。

（1）导入技能的构成。认知心理学认为，每个学习者的思维逻辑不同，对事物的认知能力也不同。外界环境的变化首先影响的是对事物的认知，但也不是所有环境的变化都能影响人们对事物的认知能力，让人们产生学习的欲望，当认知结构与外界环境相互影响发生变化时，才会使人们有学习的欲望。人们的学习动机就是打破原有的不平衡，达到一个新的平衡高度。导入技能中不同的导入设计以及结构中各个要素都是为了达到更好的平衡。

所以，导入技能是教师在一个新的教学内容或活动开始时，通过建立不同的教学模式来吸引学生的学习兴趣，进而更好地完成学习目标。这种教学方式就是把知识和学习方法相互结合，进而推动学生自主学习。导入新课的设计首先需要确立教学目标，然后根据不同学生的学习方法制定不同的教学内容，这样不仅可以调动学生学习的积极性，还能提高其学习的兴趣，在一定程度上让学生更深入地掌握知识。典型的导入基本由以下几个方面组成：

第一，使学生的注意力高度集中。为了学生可以更好地投入到课堂学习中去，就需要避免进行与教学无关的活动，从根本抑制学生心理活动状态，使学生全身心投入学习中。

第二，提高学生的学习兴趣。当学生对学习产生浓厚的兴趣时，便会全身心地投入到学习中。由此可见，实际设计导入就是通过不同的方式方法以及手段提高学生对学习的兴趣，使学生积极主动地进行学习。

第三，发散式思维。学生在对学习产生兴趣的同时，也会出现一些问题和矛盾，当问题和矛盾发生时，学生就需要通过思维发散的方式将其解决，这不仅是导入的难点也是导入的关键。

第四，制定目标。当学生全神贯注地学习时，思维处于活跃状态，这时制定一定的目标，可以激发学生的学习意志，调动学生学习的积极性，通过调节学习的状态来完成目标。

第五，导入新课。通过导入将新课与原有课程的知识相结合，进而建立一定的联系，充分发挥导入的作用。

（2）导入技能的作用。导入也称定向导入，就是将思维代入特定问题环境的行为模式。站在教学是信息接收、储存、传递的角度来看，导入则是思维的初始点。好的导入模式不仅可以提高学生的学习兴趣，还可以调动学生学习的积极性；在导入的过程中，为了学生可以更好地接受，最好是由表及里、由浅入深、有层次地递进导入，以方便学生理解和掌握知识。反之，不符合逻辑的导入会使学生产生抵触心理，进而影响教学内容以及学生学习的兴趣。

第一，将新课准确无误地导入到教学中不仅可以提高学生的注意力，还可以推动学生更好地完成学习目标。在导入新课时，可以适当地提高学生的学习兴趣，进而吸引学生的注意力，使学生自主地进行学习。注意力的高度集中可以使学生在学习过程中最大限度地理解和掌握知识。由此得出，教师精准地导入新课，将学生的注意力都转移到了学习上，提高了学生学习的积极性，从而更好地完成了教学目标。在适当的时候导入新课，将教学内容的重点和难点单独讲解，用科学实验以及简单的语言来解决这些疑难问题，学生就能从根本上了解课程的重点，确立正确的学习目标。总而言之，导入作用的目的就是让学生在教学的初期准确地了解教学的内容，为更好地学习打下坚实的基础。总而言之，教师在导入新课时，会让学生树立自己的学习目标，其目的就是为了激发学生自主学习的能力，提高注意力，进而更好地完成学习目标。

第二，精准地导入新课不仅可以提高学生学习的兴趣，还会使他们产生学习知识的欲望。兴趣的产生是因为人们对某项事物产生了好奇心理，伴有强烈的感情色彩。由此可见，教师利用媒体以及教学资源，通过设置问题情境创设良好的学习氛围，可以激发学生的积极情绪，激活学生的思维，使师生的思维同步，使学生对所要学习的课题产生浓厚兴趣，体会到思维的乐趣并保持积极的学习态度。正因如此，教师在导入新课时，要根据学生的不同特点设计不同的教学内容，使课程能够吸引学生的注意力，提高学习的兴趣。

第三，新课的导入具有一定的启发性，不仅可以挖掘学生的潜力，还可以激发学生的思维。思维不仅是智力的核心内容，还是人们进行学习时的心理活动。导入的新课富有启发性的特点，在一定程度上可以使学生发挥想象，从不同的角度去看待问题，进而培养了学生思维的灵活性。这种做法提高了学生对学习的兴趣，调动了学生学习的积极性。同时，导入也为教与学提供了思维的阶梯。在导入过程中，教师应有意识地介入后继学习涉及的已有知识，以降低学生学习的难度，使思维的梯度降低的同时，使思维得以步步深入，使教与学的双边活动得以顺利开展。

第四，导入新课要有一定的针对性，这样不仅可以将新旧知识相互融合，还可以进一步促进知识架构的完整性。学生新知识的学习，都是在原有的知识基础上进行的，通过设计导入，可以让学生自主发现新旧知识之间的关联，将新旧知识更好地融合，进而形成完整的知识架构体系。总而言之，教师在进行课程导入的初期，要通过建立问题情境的教学方式，让学生从已经认知的知识架构中寻找答案，如遇到解决不了的问题，就会激发起他们的学习欲望，这也是课堂导入的重要目的。

（3）导入技能的要求。课程导入方式多种多样，不同的方式有不同的特点，也有不同的适应性和具体要求，但是不论采用怎样的导入方式，都应该注意遵循一些共同的基本要求，这些要求集中地体现在以下方面（图4-1）：

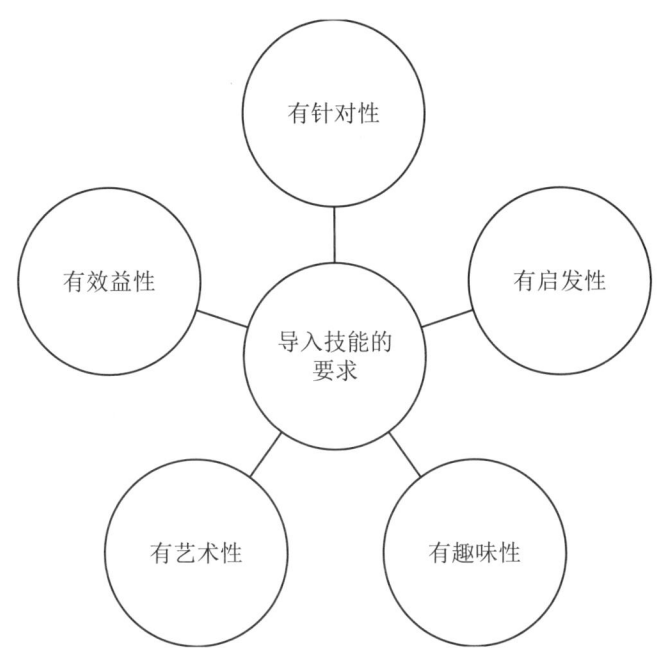

图4-1 导入技能的要求

第一，有针对性。导入是为课堂教学的展开服务的，教师在进行导入设计过程中要始终遵循一个原则，即导入紧紧围绕教学内容展开，并要采用简洁、具体的方法进行，以简单明了的语言来阐述教学内容和教学目标，让学生能够自然地过渡到新知识学习情境中，激发学生对新知识的学习欲望和积极性。

教师设计导入语要以深入钻研教材为基础，依据不同教材、不同教学目的以及学生的心理状态来确定。由此来看，设计的导入语内容要具体，语言要简洁明了，通过简明扼要的语言来描述要学习的内容、要求以及意义，将学生的思维导入到一个新的情境中，提高学生的学习兴趣。如果不能处理好这个问题，那么导入的过程再精彩，也不可能吸引学生的注意力，在一定程度上会影响了教学效果。因此，导入设计要从教学内容的整体出发，为教学目标服务，从学生的认知特点出发，为学生学习服务。就课堂结构方面来看，有针对性的导入可以改变原有教学模式，拓宽教学思路。

第二，有启发性。导入的一个重要目标就是能够对学生的原有认知结构起到较好的激活作用，并能够激发学生对新知识的求知欲望，这样才能促进学生知识迁移的进行。为了更好地启发学生，教师需要采用更浅显易懂的事例来进行启发，并采用丰富多彩的语言启发学生对问题的认知和感受，让学生更积极地参与到学习探讨中，对教学内容有更深入的认识。

启发性的导入不仅可以让学生自主地发现问题，还能激起学生解决问题的欲望，进一步调动学生思维活动的积极性，让他们对教材有更深的理解。启发的目的在于调动学生的思维活动，然而思维的过程就是解决一个又一个问题的过程，它的活动始终围绕着问题展开。当学生遇到问题时，就需要通过思维活动找到解决问题的办法，学生在这一过程中就自然而然地学习到新的内容。由此可见，导入的成败取决于学生的积极性以及创设思维矛盾的解决程度。

第三，有趣味性。教师要精心设计导入的形式和方法，做到引人入胜，用鲜活、直观、具体的方式来进行教材内容的呈现和展示，使得学生面对的教材内容更加鲜活具有生命力。如此有利于调动学生的学习兴趣和积极性，让学生全身心地投入到学习中。

课程充满趣味性可以增加学生的学习兴趣，在一定程度上调节课堂的气氛，进而使师生间交流更默契。由此可见，导入要吸引学生的兴趣，不仅要有内涵还要有一定的趣味性，将教材的内容深入学生的内心，这样不仅可以调动学生学习的积极性，还能最大限度地激发他们的学习兴趣，进而很快地适应新教材，避免了厌倦心理的产生。

第四，有艺术性。要想在新课伊始就拨动学生的心弦，激起他们的思维，需要教师艺术性地进行教学导入。要对语言艺术的科学性、思想性、准确性和可接受性进行全面的考虑，防止刻意地追求生动而忽略了语言的实际作用。因此在设计导入时要根据具体的导入方法来进行语言艺术的选择。

若是进行情境创设式的导入，则应该选择具有感染力的语言。教师在表达时要注意用词合理，思路清晰，有理有据，更需要生动有感染力，这样才能充分发挥出语言艺术的魅力，才能更好地引起学生的共鸣，激发其积极进取的心态。

若是采用直观演示和动手操作的导入，则要注意语言的启发性和通俗性。不管是阐述实物演示或者是讲解实物操作等，都需要对语言进行选择，更加清晰简洁地对教材内容进行阐述。如此才能增强学生的思维能力，激发其学习积极性和热情，并使他们积极地进行新知识的探索和追求。

若是以联系旧知识和审题的方式进行导入，则需要教师采用准确、清晰的语言进行表达。尤其是在对一些较难知识点和较容易混淆概念进行讲解时，需要把握语言的准确性。如此才能引导学生举一反三，从而更加准确地掌握教学内容，让课堂教学效果得以不断地提升。

若是采用悬念的方式进行导入，则需要教师选择有启发性的语言进行教学，这有利于调动学生的思维，激发学生的求知欲望。

总体而言，任何一种方式的导入都需要采用准确、精练的语言，通过通俗易懂的语言来让学生更好地掌握新知识，而且生动活泼具有风趣的语言还能激发学生的学习热情。

第五，有效益性。导入新课的效益性，一是指这种导入应简练、省时，能在较短的时间内起到导入新课的作用，而不是冗长繁复，淡化了重难点内容；二是指这种导入应朴实有效，能真正起到联结知识的作用，而不应追求空洞和形式，为导入而导入。

2. 学前儿童音乐教师的导入技能

学前儿童音乐教师的导入技能是一项至关重要的能力,它直接影响着孩子们对音乐的兴趣和学习体验。学前儿童音乐教师的导入技能应包括以下七个方面:

(1) 良好的人际交往能力。他们应该能够与幼儿建立起积极和亲密的关系,以便在教学过程中建立信任和友好的氛围。通过与孩子们的互动,教师可以更好地了解他们的兴趣、需求和个性,从而为他们提供个性化的音乐教育。

(2) 良好的沟通能力。应该能够清晰地表达音乐概念和进行指导,并能够以简单明了的方式与幼儿交流。通过使用富有表情和动作的语言,教师可以引发孩子们的兴趣和增加他们的参与度,帮助他们理解音乐的基本要素,如节奏、旋律和音高。

(3) 极强的创造力。要能够设计有趣而富有想象力的音乐活动,以激发孩子们的好奇心和探索精神。通过利用多种教学资源,如乐器、歌曲、故事和游戏,教师可以创建多样化的学习环境,让孩子们在音乐中获得乐趣和启发。

(4) 极强的组织能力和时间管理能力。应该能够合理安排教学计划,并在课堂上有效地管理时间。通过制定清晰的目标和步骤,确保课程的顺利进行,并为孩子们提供稳定的学习环境。

(5) 具备耐心和关怀的品质。幼儿的注意力和专注度有限,他们可能需要更长的时间来理解和掌握音乐技能。教师应该以鼓励和积极的态度对待每个孩子,并在他们面临困难时提供支持和帮助。通过耐心地引导和关心,帮助孩子们建立自信心和良好的情感连接,从而促进他们在音乐学习中的积极参与。

(6) 具备灵活性和适应性。每个幼儿都是独特的个体,他们具有不同的学习风格和发展水平。教师要能够根据孩子们的需求和反应进行灵活调整,并提供个性化的指导。能够创造一个包容性的学习环境，让每个孩子都感到受到重视和接纳。

（7）注重观察和评估。通过仔细观察孩子们的参与程度、兴趣和技能发展，调整教学策略和内容，以满足他们的学习需求。通过记录和评估学生的进展，为他们制定个人发展计划，并与家长分享孩子的学习成果和需要关注的领域。

综上所述，学前儿童音乐教师的导入技能涵盖了良好的人际交往能力、清晰的沟通能力、创造力、组织能力和时间管理能力，以及耐心和关怀的品质。这些技能使教师能够与幼儿建立良好的关系，激发他们对音乐的兴趣，为他们提供个性化的音乐教育，并帮助他们在音乐学习中获得积极的体验和成长。

（三）教学讲授技能

教学讲授技能是教师开展课堂教学必须具备的基础技能之一，是指教师利用口头语言讲授的方式将文化知识和教学内容系统连贯地传授给学生的技巧和能力。从古到今，无论是国内还是国外，这项技能是教师最传统和最基本的技能，即使是在教育水准较高拥有现代化教学手段的欧美国家，在课堂教学中也频繁使用语言讲授的方式开展教学。这是开展教学活动必不可少的重要技能，因为在任何一节课堂教学中都有教学讲授技能的应用。所以，教师拥有并不断提升自己的讲授技能，有利于提高教学成效。

1. 讲授技能的认知

（1）讲授技能的主要特征。

第一，充分发挥出教师的作用。在教学工作中，教师肩负着多种责任和重要的使命，主要包括：教学组织、计划、辅导、讲授、设计、考察和批改等，这些工作对教学质量产生着重要影响。其中，有些教学任务需要在课堂上进行，有些需要在课外开展。由于教师在课堂讲授中发挥着主导作用，所以教师的授课必须在课堂中进行，并通过讲授的方式为学生传递知识和技能。利用这种讲授技能，能够帮助教师履行自己教书育人的使命。

第二，传递知识更加高效化和系统化。教师使用讲授技能开展教学活动，主要是利用口头语言作为媒介将知识信息向学生传递，形成教师讲课和学生听课的教学方式，将科学文化知识向学生连贯性和系统性地传递。在教学过程中，教师利用讲授技能对学生进行启发性的提问和对讲解内容进行形象描绘以及科学的分析论证，让他们高效获得知识，发挥了其他教学技能都无法起到的作用。要让学生对前人已经发现的结论进行发现和探索，提高学生的探索和思维能力，让他们的创新能力不断激发出来。需要注意的是，教师要对自己的讲授技能不断提高和完善，因为学生不可能把前人研究的过程重新再经历一次。

第三，具有较强的可控性。教师利用讲授技能开展教学活动时，为了加强学生对教学内容的理解，可以选择不同的词语对相同的教学内容进行表述。讲授过程中教师和学生之间的双向互动和情感交流，有利于提升教学成效。教师还能够根据不同的教学内容和听课对象，设计不同的教学环节。与其他教学技能相比，讲授技能的安全性和可靠性更高，教师也更容易掌握。

第四，具有较为广泛的使用范围。讲授是传统的基本教学方式之一，从古代至今，它之所以在教学过程中普遍使用，除了因为对教学时间更容易掌控，能系统性地将正确的知识传递给学生，更重要的是，随着信息技术和时代的发展以及教学方式的变化，讲授技能也在不断地发展和完善。总而言之，任何一种教学方法的使用，都与教师的点评和总结以及讲解有密切的关系，这些环节都是教师利用讲授技能才能实现的。可见，讲授技能是其他教学技能实现的基础，其他教学方法脱离了讲授技能，就很难独立存在。

第五，具有较强的启发性。学生的学习动机是推动他们进行学习的最大内动力，能够将学习自主性激发出来，让他们的学习自觉性和主动性不断提升，对学习过程产生良好影响。学生对学习的热情、求知欲望和兴趣主要来源于教师对知识和问题的讲授，教师们讲授能启发学生的思维，引发联想，进行思考。教师启发学生的方式有多种，需要教师在教学过程中结合实际情况和学习需要灵活使用。对学生来说，教师在讲授中设置疑问最能激发他们的学习热情。教师在教学中对学生设置问题，有利于将学生学习的积极性和主动性调动起来，让他们拓展思维，主动思考，探索答案。

2. 学前儿童音乐教师的讲授技能

学前儿童音乐教师的讲授技能是确保他们能够有效地传授音乐知识和技能给幼儿，并激发幼儿对音乐的兴趣和创造力的技巧和能力。提高学前儿童音乐教师的讲授技能，需要学前儿童音乐教师做到以下方面：

（1）**具备扎实的音乐知识和技能**。应该熟悉音乐的基本概念，包括节奏、旋律、音高和音符，并能够将这些概念简化以适合幼儿的学习。还应该对不同类型的音乐，如儿童音乐、民族音乐和经典音乐有所了解，以便能够引导幼儿在多样化的音乐环境中学习和欣赏音乐。

（2）**掌握有效的教学方法和策略**。应该能够使用各种教学工具和资源，如乐器、歌曲、音乐游戏和故事，吸引幼儿的注意力和增加幼儿的参与度。通过有趣而互动的教学活动，教师可以帮助幼儿理解音乐概念，并培养他们的音乐表达能力和创造力。

（3）**具备示范和引导的能力**。他们应该能够示范正确的音乐技巧和演奏方式，并引导幼儿进行模仿和实践。通过实际操作和亲身体验，幼儿可以更好地理解和掌握音乐技能，并逐渐培养自己的音乐表达能力。

（4）**注重幼儿的参与和互动**。他们应该鼓励幼儿积极参与音乐活动，如唱歌、跳舞、演奏乐器和创作音乐。教师可以组织小组活动或合作项目，让幼儿在集体合作中发展合作精神和团队意识。

（5）**注重个体差异和个性化教学**。要了解每个幼儿的学习需求和兴趣，并根据这些差异制定相应的教学计划。提供个性化的音乐指导，鼓励幼儿进行创造性的表达和探索。应该给幼儿提供自由发挥的空间，鼓励他们尝试不同的音乐元素和表达方式，包括让幼儿创作自己的音乐，编排简单的舞蹈动作，或者参与小型音乐剧的表演。通过鼓励幼儿的创造性表达，可以培养他们的想象力和艺术表现力。

（6）具备有效的沟通能力。能够清晰地表达音乐概念和指导，使用简单明了的语言与幼儿进行互动。应该倾听幼儿的想法和问题，并能够回应和解答。通过良好的沟通，建立与幼儿的良好关系，促进有效的学习和理解。

（7）具备耐心和关怀的品质。幼儿在学习音乐时可能会遇到挑战或困难，教师需要有耐心地引导他们，并给予积极的反馈和鼓励。应该关注每个幼儿的个人需求和发展，尊重他们的学习节奏和兴趣，以帮助他们建立自信心并享受音乐学习的过程。

综上所述，学前儿童音乐教师的讲授技能包括音乐知识和技能的掌握，有效的教学方法和策略，示范和引导能力，鼓励创造性表达和探索，良好的沟通能力，以及耐心和关怀的品质。这些技能将帮助教师与幼儿建立良好的关系，促进他们在音乐学习中的积极参与和全面发展。

（四）教学提问技能

1. 教学提问技能的认知

提问，就是在课堂上为了调动学生积极思维，教师依据教学内容将自己在课前精心设计的问题向学生提出来，是引导和促进学生自觉学习的一种教学手段，是引导学生学习新知和巩固旧知的一种教学方法。准确地理解提问的概念，对掌握提问技能是非常必要的。在课堂教学中，教师对学生的提问是教学的"常规武器"，教师问学生回答构成了教与学的信息交流反馈过程。因此，提问对教与学都起着积极的促进作用。

（1）提问技能的作用。

第一，提问对教师教学作用。

一是传递信息。每一节课都有教学的重点、难点，教师提出的问题往往围绕的都是这些知识点。通过提问，将这些知识传递给学生。

二是获得反馈信息。教师提出问题，寻找不同层次的学生回答，从学生的表情和心态上观察他们对知识的掌握情况；从学生回答问题的方式、内容上，了解他们的理解程度和巩固情况，了解他们的思维水平、语言表达能力及技能的掌握情况等。通过反馈信息，教师可以随时针对学生的学习情况，调整自己的教学策略。

三是管理课堂。教师通过课堂提问，可以集中学生的注意力，终止学生的私语，使学生的注意力转向教学内容。

第二，提问对学生学习作用。

一是激发求知欲，引起学习动机。提问可以把学生带入"问题情境"，从而激发学生求知欲。求知欲强烈的学生往往能积极主动地探索知识。提问是引起学生学习活动的最好刺激方式，它不仅是课堂的一种智力调动行为，而且是启动非智力因素的一个重要手段。

二是培养学生的表达能力，为学生提供参与机会。对教师提出的问题，学生需要组织自己的语言来回答，因此能让学生得到充分的口语训练，具有培养学生语言表达能力的作用。提问可以使学生表达观点、流露感情、提出疑问、锻炼胆量，可以促进人际活动，加强交流与合作。

三是培养学生的探究能力和创新能力。让学生提出问题是现代探究性学习的一种基本方法。经常在课堂上引导学生质疑问难，让学生从已知推及未知，对培养学生的创新意识和创新能力有积极意义。

综上所述，提问能让师生交流思想感情，及时交流反馈信息，具有促进因材施教、有的放矢进行教学的作用。提问能活跃课堂教学气氛，具有提高教学效率、加快教学进程的作用。

（2）提问技能运用要点。

提问要有科学性。提问不应是任意妄为，而应根据教学的重点、学生的难点来提问。提问不是满篇问，而是从学生"所不易领会"的地方发问。但是要达到这一目标,则需要经过一定的训练和反复的实践。

第一,要注意通过对问题情境进行设置,将学生的思考能力和热情激发出来。如何对问题情境进行设置,要以学生对日常生活现象和自然现象以及社会现象中感兴趣的内容为切入点,让学生对其中存在的矛盾点进行深入分析和解决,从而满足学生的认知需求,让他们充满好奇,增强求知欲。对问题情境进行设置时,要注意以下原则:

一是目的性原则。提问的目的是为了引出新课;为前后联系;为突出重难点;为引起学生兴趣;为引起学生争论;为促进学生思维;为总结归纳等。

二是启发性原则。能唤起学生经历、经验,产生趣味性;能触动学生思维;能让学生产生想象、联想,能诱发学生的思考等。

第二,提出的问题要有适当的难度,与学生智力发展的"最近发展区"保持一致。提问,要结合学生的实际知识水平和学习状况展开,不论是问题的大小、深浅或简单烦琐,都要与学生的学习水平保持一致。问题要具有适当难度,并不是说学生稍微开动下思维就能够回答出的问题,而是需要在教师的引导和同学的帮助下加上学生自己的独立思考才能将问题解决。最重要的是,这些问题都要与教材中的重点和难点密切相关。

一般而言,学生的智力发展水平主要包括最近发展水平和现在发展水平。其中,"现在发展水平"是指学生目前就已经具备的独立解决智力任务的能力,而"最近发展水平"是指学生智力中正在形成和逐渐成熟的智力技能,具体而言,是指学生还没有具备对智力任务进行独立解决的能力,但是依靠教师的帮助和同学的协助,利用模仿能够将某些智力任务完成。因此,以逐渐成熟的智力机能为基础,教学才能够有利于学生发展和提升自己的智力。在课堂教学中,教师要对具有适当难度的批判性问题、创造性问题和推理性问题进行合理设计,才能帮助学生的智力由最近发展水平快速转变成现有发展水平。要做到难易适度,尽量接近学生的"最近发展区"。

三是要注意改变提问角度,课堂提问形式要新颖灵活。在一定的情况下,课后练习或教辅中提出问题时，教师应该引领学生从不同角度来提出问题，这不仅能使学生明白同一问题可以采用不同的方式发问，而且能使问题变得更新颖、更发人深思。改变提问角度要注意：①紧紧围绕"主问题"，切忌天马行空；②应多曲问少直问，应多套问少单问，应多逆问少顺问，应多对问少独问，应多反问少正问等。

四是要对学生提出的各种问题进行充分利用，引发学生对问题的讨论和质疑。学生具有非常活跃的思维，他们在对课本内容进行预习和学习中会提出许多稀奇古怪的问题，很多问题甚至都出乎老师的意料。以他们的现有的知识经验而言，这些问题很容易引起班级所有同学的讨论，而且很多问题都与课文的重点难点有很大的关系，可以对老师设计的问题进行补充。作为教师，要对学生提出疑问的行为进行鼓励和肯定，并且对问题进行讨论和讲解，这是开展科学提问的一项基本能力。

2. 学前儿童音乐教师的提问技能

学前儿童音乐教师的提问技能是指在教学过程中，能够恰当地使用提问来激发幼儿思考、参与和表达的能力。以下是对学前儿童音乐教师提问技能的详细分析。

（1）开放性问题。学前儿童音乐教师应该能够提出开放性问题，这种问题不仅要求幼儿简单回答"是"或"否"，而且还能启发他们思考和表达更详细的想法。例如，教师可以问："你认为这首歌有哪些感觉？"或者"你喜欢用什么方式演奏这段乐曲？"通过开放性问题，教师能够引导幼儿更深入地思考音乐并表达自己的见解。

（2）引导性问题。学前儿童音乐教师还应该能够使用引导性问题，帮助幼儿逐步发展他们的思维和理解能力。教师可以使用这些问题引导幼儿在音乐中发现模式、关联和差异。例如，教师可以问："你能找到这首歌中的重复部分吗？或者这两首歌有什么相似之处？"通过引导性问题，教师能够培养幼儿的观察力和分析能力。

（3）激发创造性问题。学前儿童音乐教师应该鼓励幼儿进行创造性思考和表达。可以提出问题，激发幼儿的想象力和创造力。例如，可以问："你能编一个属于自己的音乐故事吗？"或者"你有什么独特的创意可以加入这首歌曲中吗？"通过这样的问题，可以培养幼儿的创造性思维和表达能力。

（4）观察性问题。学前儿童音乐教师应该观察幼儿的表现并提出相关问题，以帮助幼儿更深入地理解音乐。例如，可以问："你注意到这个音乐节奏的变化了吗？"或者"你能找出这首歌中的高音和低音部分吗？"通过观察性问题，引导幼儿加深对音乐元素的理解和感知。

（5）想象性问题。学前儿童音乐教师可以使用想象性问题来激发幼儿的想象力和创造力，这些问题可以帮助幼儿在音乐中构建情景和故事情节。例如，可以问："如果你是一只小鸟，你会用什么样的音乐来表达自己的快乐？"或者"你能想象一下这首歌发生在什么样的地方吗？"通过这样的问题，能够鼓励幼儿发挥想象力，并将其融入音乐的创作和表达中。

（6）反思性问题。学前儿童音乐教师应该能够引导幼儿反思他们的音乐经历和学习。可以提出问题，帮助幼儿回顾他们所学的内容，并思考自己的进步和发展。例如，可以问："你觉得你在学习这首歌的过程中有哪些进步？"或者"你喜欢在音乐中表达什么样的情感？"通过反思性问题，能够促进幼儿对音乐学习的自我认知和评价。

总而言之，学前儿童音乐教师的提问技能在音乐教学中起着重要的作用。通过恰当地使用开放性问题、引导性问题、激发创造性问题、观察性问题、想象性问题和反思性问题，能够引导幼儿思考、参与和表达，进一步培养他们的音乐素养和综合能力。同时，还应灵活运用这些技能，根据幼儿的兴趣、能力和发展阶段来设计合适的提问方式，营造积极、有趣和富有互动性的学习环境。

（五）教学语言技能

1. 教学语言技能的认知

教学语言是教学信息的载体，是教师完成教学任务的主要工具。教师的语言修养在很大程度上决定着学生在课堂上的智力劳动效率。由此可见，教师的教学语言技能是提高课堂教学效率的基本教学技能。教师的课堂教学语言主要有口头语言、形体语言（如手势、表情、动作）等。其中，口头语言是教师课堂教学语言表达的主要形式。形体语又称体态语，是能在一定程度上表达思想感情的表情、动作、姿势，是相对于口头语言的一种无声语言。教师形体语技能则是指教师恰如其分地把每一个动作、姿势、表情等巧妙地体现在教学活动中，改善教学效果的技巧和能力。

（1）教学语言技能的特征。教学语言是语言这一人类交际工具在教育领域中的具体应用，因此教学语言除了具备一般语言的共同特征外，还具有自身的基本特征，具体如下：

第一，具有教育性的特征。教师这个职业具有非常明显的教育性特征，他们的言行举止、一字一句都会对学生产生影响，因此教学语言必然具有较强的教育性。

第二，不同学科向学生传递的教学内容和文化知识有所不同，教学语言的使用也有所差异，因此，教学语言呈现出明显的学科性特点。无论哪一个学科，都经历了漫长的发展过程，并且在知识素材上产生了大量的积累，并以这些积累为基础形成了属于自己学科的理论体系，再通过这个科学的理论体系对客观规律进行揭示。从运用语言的角度来说，每个学科使用教学语言最大的区别在于专业术语。教学中，教师必须运用本学科的专业术语来传递教学信息，即教学语言必须具有学科性。

第三，简明性特征。教育教学工作的特殊性决定了教学语言必须简明扼要。每节课堂教学的时间十分有限，要在这些有限的课堂时间内向学生传递较多的知识点和内容，教师使用的教学语言必须简明扼要。语言信息具有短暂性的特点，学生通过听觉来接收教师的教学语言，如果语言过长，学生很难抓住重点，会给学生的学习造成一定的困难。所以说，教师使用的教学语言必须简单明了、简明扼要。

第四，具有启发性的特征。教学语言具有启发性，是指它能够将学生的学习积极性和自觉性充分调动起来。衡量一个教师的教学语言对学生是否具有学习的启发性，主要看他的语言能否触动到学生的思维和情绪，能否让学生的求知欲望和热情真正被激发出来，能否让他们利用对比、想象和分析、归纳、联想以及演绎等方式启发自己的学习积极性。

第五，具有可接受性的特征。教师向学生传递教学信息是以教学语言作为工具的，为了让整个传递过程达到理想的效果，教师在教学过程中必须使用学生能够接受的语言开展教学活动，所使用的语言要跟学生的接受水平一致。也就是说，不能照本宣科，对教案直接宣读和背诵，而应该课前对教学活动进行充分准备，一边按照制定的教学计划讲解相关内容，一边对学生的反应进行观察。如果发现学生对某个知识点或概念很难理解，就要改变计划选择使用学生比较容易理解的语言，或者换一种讲解方式，一直到学生能够准确了解到这个知识点的含义。

（2）口头语言技能。

第一，口头语言技能的作用。课堂教学的核心是语言，这也是教师向学生传授知识的重要媒介和工具。课堂教学的实质就是教师利用课堂这个舞台，将自己的语言艺术充分展现出来，主要包括教学风格、教学魅力、教学能力和教学修养以及教学水平。教师要想使自己的课堂教学语言实现质的飞跃，必须要让自己的书面语言转化成为能让学生更加容易理解的口头语言。从素质教育及基础教育课程改革的要求来看，教师教学语言的作用主要在于组织、指导、激发学生学习，对学生在学习中产生的疑难问题给予点拨指导，对学生在课堂学习中所做的努力及进步给予肯定，从而使学生积极、主动、有效地学习。

在每个人学生时期的记忆中,教师的印象总是十分美好而深刻的,这不仅是因为教师拥有渊博的知识,还因为他们使用了优美而纯熟的教学语言。教学语言技能较高的教师能用浅显的语言表达深奥的知识和抽象的概念,将平淡的教学内容变得生动和神奇。他们能够通过自己的教学语言进一步激发出学生的学习积极性和兴趣;对学生的自主学习和学生之间的协同学习以及探究能力进行有效的指导;能让教学过程充满艺术性,产生更好的教学成效。总而言之,教学语言对教学过程产生一定影响,不同的语言产生的作用有很大的差别。

在教学过程中,教师的启发性教学语言有利于培养学生的自主学习的积极性,提高他们的思维能力。赏识性的教学语言有利于推动学生个性的发展,让每个学生在学习知识的过程中体会到信任、友爱、鼓舞和理解以及尊重等感情和情绪的力量;激励性的教学语言能够让学生学习的主动性和积极性以及兴趣进一步提升,激发出他们更多的学习动力;反思性的教学语言能够帮助学生对课堂知识进行巩固,加强对教学内容和知识的掌握和理解,也能帮助他们对自己的认知能力进行自我评价和分析,从而不断提高自己的学习能力和认知能力。适当的反思性语言可以有效地引导学生进行反思活动,教师在课堂教学中,应针对不同的问题、不同的情况、不同的学生,抓住最佳教学时机去启发、赏识、激励、反思,才能充分发挥教学语言的作用。

第二,口头语言技能类型。

一是叙述性语言。叙述性语言一般是指教师在开展课堂教学的过程中,利用客观陈述的表达方式向学生介绍教学内容时使用的语言,是把事情发生和发展的变化过程、人物的经历和活动按照一定的顺序进行表述。清楚的脉络以及事实的完整和系统,能让学生对这部分教学内容有着十分清晰的理解。叙述性语言主要包括以下类别:

纵向叙述。纵向叙述主要是以时间为轴线进行叙述，是指在课堂教学过程中，教师以时间上的延续性为依据将事物的发展叙述出来。这种叙述方式比较适合用来介绍时间联系较强的知识，如人物的经历、技术措施和工艺程序以及历史事件的发展。纵向叙述包括顺叙、倒叙、插叙和补叙四种方式。顺叙叙述方式以时间为依据，按照事件发生的时间先后顺序和人物经历的时间先后顺序进行叙述，具有层次分明和线索清晰的特点，与人们的认识事物的习惯保持一致，是教学语言叙述方式中使用最多和最基本的方式之一。倒叙是先把事件的结果或事件中最突出的部分放在开头进行叙述，其他部分的内容再按照时间顺序进行叙述。这种叙述方式的特点是能造成悬念，激发兴趣，取得吸引学生注意力的效果。插叙是暂时中断所叙述的事件，插入与之相关的另一事件的介绍，然后再接着叙述原事件。这种叙述方式的特点是加大了叙述的容量，使叙述富于情趣和变化，有时能起到活跃课堂气氛的作用。补叙是指叙述到一定阶段，对前面的内容做某些补充叙述。这种叙述方式的特点是位置后移，起丰富和补充的作用。

横向叙述。横向叙述就是根据事理的非时间联系而进行的叙述方式。横向叙述适用于介绍具有空间关系、逻辑关系（如主次关系、因果关系等）的事理知识。

交叉叙述。这种叙述方式综合使用了纵向叙述方式和横向叙述方式。

二是描述性语言。这种方式是指教师在开展课堂教学活动中利用生动形象和比较直观的语言将教学内容描绘出来。这种方式的特点是通过模仿的形态将生动的人或物以及情境表达出来，让学生身临其境，如见其人或如闻其声，使得印象更加深刻，让自己的感知更加丰富，对艺术的体验更加强烈。

三是论证性语言。论证性语言一般是指在开展课堂教学的过程中，教师用客观真实论据语言对论题和论点的真实性以及正确性进行证实。教师使用论证性语言时，必须具有较强的逻辑性，对论题进一步明确，准备好充分和真实的论据，从而将整个过程推理出来。

四是说明性语言。说明性语言是指在课堂教学过程中，教师对事物的属性，如类别、性质、功能、形态、成因、改造或事物的内在特性，如特点、关系、来源、演变和概念等进行讲述时用以解释道理和说明事物的语言。这种言语具有通俗易懂和准确清晰的特点，能让学生的理解和认识进一步加强，并且形成相关的概念。

五是抒情性语言。抒情言是指在开展课堂教学活动中，教师利用抒发感情的语言向学生传递信息，让语言中蕴含着教师满满的情感，让学生收到"动之以情、以情感人"的成效。

六是评价性语言。评价性语言是指在课堂教学活动的开展中，教师使用评价性的语言勉励和鞭策学生的学习过程和学习行为。一般而言，鼓励性的话语是评价语言的主体，即便是教师对学生的错误进行指导性的评价，也要尽量用鞭策性和正面积极的语言。教师的评价要充满热情和希望，要耐心和真诚。不管是称赞性的评价，还是指误性评价，语言中都要充分体现出教师对学生真心爱护的谆谆教导之情。

（3）形体语言技能。

第一，形体语言技能的功能。

一是辅助功能。教师的基本职能是传授知识，在传授知识的过程中，语言是最主要的载体和工具，但要使语言发挥最大功能，必须辅助以形体语言手段。教师的形体语行为一般情况下是与语言行为同时产生的，这样就凸显出了形体语行为在传授知识过程中对语言行为的支持辅助功能。教师体态语能补充、强化口语信息，扩大教师所传递的信息量，增强学生对有用信息的接受量，与口头语在传递信息方面相互补充，相得益彰。

二是沟通功能。教学过程是师生间一种贯穿始终的交流，这种交流不仅是知识和信息的传递，也是师生间情感的交流过程。教师的形体语行为有辅助语言行为的作用，在传递过程中，同时还扮演另一个角色，即起到传递师生间情感信息，促进师生之间相互了解的作用。一般而言，在学校环境中教师的形体语行为的沟通功能主要用于知识传播服务，但师生关系又是一种特殊的人际关系，所以教师的形体语行为还可能影响到师生关系。

在特定教学环境中，教师的一言一行、举手投足都会起到传递特定信息，改善或改变师生关系的作用。正处于成长成熟阶段的学生，对教师的形体语行为会特别关注，学生能从对教师的形体语行为的分析中感受出一个教师的外在形象美，由此折射出其内在的智慧美。只要是积极的、有效的、有意义的形体语行为都会成为改善师生关系，提升学生对教师信任度的强化剂。

三是调节功能。形体语行为的调节功能表现在教师通过训练总结一些形体语技能来调节和控制学生的行为。如果把学校看作一个独立完整的管理机构，那么学校里的每个教师都是这个机构的管理者。教师的管理行为不仅表现在对学校规章制度的判定和执行上，也表现在通过一定恰当的、有意义的形体语行为实施动态管理上。教师有意识地通过形体语间接传递信息，可以掌握课堂教学的主动权，调控交流过程，化不利的、被动的局面为有利的、主动的局面，发挥有声语言表达无法企及的作用。优秀的教师能成功地运用眼神、表情、手势等形体语技能来对学生进行有效管理。这种管理方式更加彰显出一个成功的教师的出色之处。善意的、合适的形体语言行为更容易被学生接受，相应地，也能取得良好的效果。

四是激发功能。教师对本学科的热爱以及所表达出来的富有感染力的激情，在很大程度上要通过体态语言表现出来。教育是一个细致入微、影响深远的工作，作为对学生的成长和未来具有巨大影响力的教师，应积极引导学生，合理采取激励手段，使学生健康、快乐地成长。

第二，形体语言技能类型。

一是目光语。目光语是运用眼睛的动作和眼神来传递信息和感情的一种体态语言。一个人眼睛瞳孔的大小、亮度的明暗、仰视的角度、注视时间的长短等，都透露着丰富的信息。因此，教师在课堂上艺术地用好目光语，对于辅助教学、提升教学效果至关重要。

二是表情语。表情语一般是指人的面部表情,这些面部表情是人的脸部除了目光语之外的表情,是在鼻子、眉毛和脸颊以及嘴巴等器官加上面部肌肉的运动组成的变化。人们可以借助表情语向周边人传递信息,表达自己喜怒哀乐的情绪。教师在教学过程中既可以利用说话语言将自己的思想情感传递给学生,也可以利用面部表情将相关的信息传递给学生,将自己的教育观念和目的准确表达出来,对学生产生引导和启迪以及感染作用。通过教师面部表情的变化,学生可以对教师的情感变化进行领悟和察觉,从而了解到教师对自己学习过程的评价。因为教育的过程体现了学生心理需要的心理特征和情感性的特征,这也要求教师在课堂内外,都要始终保持开朗、和蔼和精神抖擞以及亲切的面部表情,让表情语和目光语相互配合,形成面势语将相关信息传递给学生。

三是手势语。手和臂是人体敏锐的表意传情器官之一。手势语是指用手指、手掌和手臂的动作和造型来表情达意的一种教学行为。教学过程中教师使用的手势与日常生活里的手势不完全相同,它是一种严格的与讲授内容相一致、与有声表达及其他辅助教学手段相协调的艺术化的手势,应当体现出对学生人格的尊重和与学生情感上的融洽。

课堂上教师的手势是静态美在三维空间的延伸。教师要以教材内容为依据对手势合理使用,从而让教学过程更加生动、充满趣味。如果讲述的内容涉及跌宕起伏的情绪,则主要使用说服力和感染力较强的手势,营造浓厚的气氛,将学生引入角色中,让他们身临其境充满真实感;如果讲述的内容情绪比较慷慨激昂,只要加上鼓动性的手势,就可以让学生的情绪迸发出来;对于比较抽象的内容,手势的新奇性和象征性,具有化难为易的作用。

四是身势语。人的姿态除通过局部动作显现外,更主要的是由头姿、坐相、站位和走势展现出来。对于教师而言,姿态既是教师形象的重要组成部分,也是教态修养的一个重要方面。因为教师总要在学生面前、在课堂上亮相,学生透过这个"相"去认识老师、理解老师,并从中得到潜移默化的熏陶;教师则通过这个"相"来展示自己的素质、修养和精神风貌。

五是服饰语。教师的着装对教师良好形象的建立具有重要的意义,尤其是教师在学生心目中的形象,直接影响到教学效果。教师的着装必须与其职业的特殊要求相称,着装一定要搭配得当(上下一致、长短合适、色调协调,衣、裤、包、带、鞋之间的搭配合理),大方得体,对应身份、场合。

第三,形体语言技能操作的表现。就与课堂亲切程度而言,教师的形体语言技能主要表现在面部动作、手势、身体姿势以及空间沟通和仪容仪表等方面。

一是面部动作。首先是面部表情。面部表情是心灵呈现的最佳舞台,是最能集中体现教师情感的形体语,它主要通过眼、眉、唇等器官和面部肌肉的活动来传递信息。一般而言,凡是有经验的教师,都善于运用面部表情的变化来充分表达自己的情感。教师面部表情可分为两种:一种是常态基本表情,表现为和蔼可亲、热情开朗,常常微笑,这种表情可给学生创造一个轻松愉快的情感环境;另一种是随机而变的表情,表现为与学习内容同步,随内容的变化发生喜怒哀乐的变化,随教学流程的发展而发展。这种表情的变化使教学动态活泼,使知识变得浅显而有趣。教师要努力做到:提出问题时,轻轻皱眉,以表示请学生思索;当学生答非所问时,缓缓摇头,以表示有疑问;当学生回答令人满意时,微笑着点头,以表示赞许;当学生一时不能回答问题时,将手轻轻下压,以示意学生坐下,表示尊重与爱护等。这样学生就可以通过表情感受到教师的真诚、爱护、信任、鼓励,使师生关系和谐发展。

其次是眼睛动作。眼睛是人的面部最重要的器官之一,是透露一个人内心世界的最有效的途径。眼睛动作是形体语当中最为重要的沟通方式,合理运用眼神会对教学起到事半功倍的效果。一般而言,与学生交谈期间眼睛动作有两种作用:一是搜索信息;二是发送信息,即强调谈话内容,提醒注意听取对话。教学中运用眼睛动作来组织教学,进行师生交流,可以再现教学内容，创造特定情境，引导学生进入教学意境。通过眼神暗示、诱导，能够达到启迪学生心智的目的。

教师常用的眼睛动作主要有注视、环视。教师注视包括授课注视、亲密注视和严肃注视。授课注视可激发学生思考，集中学生注意力，认真听讲；亲密注视表达一种亲近情感，可改善师生关系；严肃注视一般多用于组织教学，进行管理和制止不良行为。教师环视指视线在较大范围内有意识地做环状扫描式搜索。一般教师多在讲授前、讲授完部分或整体内容后或是在提问之后使用，环视可起到加强管理、调整气氛的作用。

最后是微笑。面部动作的重要性常常与微笑相关联。教师在与学生交往的过程中，要鼓励学生，运用语言的同时，热切地注视他，面带微笑。这会增强学生的自信心。教师微笑的功能主要表现在它可以为教师创造出良好的授课心境，发挥出最佳教学水平；可使学生提高学习兴趣和效率，增强理解，改善师生关系。

二是手势。手势实际上是形体语的核心，因为手势使用得最多，也最细腻生动，运用起来更自如。人们在运用手势的过程中发现，手势一般没有固定的模式，只是根据特定的氛围，自然而然做出来的；手势的效果如何取决于是否用得恰当、适时、准确。教学中手势的一般要求是：一要与授课内容相一致，手势的多少要根据需要而定；二要讲究手势艺术，运用手势要注意适度，手势要简单精练，动作要准确、协调优美；三要避免消极的手势，如斥责性的食指动作、威胁性的挥舞拳头等。优秀教师更应当学会用适度的张力，适度的幅度准确地把握动作，使手势在课堂教学中发挥其特有的艺术功能。

三是姿势。姿势分为站姿、走姿和坐姿。标准站姿应该是抬头、提胸、收腹、两腿分开、直立，双脚成正步式45°。走姿应该是行走时步伐稳健，步幅不大不小，步速不快不慢，上身直立，双眼平视，双手自然摆动。坐姿要正，不可以贴靠在一张桌上，使学生以为教师精力不足；不可手托下巴，表现出漫不经心的样子。

教师运用姿势要注意协调、适当、简练、稳重，应与所讲内容和自身气质性格等因素相匹配。年龄大些的教师应老成持重，有学者风度；年轻教师应潇洒自如，充满青春活力；女教师要端庄和亲切。总之，端正的体姿、矫健的步伐，无形中会增加教师讲课的吸引力和知识的可信度，使学生保持长久的兴趣和注意力。

四是空间沟通。教师对空间距离的把握主要体现在师生在教室中位置的选择以及师生空间距离的变化上。教师为了增强教育教学效果，就要设法拉近与学生的距离，或有意增加与学生的距离。有经验的教师在讲台上每隔一段时间总要变换一下位置或走下讲台，在座位间的过道里来回走动，一是为了适应教学，不至于长久站立而太累；二是通过距离的调节来提高学生接收信息的效率。空间距离还决定着教师讲话音量的大小。对学生个别问题的处理，教师往往走近学生，近距离低声说话，而教师面对全体学生上课时就要在讲台上远距离大声讲话。同时，利用空间距离也要注意方式，注意情境式场合的选择，注意学生的年龄和性别。

五是仪容仪表。教师的仪容仪表是一种静态的形体语，也是心理学上说的第一印象，它包括教师的服装、发型、面孔以及眼镜、饰物等，是教师形象中最明显、最易于被学生观察到的部分。因此仪容仪表对塑造教师个体形象有直接的影响。教师的服装应以整洁、大方为标准。教师的发型一般是指生活中通常保持的发型，一要与职业特征相契合；二要与个人的气质、脸型和精神风貌相一致。女教师的妆容一定要淡雅、自然、适当，饰物应自然大方，不宜夸张。

第四，形体语言技能的应用。教育教学的目的之一是让学生在体验感悟中获取真知，应该做到让形体语言技能更好地为师生服务，发挥最好的效能。

一是形体语言技能的应用原则，具体见表4-1。

表 4-1 形体语言技能的应用原则

主要原则	具体内容
适用性原则	教师运用形体语言的目的是为了更有效地进行教育教学。如未能达到预期目的，那说明这样的形体语言是无效的，面对已经出现的严重局面，凭借一个眼神，一个简单的手势制止下来，是无法实现的。适用原则强调教师在运用形体语行为时要有针对性，要对实施对象有深入的了解，因地因时制宜，有的放矢，这样才能使形体语行为发挥最大的功效。
情境同一性原则	教师的形体语行为是在教书育人过程中的内心情感的真实反映，是自然发生的，这就说明教师在发出形体语言行为时要表现自如、得体：①教师形体语行为要与当时的教学情境相适应，注意课堂气氛，衡量采取何种形体语言能为课堂艺术锦上添花；②教师要力求避免下意识的体态语行为，下意识的动作往往是不规范的；③教师要在尊重学生人格的前提下，运用适当的形体语传递善良的愿望，积极向上的人生品质，使学生产生情感上的共鸣；④不同年龄、不同性别、不同经历的学生心理承受能力有别，教师要有针对性地运用形体语言。
程度控制原则	由于教师的一言一行都在学生的视野之内，教师在运用形体语行为时要考虑到自己的所作所为都有可能对学生产生某种影响，因而应时刻对自己的形体语行为进行适当的调整和控制。程度控制原则一是要求教师的形体语行为注意适当的幅度、力量和频率。教师上课，不同于演员演出。一般的室内课堂教学多数情况下学生处于思索状态，主要是被教师语言表述的教学内容所吸引。因此，教师的形体语动作不宜过分夸大，以免有失去平衡之感；而且动作频率过高会分散学生的注意力，打乱学生的思维方式，造成学生情绪紧张。教师应结合教育教学要求和内容，调控自己的形体语行为，做到动静有度、举止有措、用得其所。教师要善于把不利于教学交往的形体语言行为掩藏，而且要"择其善"，真正发挥"以姿势助说话"的作用。如教师在非常生气时，应把这种情绪转移到教学之外的其他情境进行处理，而学生看到的将是适度的表现。
追求美感原则	教师的言行举止往往起着净化学生心灵的作用，给学生以美的享受。教师的仪态、衣着、表情、手势、语言、书法等无不影响学生。如果严于律己、为人师表，以向学生进行美育的标准来要求自己，就会对学生起到潜移默化的教育效果。教师的形体语不仅能配合语言给学生以教育，还能最大限度地表现出艺术的魅力。在形体语行为的运用过程中，教师的眼神、表情、手势、姿态等和谐配合，相得益彰。站要直、行要稳、手臂挥洒自如、目光炯炯有神。矫正不良行为习惯，使自己的形体语行为赏心悦目、自然大方，达到形神统一的行为美的要求。讲授时应是生动形象，是有分析、有讲解，带着教师深厚的、健康的、质朴的感情的，只有这样才能使学生获得美的教育。

二是形体语言技能应用的注意事项,具体见表4-2。

表4-2 形体语言技能应用的注意事项

注意教学时不要轻易背手	背手是一种消极性形体语。教师背手一般会让学生感觉教师严肃、有权威。因此,在监考及巡视学生作业和练习完成情况时,教师可以适当地采取这种体态。但是,教师在讲台上讲课时不能背手,因为这样一来便无法用双手做出一些辅助口语行为的动作,影响讲课效果,同时也使教师显得呆板,缺少情趣,影响学生对教学内容的兴趣。另外,在与学生交谈时,不应将双手背于身后,否则,会给学生在心理上造成一种压力,妨碍师生间的情感交流。
注意双手撑在讲桌上的动作	上身呈向前倾斜状,双手撑在讲桌上以承受身体的部分重量,减轻腿的压力,这种体态在教学中十分常见。对于长时间站立讲课的教师而言,这种姿势比较舒服,但却有一定的消极作用,如形象呆板,更有甚者,在双手撑在讲桌上的同时,一只脚还要蹬在讲台的墙面上。因此,教师可适当使用双手撑在讲桌上的动作,但是一节课中出现的次数不应过多,每次持续的时间不宜过长(数分钟),可以说越少越好。
注意控制腿部抖动	腿部抖动即一脚为主承受身体重量,另一只脚抬起脚跟,不停地颤动。采用坐姿时,将一腿搭在另一腿上,不停抖动。在成年人中,这种腿部抖动的动作比较常见,但作为教师,则应尽量避免,它会给学生留下轻浮、不稳重的印象。
尽量不要近距离站立于回答问题的学生跟前	学生上台板演,站立于学生附近,或者提问学生时,走下讲台,站立于学生附近,这样即使学生内心更紧张,又不能使全班同学听到回答者的声音,失去了它的教育意义,这是尽量避免出现的情况。

2. 学前儿童音乐教师的教学语言技能

学前儿童音乐教师的教学语言技能是指他们使用适当的语言来与幼儿进行交流和指导他们音乐学习的能力。学前儿童音乐教师的教学语言技能需要达到以下要求:

(1)清晰表达:学前儿童音乐教师应该能够以清晰、准确的语言表达音乐概念和指导幼儿学习。使用简单明了的词汇和句子,避免使用过于复杂或抽象的术语。能够通过清晰的表达,确保幼儿理解并接受所传达的音乐知识和技能。

（2）**适应性语言**：学前儿童音乐教师要根据幼儿的年龄、语言能力和发展水平，使用适合他们的语言。使用简单的语句和词汇，与幼儿建立起有效的沟通。注意语速和语调的选择，以便幼儿更好地理解和模仿。

（3）**鼓励性语言**：学前儿童音乐教师应该使用鼓励性的语言，积极地赞扬和肯定幼儿的努力和成就。使用肯定的词语和短语，如"你做得很棒！""我喜欢你的音乐表现！"这样的语言，增强幼儿的自信心和积极性，激发他们对音乐学习的兴趣。

（4）**图像化语言**：学前儿童音乐教师应使用形象生动的语言，帮助幼儿更好地理解音乐概念。通过比喻、故事和图像描述来解释抽象的音乐概念，使其更具体和可视化。例如，将音符比喻为音乐的"字母"，将音高比喻为音乐的"高低"等，以帮助幼儿更直观地理解音乐的要素。

（5）**互动性语言**：学前儿童音乐教师应该使用互动性语言，鼓励幼儿参与和表达自己的想法；提出问题、让幼儿描述自己的感受和观察，或者邀请幼儿分享自己的音乐体验。通过与幼儿的互动，建立起积极的学习环境，促进幼儿的参与和思考。

（6）**肢体语言和表情**：学前儿童音乐教师不仅要依靠语言表达，还应注重肢体语言和面部表情的运用。通过身体动作、手势和面部表情来强调音乐的节奏、情感和表达方式，帮助幼儿更好地理解和模仿音乐，并增强与教师之间的情感连接。

（7）**可视化辅助工具**：为了增强教学效果，学前儿童音乐教师可以利用可视化辅助工具，如图片、图表和手势，来支持语言的表达和理解。帮助幼儿更清晰地理解音乐概念和技能，并激发他们的学习兴趣。

（8）**虚拟教学技巧**：在现代科技的支持下，学前儿童音乐教师还可以利用虚拟教学技巧来增强语言教学效果。使用音乐教学软件、互动音乐游戏和在线资源等，以丰富多样的方式呈现音乐内容，并与幼儿进行互动和交流。

（9）**语调和语速控制**：学前儿童音乐教师要注意自己的语调和语速。使用愉快而生动的语调,以及适当的语速,使幼儿更容易理解和跟随,并根据幼儿的需求和反应进行调整。

(10)词汇选择和重复:为了帮助幼儿扩展他们的词汇量和理解能力,学前儿童音乐教师应该选择适当的词汇,并适时重复关键词和概念。通过多次重复,帮助幼儿巩固和记忆音乐术语和表达方式。

(11)句子结构和语法简化:考虑到幼儿的语言发展水平,学前儿童音乐教师应该简化句子结构和语法,以便幼儿更容易理解。使用简洁的语句和直观的语法结构减少幼儿的认知负担,使他们更专注于音乐学习的内容。

(12)语言模型和示范:学前儿童音乐教师应该使用正确的语音语调,并示范正确的发音和语言表达方式。通过示范,使幼儿学习正确的语言技巧,并在模仿中提高语言能力。

(13)非语言表达:除了口头语言,学前儿童音乐教师还应利用非语言表达方式来辅助教学。使用手势、身体动作、面部表情和肢体语言来加强信息传达和理解,帮助幼儿更好地理解和参与音乐学习。

综上所述,学前儿童音乐教师的教学语言技能是他们与幼儿有效交流和指导幼儿音乐学习的关键能力。通过清晰表达和使用适应性语言、鼓励性语言、图像化语言、互动性语言、肢体语言和语调控制等技巧,创造一个富有互动、有趣和有效的学习环境,帮助幼儿全面发展音乐能力和语言表达能力。

同时,学前儿童音乐教师还应不断提升自己的教学语言技能。通过参加专业培训、研究最新的教学方法和资源,以及与其他教师的交流分享来不断提升自己的语言表达能力和教学效果。定期反思和评估自己的语言教学技巧,并根据幼儿的反馈和需求进行调整和改进。

(六)教学演示技能

1. 教学演示技能的认知

(1)演示技能的作用。教师的课堂教学演示技能一般是指他们在开展课堂教学的过程中,以学生学习的需求和教学内容的特征为依据,对教学的直观教具和直观方式进行合理的选择使用,充分展示出事物的变化过程、形态和结构,对学生掌握知识和理解知识的方式方法进行指导,将教学信息准确传递给学生的技巧和能力。例如,教师在课堂教学中充分利用教具,如图表、模型和图片以及实物,开展示范性实验,使用幻灯片、投影、录音、录像、教学电影、电子计算机等。

辅助教学手段中最早使用的方式是演示,这种教学手段受到许多专家学者的欢迎和重视,因为它能将抽象的思维生动和直观地展现出来。虽然学生学习的知识是间接经验,但仍然需要感性认识作为基础。他们的感性认识,一方面是在生活中取得的,另一方面则是在学习中,特别是通过观察教师演示直观材料而取得的,或直接地参加实验、实践等活动获得的。在教学过程中,教师如果仅仅依靠文字和语言这种抽象符号向学生传递信息,这些抽象符号在学生脑海中的刺激远远小于生动直观的形象刺激学生的感官所产生的作用,后者带给学生的直觉明显更加深刻和生动、鲜明。因此,教育学家们普遍认为学生认识能力的提高,离不开感性认识的作用。

演示教学在发展初期,只是一种简单的教学辅助方式,但是随着信息技术的发展和广泛使用,在教学领域中引入了许多现代教育技术媒体,推动了教学方法的改革。同时,这些技术媒体和设备让演示内容和方式更加丰富化,生动的形式和多样化的方法拓展了演示教学的范畴。教学演示技能的作用如下:

第一,有助于激发学生的学习兴趣和热情。学生,特别是学前儿童,心理发展水平较低,对事物的理解把握以具体形象思维为基础。因此,学生对具体直观的事物容易把握,具体直观的事物也容易吸引学生的注意。例如,一个单元或一节课能较好地以演示导入,很容易引发学生的好奇心,学生容易被新奇的刺激所吸引。因此在教学中,通过演示呈现具体、生动的事物,可以激发学生的兴趣,并使学生注意力集中,加深其内心体验。

第二,有助于让学生对知识的理解更加深刻。学生对知识的掌握过程,首先是通过感知知识，从而收获到感性认识，而大多数感性认识都是通过学生感知直观材料的方式获得。在课堂教学过程中合理恰当使用演示，能让知识中的各种现象、事物和变化过程以及情境更加立体和生动形象，让学生的感性认识不断丰富和拓展，有利于感知效果的提升，为深刻理解知识和应用知识奠定基础。特别是对于一些很难用语言或文字讲清楚、学生难以理解的教学内容，利用演示的方式，能够将客观事物的内在联系和本质及其规律体现出来，有利于学生加深对知识的理解，解决理解知识的障碍和难点。

第三，有助于发展学生的观察能力、思维能力。在教学中，教师恰当地运用演示，能够激发学生的求知欲望，培养学生观察意识，提高观察的主动性，自觉提出观察目的、任务，进而掌握观察方法。教学中，有意识地、有计划地通过演示对学生进行观察训练，无疑是培养学生观察能力的重要途径。教学中的演示过程，教师提供展示实物，或经过精心设计的模拟物，如标本、模型、图片、图表等，在特定条件下，教师用形象化的语言描绘、比喻唤起学生的想象，并引导学生对直观材料进行感知、比较、分析、综合、概括，强化学生对客观事物及现象的想象和思维，促进学生思维能力的发展。

第四，有助于提高教学效率。衡量教学效率，主要是看在相同时间内完成教学任务的多少，或者同样的教学任务是否可以用较少的时间完成。教学实践表明，通过演示，让学生尽可能多地参加认识活动，就容易激发学生的学习兴趣及思考的积极性，学生就会在生动活泼的学习中学得快、记得牢。另外，现代电化教学手段，如投影、幻灯、录像、电脑等的运用，为教学直观化提供了便利，有助于学生理解掌握知识，提高学习效率。

（2）演示技能的要求。演示是很受学生欢迎的教学方法。演示的东西是多种多样的。在教学过程中，教师科学地运用这种方法，常常会收到事半功倍之效。一般而言，演示的程序应该是这样的：首先使学生有心理准备，明确演示的目的和要解决的问题；然后出示演示物，教师指导学生观察，并对演示物加以说明，对演示过程和现象加以讲解；最后对比演示结果，并检查学生对演示及教材理解的效果。演示教学应遵循如下要求：

第一，演示前做好教具准备。演示前，应根据教学需要做好教具准备，选择典型的实物教具，放大需要认真观察的部分，最好用色彩把易忽略的地方突出，还要考虑好运用教具进行演示的过程。特别是实验演示，最好先做一遍，以免临时出现预想不到的问题，浪费时间，影响教学效果。

尽量使用活动教具，在相对静止的背景上，活动的事物容易成为感知的对象。如有些内容采取边讲解边在黑板上画示意图的方式，就比使用预先画好的挂图更能提高感知效果。运用投影教学时，使用复合抽动式、线条重叠式、模型式等活动灯片，比用静止的单片效果更好。

第二，引导学生周密观察与思考。学生往往只凭兴趣观察演示对象，注意他们感到新奇的东西，但这些东西并不一定就是需要感知的重点，而且常常由于注意了细枝末节，反而忽略和淹没了中心，达不到演示的目的。只观察而不思考，还是不能感知。因此，教师在演示时，应对演示对象加以必要的说明，告诉学生观察的内容、注意的内容，同时提出一系列问题，把学生的注意力引导到他们必须进行观察的事物上去，即注意观察客观物体的主要特征和运动变化，并在感知过程中，正确地进行比较、分析、综合、概括，达到用正确而清楚的语言表达从观察中得出的科学结论的目的。

第三，材料演示与恰当讲解相配合。要使演示的作用得到充分发挥，演示必须同教师的讲解密切配合（视听结合），因为演示时学生不是单纯地看，而且要思考。这时，思考自然是初步的、低级的，但却启动了语言思维等系统。只有通过语言思维等系统的活动（教师指导观察用的是口头语言，学生思维是无声语言），才能保证观察的全面性，防止学生产生错觉，并留下深刻的记忆。

演示与语言相结合的主要作用是可以引导学生进行观察，以发现学习对象的主要特征。教师的语言可以唤起学生的已有知识，将已有知识与观察联系起来，强化演示教具的感染力，提高教学效果；演示伴以语言的说明和解释可以弥补某一演示方式的局限性,避免以偏概全,防止形成的知识有缺陷和错误。生动形象的解说可以引导学生充分发挥想象力,使其头脑中产生立体感和"运动感",从而更好地理解教学内容。

(3)演示技能的训练。演示这种教学技能的掌握,需要经过训练来达到。经过一个阶段由浅入深的训练之后,被培训的教师可全面、正确地掌握演示技能的各种方法,并将其用于教学之中,提高教学效率。具体应达到以下方面的目标:

第一,能根据课标要求和不同的教材,针对不同的学生选择恰当的演示方法,帮助学生理解、掌握和运用知识,发展思维,形成能力。

第二,能针对具体的教材、不同的学生进行不同的演示设计。

第三,能正确、规范地进行教学演示操作和示范。

第四,能对演示技能进行比较客观、全面、准确的反馈和评价。

第五,能通过反馈和评价,不断提高演示技能水平,并在实践中有所创新。

(4)演示技能的设计。

第一,演示技能的设计原则。教学演示可以激发学生的学习兴趣,提高学生的学习效率,调动学生学习的主动性,并能发展学生的观察力和思维能力。因此,教师演示设计的成功与否,直接影响到教学效果的优劣。设计好教学演示,主要应遵循以下原则:

一是演示的设计要有明确的目的性。演示的设计,先要有明确的目的性,要有利于突出教学重点和难点,有利于提高学生掌握概念、理论等知识的效果,有利于培养学生的观察、分析和综合能力。在教学过程中,应该用演示的则用,不该用的则不用,不要为了演示而无目的的进行演示,无目的的演示将给教学带来不良后果。

二是演示的设计要有较强的针对性。教师进行演示设计时,要针对学生的心理特点、已有知识基础、经验状况,设计不同的演示,要针对教材的内容和本学校的教学条件选择恰当的演示方法。

三是演示设计要注意适用性。同样的教学内容，可以应用不同的演示方法。哪种方法最适用，需要教师在设计时要根据具体情况来决定。

四是演示的设计要具有鲜明性。演示设计时，要注意演示形象和实验现象的鲜明性。教具的大小要合适，如果教具太小则形象不鲜明，学生观察不清楚。教具的颜色对比要鲜明，让学生一目了然。演示的实验现象要明显，具有直观性，便于观察。有的实验可采用投影放大等方法，以达到让学生看清实验现象及反应的目的。

五是要把演示和语言讲解结合起来。在教学演示过程中单单通过观察很难让学生理解其中的深意，从而达不到预期的教学目标，因此在进行演示的过程中需要与语言讲解相结合，这样不仅可以将教学内容展现出来，还可以运用语言词汇帮助学生进行理解。通常情况下我们常用的结合方式主要有三种：①在课程演示前进行有效的引入讲解，让学生提前进入学习状态；②在教学演示过程中结合讲解，增强学生的观察能力，同时提升学生的注意力，其间如能伴以教师的声调、动作的变化，则会令演示的效果大为增色；③在演示之后讲解，对演示进行总结、概括和强化。

总而言之，好的教师在教学过程中要考虑学生到需求，在进行内容讲解的时候不仅要有针对性，还要生动地将其展现出来，将教学演示与语言讲解相结合，以最大限度地发挥教学的作用。除以上五个方面外，进行演示设计时，还要注意演示技能和其他教学技能的配合使用。

第二，演示技能的设计步骤。

一是研究教材，确定教学总目标。认真钻研教材，熟练掌握教材的全部内容，是教师顺利完成教学任务的基本条件。教师要通过钻研教材厘清教材的思想性、科学性和系统性；厘清基础知识和基本技能；厘清重难点和关键。在厘清这些问题的基础上，确定教学的总目标，以统领全部教学活动。

二是将教学总目标分解为若干个教学分目标，根据教学分目标和学生的具体情况以及学校的教学条件选择恰当的演示方式。

三是在教学分目标的统领下,确定演示的具体目标。这里所要确定的目标是教师应用演示所要达到的目标,它比教学分目标小,直接为教学分目标服务,间接为教学总目标服务。换言之,演示是为了突出重点、突破难点,还是为了让学生掌握关键,是演示目标要回答的问题。

四是演示技能教案的编写。教案一般包括两个部分:一部分是教案的主体,包括:教学目标、教师的教学行为、应用的教学技能、学生的行为、需准备的教学媒体、时间的分配等;另一部分是教案的依附部分,包括:科目、课题名、设计教师及单位、应附的板书、图式等。

2. 学前儿童音乐教师的演示技能

(1) 学前儿童音乐教师的演示技能方面的策略。学前儿童音乐教师的演示技能是他们在教学过程中引导幼儿理解和学习音乐的重要能力。通过生动的演示,教师可以激发幼儿的学习兴趣,帮助他们深入理解音乐的概念和技能。学前儿童音乐教师在演示技能方面的策略具体如下:

第一,学前儿童音乐教师应该采用多样化的教学方法和媒体来进行演示。他们可以结合使用音乐乐器、身体动作、图示和音频—视觉资源等多种方式,以吸引幼儿的注意力并促进他们的参与。例如,教师可以演奏不同乐器来展示音乐的多样性,或者使用身体动作来表达音乐的节奏和情感。

第二,学前儿童音乐教师应该注重示范和模仿。他们可以以身示范,展示正确的音乐技巧和表达方式,并鼓励幼儿模仿自己的演示。通过直观的示范,教师可以帮助幼儿建立起正确的音乐观念和技能,并在模仿中逐步提高他们的表演能力。

第三,学前儿童音乐教师还可以通过故事情节讲解和角色扮演等方式进行演示。他们可以编排有趣的音乐故事,让幼儿通过角色扮演和情景再现的方式来理解和表达音乐。这样的演示方式不仅增加了趣味性,还能够激发幼儿的想象力和创造力,使他们更深入地融入音乐的世界。

第四,学前儿童音乐教师还应该注重互动性演示。他们可以邀请幼儿参与演示过程,例如让幼儿击打鼓、演唱歌曲或进行身体舞动。通过亲身参与,幼儿能够更深入地体验音乐的乐趣,并在互动中学习和掌握音乐技能。

总而言之,学前儿童音乐教师的演示技能是他们在教学过程中引导幼儿理解和学习音乐的重要手段。通过多样化的教学方法、示范和模仿、故事情节讲解和角色扮演以及互动性演示,学前儿童音乐教师可以创建一个富有创造力和参与性的学习环境,激发幼儿的学习兴趣和表演能力。

(2)学前儿童音乐教师的演示技能的要点。

第一,清晰而简明的演示。教师应该确保他们的演示内容清晰易懂,并且语言简洁明了。他们可以使用简单的词汇和短语来描述音乐概念,避免使用过多的专业术语和复杂的语句结构。通过简明扼要的演示,幼儿可以更轻松地理解和记忆音乐的要素。

第二,考虑幼儿的认知水平。学前儿童的认知能力有限,因此教师在演示时需要根据幼儿的年龄和发展水平进行调整。他们可以使用具体的例子、视觉辅助工具和动手实践等方式来帮助幼儿理解抽象的音乐概念。通过与幼儿的沟通和观察,教师可以适时调整演示内容和方式,以满足幼儿的学习需求。

第三,引发兴趣和好奇心。教师应该设计有趣和引人入胜的演示,以激发幼儿的兴趣和好奇心。他们可以使用音乐游戏、谜题、音乐故事等形式来吸引幼儿的注意力,并鼓励他们积极参与和探索音乐。通过创造积极的学习氛围,教师可以激发幼儿对音乐的热爱和帮助他们树立自信心。

第四,反馈和鼓励。教师在演示过程中应该及时给予幼儿积极的反馈和鼓励。无论是在幼儿正确表演音乐技巧时还是在犯错误时,教师都应该给予肯定和指导,以帮助幼儿进一步提高。通过正面的反馈和鼓励,教师可以增强幼儿的学习动力和自信心。

第五,创造良好的氛围。教师应该创造一个温馨、宽容的学习氛围,以促进幼儿的参与和表演。可以通过使用笑容、肯定性语言和身体语言来传递积极的情感和态度。一个积极的学习氛围将帮助幼儿感受到安全和自信，激励他们充分展示自己的表演能力。

第六，引导自主学习。教师应该鼓励幼儿在演示过程中展示他们的独特才能和创造力。可以提供一些启发性的问题和挑战，激励幼儿思考和表达自己的想法。通过引导幼儿自主学习和表演，可以培养他们的创造性思维和自信心，帮助他们成为独立而有才华的音乐表演者。

第七，个性化指导。每个幼儿在音乐表演方面的兴趣和能力都不同，教师应该灵活地根据幼儿的特点和需求进行个性化指导。可以根据幼儿的兴趣和擅长领域，设计相应的演示内容和活动。通过个性化的指导，能够更好地满足幼儿的学习需求，帮助他们在音乐表演中发展和成长。

第八，持续反馈和评估。教师在演示结束后应该提供持续的反馈和评估，帮助幼儿了解自己的表演成果和改进方向。可以给予具体而建设性的意见，指导幼儿进一步提高自己的音乐表演技巧。同时，也应该鼓励幼儿自我评价，并帮助他们建立目标和制定学习计划，以持续提升自己的表演能力。

第九，教学资源的合理利用。学前儿童音乐教师应该善于利用各种教学资源来支持他们的演示。可以使用音乐教材、视听资料、互动游戏和教具等来丰富演示内容，并增加幼儿的参与度和理解力。通过合理利用教学资源，能够提供丰富多样的学习体验，让幼儿更好地理解和掌握音乐的要素和技巧。

第十，持续学习和专业发展。作为学前儿童音乐教师，不断学习和专业发展是必不可少的。应该持续关注音乐教育的最新发展和研究成果，更新自己的知识和技能，并不断探索新的教学方法和演示策略。通过参加专业培训、研讨会和交流活动，教师可以与同行分享经验，互相学习，提升自己的演示技能和教学水平。

综上所述，学前儿童音乐教师的演示技能在教学过程中起着至关重要的作用。教师们的示范和模仿、故事情节讲解和角色扮演以及互动性演示，能激发幼儿的学习兴趣和表演能力。同时，他们应注重创造良好的学习氛围，个性化指导，持续反馈和评估，以及合理利用教学资源。通过不断学习和专业发展，学前儿童音乐教师能够提升自己的演示技能，为幼儿创造丰富而有意义的音乐学习体验。

（七）教学组织技能

1. 教学组织技能的认知

教学组织是指教师在课堂教学过程中为完成教学任务，采用多种方法对课堂教学进行控制和组织管理。在教学过程中实施教学组织旨在让教师不断调节和控制教学活动中的节奏、学生注意力、各环节间衔接以及教学方式，保障教学设计方案能在教学活动中顺利开展，进而推动教学目标的实现，获得更好的教学成效。

（1）教学组织技能的一般步骤。教学组织技能是指教师通过一系列的行为方式，对学生注意力、学习方式、纪律管理、和谐教学环境等方面进行调控，促进预定教学目标实现。可见，开展课堂教学的支撑点在于教学组织，它是保障课堂教学顺利开展的重要手段，不仅对课程教学目标的实现产生一定影响，还会影响到学生的情感、智力和思想等方面的发展。教学课堂井然有序，学生的注意力集中，教师循循善诱，自然会使课堂教学得到良好的效果。

教学组织技能是课堂活动正常开展的有力支撑，对课堂教学的方向起决定性作用。教学组织中的主体是学生和教师，组织行为的主导角色是教师。教师采取的教学组织行为可能是只言片语，也可能和其他教学行为结合开展，也可能在教学课堂中开展，在课堂教学的过程中随处随时可见教学组织技能的"身影"。组织课堂教学的过程如下：

第一，开展教学组织的预备阶段。教师在课堂教学开始之前，站在教室门口用一系列行为提醒学生准备好开始上课，如语言、手势或眼神。

第二，教学组织在开课之前的准备。课堂铃声响起，教师走进教室在开始讲课之前提醒学生安静，让注意力集中起来，保持井然有序的课堂纪律和活跃的教学气氛。

第三,正式开课的教学组织。课堂教学正式开始之后,教师作为教学组织的主导者,要对教学活动进行组织,既要将教学内容的相关概念和内容讲述清楚,也要发挥出学生的主体作用,调动他们的积极性,使其在课堂教学活动中充分投入。如果有个别学生违反课堂纪律,就要妥善进行处理,不能因为他们而影响课堂秩序,也不能在课堂教学中耗用较多的时间和精力去处理。

第四,教学组织的巩固阶段。当教师通过一节课堂教学或者一段时间的课堂教学完成了某个阶段的教学任务,便要对教学内容开展巩固,比如组织讨论、做实验、做练习或者提问等方式,了解和掌握学生的学习情况,对于大部分学生反映出的共性问题,要特别重视。

教师组织技能的高低,对课堂教学的效率和质量有着重要的影响。作为一名合格的教师,必须不断加强学习,掌握教学组织管理的类型、方法和要求,以使自己的课堂教学能取得预期效果,从而保证课堂教学质量。

(2)教学组织技能的使用要求。教师在进行课堂教学时,应遵循学生心理成长的特点,依照课堂教学任务,创造和谐的课堂氛围,使学生形成良好的素质和习惯,具体要求如下:

第一,教师应该注重个性化教学。每个学生都具有独特的学习特点和需求,教师应该根据学生的差异来灵活调整教学组织方式。教师需要了解每个学生的学习风格、兴趣爱好和能力水平,以便为他们提供个性化的学习任务和支持。通过个性化教学,教师能够激发学生的学习兴趣,增强他们的学习动力,并促进他们的全面发展。

第二,教师应该关注学生的参与和合作。教学组织技能的使用要求教师能够创造积极互动的学习环境,鼓励学生的主动参与和合作。教师可以运用小组合作、讨论活动和互动游戏等方式,激励学生之间的交流和合作,培养他们的团队意识和合作精神。通过学生的积极参与和合作,教师能够促进他们的学习效果和社交能力的发展。

第三，教师需要注重教学的连贯性和系统性。教师应该合理安排教学内容的顺序和层次，使之成为有机的整体。教师需要将不同的学习活动和知识点有机地连接起来，使学生能够形成完整的学习框架。教师还需要提前规划好不同学习单元之间的衔接，确保学生能够在学习中建立起知识点的联系和关联。

第四，教师在使用教学组织技能时需要注意教学的灵活性和变通性。教师应该根据学生的学习进展和反馈，及时调整教学计划和组织方式。需要灵活应对学生的学习需求和学习困难，及时提供个别辅导和支持。教师还应该善于根据教学环境和资源的变化，调整教学组织的方式和方法，以适应不同的教学情境。

第五，激发学生的学习兴趣。教师应该运用多样化的教学策略和教学资源，激发学生对学习的兴趣和热情。通过引入趣味性的学习活动、多媒体资源和实践体验，可以增加学生的学习动力，使他们更加主动地参与学习过程。

第六，促进学生的自主学习。教师应该给予学生一定的自主权，鼓励他们自主学习和探究。教师可以设计探索性的学习任务，培养学生的问题解决能力和创新思维。同时，教师还应该提供适当的指导和支持，帮助学生克服学习困难，提高自主学习的能力。

第七，评估和反馈。教师应该及时对学生的学习进行评估和反馈，帮助他们了解自己的学习进展和不足之处。通过多样化的评估方式，如作业、测验、项目等，获取学生的学习情况，并根据评估结果提供针对性的反馈和指导，促进学生的学习进步。

综上所述，教学组织技能的使用要求教师根据学生的个体差异和学习需求，灵活运用个性化教学策略，创造积极互动的学习环境，关注学生的参与和合作，注重教学的连贯性和系统性，以及灵活变通的教学方法。此外，教师还应该激发学生的学习兴趣，促进学生的自主学习能力，以及进行评估和反馈。

2. 学前儿童音乐教师的教学组织技能

学前儿童音乐教师的教学组织技能是指在教学过程中，教师能够有效地组织和安排教学内容、时间和资源，创造良好的学习环境，以促进学生的学习和发展的技巧和能力。

（1）学前儿童音乐教师应注重个性化教学。每个学前儿童都有不同的兴趣、能力和学习风格，学前儿童音乐教师应根据孩子们的个体差异，灵活地调整教学内容和方法。教师需要了解每个学生的音乐兴趣和天赋，为他们提供符合他们发展需求的音乐学习任务。通过个性化教学，激发学生的学习兴趣，增强他们对音乐的热爱，提高学习的积极性。

（2）教师需要注重教学活动的多样性和互动性。学前儿童的注意力和学习能力有限，单一的教学方式往往难以引起他们的兴趣和参与。因此，教师应运用多种教学方法，如游戏、歌唱、舞蹈和乐器演奏等，来丰富教学活动。同时，教师应鼓励学生之间的互动和合作，组织小组活动和合唱团等，让学生们共同参与音乐的创作和演绎，培养他们的团队合作精神和社交能力。

（3）教师还应关注教学的连贯性和系统性。学前儿童的学习是知识和技能逐步积累和构建的过程，教师需要合理地组织教学内容，确保知识和技能的有机衔接。学前儿童音乐教师可以按照一定的教学顺序，从基础的音乐素养开始，逐步引导学生学习和掌握更复杂的音乐技巧和概念。同时，教师还应注重知识与实践的结合，让学生通过音乐表演、创作和欣赏等实际活动，将所学知识应用于实践中，提高他们的音乐素养。

综上所述，学前儿童音乐教师的教学组织技能包括个性化教学、多样化和互动性教学、以及教学连贯性和系统性。通过个性化教学，教师能够满足学前儿童的个体差异，激发他们对音乐学习的兴趣和热情。多样化和互动性的教学方法能够丰富教学活动，提高学生的参与度和学习效果。教学连贯性和系统性能够帮助学前儿童建立起扎实的音乐知识和技能的基础，为他们的音乐发展奠定坚实的基础。

（八）教学收束技能

1. 教学收束技能的认知

（1）教学收束技能的作用。课堂收束又称课堂教学小结，是课堂教学的一个必不可少的重要环节，它与课堂导入是相对应的一对范畴。导入是始，收束是终；导入是开，收束是合。一始一终，一开一合，构成课堂教学矛盾运动的完整过程。有始无终，不仅导致课堂教学过程的不完整性，影响实际教学效果，而且也是对教师课堂教学设计的自我讽刺。导入要做"凤头"，收束要做"豹尾"。课堂收束的类别包括：①单元（知识点单元）收束，指单元教学小结；②课题（某一知识点）收束，指一篇课文或某一知识点的教学小结；③课时收束，指一节课的最后教学环节。课堂收束的作用如下：

第一，对学生学习的知识具有归纳、小结的作用。如同农民收割庄稼一样，将学生所学的分散知识集中起来，进行系统的教学总结，帮助学生完成由感性认识到理性认识的飞跃。

第二，对学生的思维起着整理的作用。如同聚光灯一样，收拢学生纷繁的思绪，帮助他们理清思路，变瞬时记忆为长时间记忆。

第三，对整堂课的教学起着"回炉"提炼的作用。如同推进器，它指引学生在旧知的基础上向新知进军，激励学生学习不断向新的高度攀登。

第四，对拓宽延伸教学内容起着"扩展"的作用。它能激发学生旺盛的求知欲和浓厚的学习兴趣，对直接提高课堂教学效率，影响以后的学习效率将产生重要作用。

第五，是衡量一个教师是否圆满地完成教学任务的重要标志之一。因此，一堂完美的课，不仅要有好的开头，而且还要有完美的收束。课堂教学必须讲究收束艺术。

（2）教学收束技能的类型。课堂教学收束的方法很多，教师可根据不同的学科和不同年龄的学生灵活选用。教学收束的基本方法有以下类型：

第一，归纳式。归纳式收束是指教师在课堂教学结束阶段，将本堂课所教学的知识整理、归纳，使之条理化、系统化，以及时强化重点，明确问题的关键，是巩固知识、掌握知识的一种方法。归纳式收束不是面面俱到，巨细无遗，而是对学生要求掌握的知识点，特别是教学重点、学习难点进行归纳，使其显豁突出，让学生在原学习的基础上理解、再提高，进而完全掌握。这种方法有时可先启发学生小结，然后教师加以补充、订正。它可以对课堂学习内容达到纲举目张的作用。

第二，比较式。比较式的收束技能是指教师在一节课堂教学结束之前，利用讨论、辨析和比较的方式让学生回顾教学内容，加强他们对这堂课程内容的记忆和了解，从而帮助他们提高自己的分析鉴别能力，让他们根据自己在课堂上学习到的知识举一反三，拓宽和发散思维，不断提高思维的灵活性。比较式收束方法更加强调学生的主体性，要求学生用简单、精练的话语，总结本堂课的重点、难点和关键内容，教师再对他们存在的问题和疑惑查漏补缺，进一步增强理解，让他们对知识点的掌握实现从抽象的感觉到具象的理解的跨越。这样的结尾方式，让学生按照说理的顺序来谈论，帮助他们答疑解惑，对"事例服务于观点"的道理、行文有序的原则理解更加深刻。换言之，这样收束真正达到了举一反三、触类旁通的作用。

第三，悬念式。悬念式的收束方式经常作为艺术手法运用在艺术创作中，如评书、电影、小说和戏剧等，利用这种悬念的方式，增强作品观众和读者的吸引力，吊起他们的胃口，让他们带着悬念、期待、猜测和渴望的心态，在作品中寻找真相和结果，揭开迷雾。悬念的艺术手法在课堂教学收束中也得到普遍运用。教师通过巧设疑障，为教学内容留下余地，使学生欲罢不能，激发学生去思维去探索，以激发学生进一步获取知识的欲望，架起新旧知识的桥梁，密切新旧知识间的联系，这种方法即悬念法。这种悬念式的课堂收束方法往往是为了拓宽学生的视野，是为了把学生的眼光引向课外，开辟广阔的第二课堂，让他们自己去获取知识，是为了结合教学内容，鼓励学生主动探求，或者要求学生用所学知识进行实践,或者水到渠成地给学生介绍课外读物,或者造成悬念引导学生到课外去猎取同类相关知识等。

第四,高潮式。高潮式是指教师结束这节课堂教学之前,用一个小高潮进行结尾,让学生通过这种惊喜的方式,加强对知识点的理解记忆,这种收束方式即高潮式。

第五,练习式。练习式这种收束方式是指教师在一节课堂教学结束时,采取小测验、做练习和布置作业的形式收尾。这是目前使用最多、最简便的收束方法,它主要包括总结巩固和布置家庭作业两个内容。在课堂教学中,教师对新的教学内容讲解完成后,为了加强学生的理解,为了让学生对本节课的主要内容、重要问题等进行梳理,再以此为基础通过练习和测验的方式对知识点进行巩固,从而让教师了解和掌握学生的学习情况,查漏补缺。家庭作业对学生加深理解教材、运用教材、巩固知识、熟练所学技能具有重要作用。因此,教师应当合理地布置家庭作业。

第六,回味式。回味式课堂收束方式恰似影视艺术的结尾,每当看完一部影视作品,观众往往会对结尾产生不同的想象,并对这种想象的结果进行深思和抉择。回味式的收束方法是指教师在对一堂课进行结尾时,用比较含蓄的艺术手段和浓郁的色彩来结尾,从而产生回味无穷的成效,便于学生在课堂结束后还能拓展思维,展开遐想,从而激发他们去对学习和知识进行探索,提高思考的主动性和积极性。这种方式能帮助学生锻炼多向思维能力,提高创造力,继而增强思维的灵活性、创造性、宽广性和敏捷性。同时,还将学生的听说读写等能力结合起来,从而加强学生对课文的记忆和理解。

第七,游戏式。为了提高学生的学习兴趣,下课前可组织一些游戏来结束这堂课,让学生在玩中学,达到巩固所学知识、加强记忆的目的。

第八,提问式。提问式收束就是在下课前,教师根据本节课讲授的内容、方法或规律及注意事项等,用提问的方式,引导学生自己做出小结,从而加深学生对有关问题的印象与理解。

第九，朗读式。朗读式收束方法在语文课堂上最常见，即让学生诵读课文（或其他文字材料）来结束一堂课，使学生对所学内容再次加深印象。

2. 学前儿童音乐教师的教学收束技能

学前儿童音乐教师的教学收束技能是指在教学活动的最后阶段，教师能够有效地总结和归纳所学内容，帮助学生进行反思和巩固。

（1）教师在教学收束时应注重内容的总结和归纳。在学前儿童音乐教学中，教师可以通过回顾所学的歌曲、节奏、乐器演奏等内容，帮助学生回顾和巩固所学知识和技能。教师可以鼓励学生主动参与总结，提出问题和观点，激发他们的思考和表达能力。通过总结和归纳，学生能够更好地理解所学内容的重点和要点，为下一次的学习做好准备。

（2）教师需要进行适当的复习和巩固活动。复习是教学收束的重要环节，它能够帮助学生巩固所学的知识和技能，并加深对音乐的理解和体验。教师可以设计一些复习游戏或小活动，让学生通过互动的方式进行知识的巩固。例如，学前儿童音乐教师可以出示一些图片或符号，让学生根据所学的乐理知识进行配对或解释。通过这样的复习和巩固活动，学生能够更好地掌握所学内容，增强对音乐的记忆和理解。

（3）学前儿童音乐教师还应给予学生适当的反馈和鼓励。在教学收束的过程中，教师可以对学生的表现进行评价和反馈，指出他们的优点和进步之处。教师可以提供具体的肯定和建议，激励学生继续努力学习音乐。同时，教师也可以鼓励学生分享自己的音乐体验和感受，让他们在积极的氛围中表达自己对音乐的理解和情感。这样的反馈和鼓励能够增强学生的自信心和兴趣，促进他们对音乐的持续学习和探索。

（4）在教学收束的过程中，教师还应注意创造积极的学习氛围。教师可以鼓励学生互相分享学习成果和经验，提供互动和合作的机会，让学生们在轻松愉快的氛围中交流和展示自己的学习成果。同时，教师应当关注每个学生的个体差异，给予个别学生额外的关注和指导，确保每个学生都能够在学习收束中有所收获。

（5）教师在教学收束时还应引导学生进行反思和自我评价。教师可以提出一些引导性的问题，让学生思考自己在本节课中的学习体会、收获和不足之处。通过反思和自我评价，学生能够更好地认识自己的学习情况，并为今后的学习提供指导和改进的方向。

综上所述，学前儿童音乐教师的教学收束技能包括内容的总结和归纳、适当的复习和巩固活动，以及给予学生适当的反馈和鼓励。通过有效地运用这些技能，学前儿童音乐教师能够有效地结束教学活动，并为学生提供一个有意义的学习收束。教师的总结和归纳能够帮助学生梳理所学内容的重点和要点，加深他们对音乐知识和技能的理解和记忆。适当的复习和巩固活动能够巩固学生的学习成果，使他们能够更好地掌握音乐的基本概念和技巧。同时，给予学生适当的反馈和鼓励能够增强他们的自信心和兴趣，激发他们对音乐的热爱和探索欲望。

（九）多媒体使用技能

1. 多媒体使用技能的认知

多媒体教学技能是指在课堂教学中充分发挥多媒体设备的作用。随着信息技术的发展，多媒体设备已经变成了以计算机为核心的一系列教学设备。它集声音、文字、影像、动画、图形等各种信息形式于一体，用多样化的形式将教学内容传递给学生，利用这种新型信息传播技术将教师、学生以及教学内容组合起来。其中，制作多媒体课件是多媒体教学的关键。

多媒体教学是指在教学过程中充分使用多媒体技术开展教学活动。具体而言，就是教师在教学过程中，根据教学内容、教学目标和学生的兴趣、特征，选择合适的教学软件和现代教学媒体工具，结合以往的教学手段，提升教学效果。多媒体教学利用多种形式的媒体对学生产生作用，可以让教学结构更科学、合理，从而不断优化教学效果。如今大家常说的多媒体教学又叫计算机辅助教学，一般是指在教学活动的开展过程中，充分发挥多媒体计算机等设备的作用，精心制作多媒体教学课件。需要注意的是，加强对多媒体教学技能特征的了解，是充分发挥多媒体教学技能的关键。其特征主要包括以下方面：

（1）较强的呈现力。呈现力是多媒体呈现、展示事物信息的能力。多媒体教学相对传统教学有较强的展示事物信息的能力。不同的多媒体有不同的呈现能力，在教学时应当合理选择，达到较好的教学效果，如幻灯有较强的呈现文字的能力，超级画板可以直观地呈现动点轨迹。

（2）灵活的重现力。多媒体的另一重要特性是对信息的重现能力。

（3）较强的传送能力。传送能力是多媒体把信息传送给接收者的能力。如计算机远程教育网络有较强的传送能力，可以为学习者提供丰富的学习资源。

（4）较易的操控性。操控性是使用者对多媒体操纵控制的难易程度。如幻灯操作简单，可以灵活地控制。

（5）较强的参与性。参与性是指利用多媒体开展教学活动时，学习者参与教学活动的机会，它可分为行为参与（如学习者与教师一起在计算机上作图、演示）和情感参与（如 ppt 加入动画，提高学生的学习积极性）。

2. 学前儿童音乐教师的多媒体使用技能

学前儿童音乐教师的多媒体使用技能是指教师在音乐教学中巧妙地运用多媒体技术和工具，丰富教学内容，提高学生的学习兴趣和参与度的技巧和能力。

多媒体应用在学前儿童音乐教学中是一种有效的教学手段。学前儿童音乐教师可以利用多媒体工具，如投影仪、电子白板、音乐播放器等，展示丰富多样的音乐资源和内容。例如，通过播放音乐视频，教师可以让学生欣赏不同风格和类型的音乐表演，拓宽他们的音乐视野。同时，教师还可以利用多媒体资源展示音乐乐谱、歌词、乐器演奏示范等，帮助学生更好地理解和学习音乐知识和技能。

除了展示音乐资源,多媒体还可以帮助学前儿童音乐教师创造生动有趣的教学环境。学前儿童音乐教师可以运用多媒体软件和应用程序,设计互动的音乐活动和游戏。例如,学前儿童音乐教师可以使用音乐创作软件,让学生亲身体验音乐创作的乐趣,通过简单的操作创作自己的音乐作品。此外,教师还可以利用多媒体工具制作音乐教学视频、动画等,增加教学的趣味性和吸引力,激发学生的学习兴趣和参与度。

在运用多媒体时,学前儿童音乐教师需要注意合理选择和使用多媒体资源。应根据教学目标和学生的特点,选择适合的多媒体素材和工具。同时,还应注意多媒体的使用时机和方式,避免过度依赖多媒体,影响学生的实际操作和亲身体验。应灵活运用多媒体,与传统的教学手段相结合,创造一个丰富多样的教学环境。

此外,学前儿童音乐教师还应熟练掌握多媒体工具的操作技巧,确保教学过程的顺利进行。应提前准备好多媒体资源,测试设备的连接和操作,以免出现技术故障导致教学中断。还应熟悉多媒体软件和应用程序的使用方法,能够灵活地调整音量、播放速度等参数,以适应不同的教学需求和场景。还应具备解决常见技术问题的能力,例如,处理音频或视频文件格式的转换、调整设备的投影角度和分辨率等。通过熟练掌握多媒体工具的操作技巧,能够高效地利用多媒体资源进行教学,为学生提供一个丰富、生动的学习环境。

综上所述,学前儿童音乐教师的多媒体使用技能是一项重要的教学能力。教师通过巧妙地运用多媒体技术和工具,能丰富教学内容,提高学生的学习兴趣和参与度。教师在使用多媒体时应合理选择和使用资源,注意多媒体的使用时机和方式,灵活运用多媒体与传统教学手段相结合,创造一个丰富多样的教学环境。同时,教师需要熟练掌握多媒体工具的操作技巧,确保教学过程的顺利进行。通过有效地运用多媒体使用技能,学前儿童音乐教师能够提升教学效果,激发学生的学习兴趣和创造力,为他们的音乐发展打下坚实的基础。

二、学前儿童音乐教师职前教学技能培育的路径

学前儿童音乐教师在职前需要通过一系列的教学技能培育路径,提升其教学能力和专业素养。

第一,学前儿童音乐教师职前教学技能培育的路径包括接受系统的音乐教育培训。教师需要通过正规的音乐教育学院或相关机构的专业课程学习音乐教育理论和实践知识。这些课程通常涵盖音乐教学方法、儿童心理学、教育心理学等方面的内容,能帮助教师建立起扎实的教学基础。在学习过程中,教师会接触到多种教学技巧和策略,并通过实践和观摩来提升自己的教学能力。

第二,学前儿童音乐教师可以积极参与实习和实践活动。通过参与实习,教师能够亲身体验音乐教学的实际操作,并与学前儿童进行互动和交流。实习期间,教师可以观察和学习其他经验丰富的教师的教学方法和技巧,从实践中不断提升自己的教学能力。此外,教师还可以参加教学研讨会、专业培训班等活动,与其他教师分享经验和交流教学心得,拓宽自己的教学视野。

第三,学前儿童音乐教师还可以通过积极参与教学实践来培养自己的教学技能。教师可以选择在学前教育机构、幼儿园或其他相关机构担任兼职教师或志愿者,与学前儿童进行实际的音乐教学活动。通过实践,教师能够不断调整和改进自己的教学方法,探索适合学前儿童的教学策略和活动形式。同时,教师还可以从实践中积累丰富的教学经验,提升自己的专业素养和教学能力。

第四,除了正规的培训和实践活动,学前儿童音乐教师还可以利用各种自主学习的机会来培养自己的教学技能。教师可以通过阅读专业书籍、期刊

和研究论文来不断更新自己的教育理论和音乐教学知识。此外，教师还可以参与在线学习平台、教育社区和专业协会等组织提供的专业发展课程和活动，深化自己的教学理念和技能。通过自主学习，教师可以不断拓宽自己的专业视野，了解最新的教学趋势和研究成果，从而提升自己的教学水平和能力。

在学前儿童音乐教师职前教学技能培育的路径中，重要的是教师的持续反思和自我评估。教师需要不断审视自己的教学方法和效果，思考如何改进和提升。通过反思和评估，教师能够发现自身的优势和不足，并制定相应的培养计划。同时，教师还可以寻求同行和专业导师的反馈和建议，以获得更多的指导和支持。总而言之，学前儿童音乐教师职前教学技能培育的路径是一个多方面的过程。通过接受系统的音乐教育培训、参与实习和实践活动、积极参与教学实践以及自主学习和持续反思，教师能够逐步培养和提升自己的教学技能和专业素养。这些努力将有助于教师在教学实践中更好地引导学前儿童的音乐发展，创造积极的学习环境，促进他们的综合发展。

第二节
学前儿童音乐教师职后教学技能的提升

一、教师职后教学技能培育的主要内容

一名优秀的学前音乐教师，应具备扎实的教育教学技能，其具体内容包括：合理选择教材、因材施教的能力；准确生动的音乐语言表达能力；良好的课堂教学组织能力；善于把握幼儿音乐学习情况的能力；启发幼儿音乐思维，帮助他们发展自己想象力的能力；调动幼儿的音乐兴趣，帮助他们进行音乐

创作的能力等。

需要注意的是，作为学前儿童音乐教师，在职后，需要对本专业的相关教学技能进行学习的同时，也要拓展自身的能力，学习其他教育阶段教师的教学技能，以期从中汲取经验，更好地为学前音乐教育服务。下面就教师职后教学的学习指导技能和反思技能进行阐述，以期对学前儿童音乐教师有所启发。

（一）学习指导技能

学习指导，广义上包括学习观、学习态度、学习方式、学习动机、学科学习规律和方法的指导；狭义的学习指导则指学习方法的指导。而教师的"学习指导技能"侧重于课堂教学中对学生学习动机、过程、方法和学习活动形式的指导。因此，学习指导技能的提升需要教师去了解学生的心理，在进行教学的时候为学生创造最佳的学习环境，给予学生正确的指引，通过有效的方法，让学生快速吸收知识体系，增强自身能力。

1. 学习指导技能的作用

（1）改变教师思想观念。

第一，教师观的转变。教师要实现角色的转化，即由知识的传播者转化为学生学习的合作者、引导者、参与者和促进者，成为教学的研究者。教的本质在于引导。教师的重要职责在于使学生积极地参与学习，学会学习，成为学习的主人。在教学过程中，教师要激发学生学习的积极性和主动性，实现由学生适应教师的教到教师适应学生的学的观念转变。教师要研究学生学习的心理发展规律，研究怎样改进学生学习方法，引导学生探究、总结学习规律。

第二，学生观的转变。教师首先要把学生看作一个有需求、有情感、有理想、需要受到尊重的人；其次要承认学生具有巨大的潜能。给予学生一定的信任，发现学生的优缺点，根据学生的需求进行教学，让所有学生发挥其所长，为社会做出贡献。这需要教师深入研究学生，不断探索学生的发展方向，根据学生的发展目标因材施教。同时，学生因生活环境等不同而存在一定的差异，这属于正常的现象，教师要尊重学生之间的差异，有耐心地引导学生，将学生看作是正在成长的孩子，而不要成人，学生的差异是一定会转化的。最后，要认识到学生是知识的主动建构者。学习是学生自己的事，教师的教替代不了学生的学。教师要以建构主义的观点来看待学生，在教学中调动学生的主观能动性，使他们在愉悦的环境中主动建构自己的知识体系。

第三，教学观的转变。现代教育思想认为，互动是教育教学过程中不可缺少的一步；教学过程中会穿插各种变化性的因素，因此，我们需要将各种因素进行综合考虑。教师教学、学生学习、教学情境的创造、教学媒体等是教学过程中需要具备的基本要素，单单依靠单一的因素去进行教学不能达到很好的效果。教学过程要注意协同发展，综合整体的教学因素帮助学生更有效地完成学习，以充分提升学生各方面的能力。

（2）实现教与学的协调发展。在教学活动中，教与学是一对矛盾统一体。教师的教法决定着学生的学习方法，学生的学习方法依赖于教师的教法。学生的主体作用发挥得如何，取决于教师的主导作用发挥得如何。因此，教师在教学研究中，应以学生的学习方法为切入点和基础来研究教师的教法，即做到依学定教，以教促学。如此，才能真正做到教与学互动、教学相长，才能实现教与学的和谐发展。

（3）为学生可持续发展奠定基础。人们生活在信息社会中，信息社会的特点是信息更新快，信息量大。要想适应社会发展，跟上时代的步伐，必须培养学生获取新知的能力。学生只有学会了学习，才能为终身学习和发展奠定基础。所以，教会学生学习，使其掌握科学的学习方法，已成为现代社会赋予教师的职责。

2. 学习指导遵循的原则

对学生进行学习指导时，应当遵循以下原则：

（1）明确指导目的。应明确指导的目的是充分发挥学生学习的主动性和积极性，激发学生的潜能，使他们学会学习，真正成为学习的主体；是通过教师的指导，使学生主动参与到教学中来，形成生动活泼的教学局面，改革教学方法，提高学生的学习质量。

（2）创设有利环境。只有在民主和谐的环境中，学生的思维才能活跃起来，学习的主动性才能充分调动起来，教师的指导才会更有效。在指导时，首先，教师要信任学生、尊重学生，以平等友好的态度进行指导；其次，应注意语言的启发性和鼓励性，要允许学生异想天开，鼓励学生提出不同见解；最后，要掌握好课堂节奏，为学生活动留出足够的时间，避免形式主义的做法，使学生产生驱动感，促进思维活动的正常进行。

（3）加强元认知的指导。通过对学生进行元认知知识、元认知体验、元认知监控学习以及具体学习活动的指导，使学生认识自己的学习方式和思维方式，加强学习的自我反思能力、自我监控能力和自我调节能力，从而改进学习方法，提高学习效率。

（4）循序渐进，有计划地指导。学生良好学习方法、思维品质的形成和学习习惯的养成并非一日之功，需要教师不断培养，并及时对不良行为进行纠正。因此，对于学生各种学习行为的养成要有计划地进行指导。只有经过反复的指导实践，学生的学习能力和习惯才能逐渐形成。

（5）因材施教，有针对性地指导。指导是围绕学生的学习进行的。学生的学习风格不同，教师给予的指导也不一样。学生发展的不同阶段，也应有相应的学习指导目标。因此，指导时要注意学生的年龄特征、思维发展水平和经验积累，有针对性地指导才能促进学生不断发展。换言之，教师对学生进行学习指导时，在照顾普遍性的同时要加强针对性，做到因材施教。

3. 学习指导技能的内容

学习指导的内容是包含多方面的，下面主要探讨自主学习、合作学习和探究学习三个方面。

（1）自主学习的指导技能。学生基于总体教学目标的要求，经由教师的引导,从自身的基础和条件出发进行学习内容、学习方法和学习目标的个性化制定并进行学习的方式称为自主学习。一个学生能否完成自主学习,可以从其是否能够独立完成学习目标和学习计划的制定、能否进行具体的学习准备以及能否在学习过程中进行自我监控和自我调节等多方面来进行考察和评价。

第一,自主学习的特征。自主学习并非指学生独立完成学习,它更多的是一种对学习内在品质的要求,是追求一种"自我导向、自我激励、自我监控"的学习态度,详细而言具有以下特征:首先,学生要以参与者的身份进行学习目标和学习计划的制定,并在评价指标的设计过程中积极地参与进来;其次,学习者要积极发现各种思考策略和学习策略,在解决问题中学习;再次,能够在学习中投入自己的情感,并在学习中获得积极的情感感受;最后,可以自我调控和监督学习认知活动,及时调整自己的学习状态。

第二,培养学生自主学习能力的方法。

一是树立"学生是学习主体"的教育理念。教师要对每个学生都有充分的信任,同时也应该让学生感受到这种信任的态度,这样有利于激发学生的潜能和积极性,确保学生在学习过程中保持积极向上的心态。

二是引发学生的学习兴趣。任何活动都需要建立在兴趣之上。学生的自主学习也不例外,只有结合学生的需求和兴趣,才能让自主学习不断地发展下去。因此将教学目标转化成学生的内在需求也是教师工作的一个重要方面。这样才能以学生的兴趣为出发点进行教学,才能更好地促进学生的自主学习。这也有利于学生积极地探索新的方法来解决学习上遇到的问题。

三是鼓励学生大胆质疑。学生在课堂上勇于表达自己的意见和提出质疑,有利于激发学生学习的积极性,从而使学生从被动学习转为自主学习。在学生积极思考和表达问题的同时,教师也要相应地做好引导工作。对于学生提出的疑问要正确地对待,不能打击学生的积极性。

四是为学生提供开放的学习空间。自主课堂应该能够帮助学生进行自我探索、自我思考、自我创造和自我表现等,要正确地对待学生提出的想法和质疑，不能指责学生提出不同看法，要鼓励和引导学生提出自己的见解，让学生获得更多的自主学习权利，这样才能充分发挥出学生的学习主体性。

五是引导学生自己评价。学生要及时总结和评价自己的学习情况，这样也有利于学生责任意识和自主学习意识的提升，同时更有利于学生对自己的学习成效进行把握，掌握学习自主权，促进学生积极向上学习心态的养成。

教师在讲授过程中要保持亲切和蔼的语气，并有效地引入一些相关的课外知识和内容等，促进学生学习兴趣的提升。同时还要能够积极地评价学生的回答，让课堂教学氛围更和谐。要积极地促进学生进行自主学习，并给予必要的引导和帮助，促进学生自主学习习惯的形成。

第三，开展自主学习应遵循的基本原则。

一是创设良好的课堂环境。为了更好地促进课堂教学情景下学生的自主学习，非常关键和重要的一步就是进行良好课堂环境的营造：①要提供必不可少的物质条件。为了促进学生的自主学习能力，教师需要为学生提供必要的自主学习材料，如教材学习辅导材料和学习设备如学习场所、学习辅助设备等，当然还需要提供一定的物质支持；②要营造良好的课堂氛围。教师创造一个良好的课堂氛围将更有利于激发学生自主学习的热情。当然，融洽平等的课堂人际关系对于学生的自主学习也是很有帮助的。

二是制定教学目标时要给学生留有自主选择的余地。教师应该按照学生不同的学习层次来进行教学目标的设计，这样才能为学生提供更多的选择。要根据学生的反馈和教学进程来对教学目标进行适当的调整。在学生的自主学习中要充分发挥出教师的引导作用。

三是教师应当有意识地优化学生的学习策略。教师既要重视学生的知识掌握，又要关注学生学习方法和能力的培养。教师通过课堂教学，应该让学生掌握一定的学习策略，并让学生对学习策略有所了解，对学习策略的作用和基本步骤予以明确。

四是教师应适当改变教学组织形式。自主学习顾名思义就是让学生在学习中拥有自主权，所以就应该对传统的教学组织形式予以变革，为学生的自主学习提供更多的时间和空间。同时教师还要针对学生的特征和个性进行有目的的引导和帮助。

五是为学生提供适当的练习机会。自主学习中也要重视练习的作用。练习可以检验学生的学习掌握情况，培养学生的新技能和新知识等。所以需要练习在真实的情境中展开，并满足学生的个性化学习需求。这就需要教师对练习的数量和质量予以严格把控，这样才能促进学生积极性和自主性的提升。

六是使学生参与课堂管理。自主学习重点强调了学生的学。只有引导学生积极参与进来，才能真正发挥学生学习的自主性，并顺利地实现自主管理课堂的目标。

（2）合作学习的指导技能。

第一，合作学习的优势。合作学习指的是学生通过小组或团队的方式一起为一个目标而努力，每个人都有明确的分工，会相互帮助和学习，其中的要素主要有：明确自己在任务中要承担的责任；积极配合其他同学共同完成任务，积极进行互动；小组成员要信任彼此，尽量避免发生冲突，做到有效地沟通；评估每个人的活动成效，并且讨论如何提高。合作学习的优势要明显多于传统的学习方式，主要有以下方面：

一是突出学生的主体地位。这是合作学习最突出的一个优势，始终以学生为中心，以学生为主体，学生同时兼具能动者和受动者两种角色。在合作学习中，当学生意识到自己是受益者并且大家有着相同的目标时，就会共同为了小组的成功而努力，从而积极地参与到教学活动中，这时就会充分地展现出学生在合作活动中的主体地位。

二是促进学生的人际交往。合作学习的竞争并不是个人之间的，而是各个小组之间的。只要学生尽自己最大的努力就会得到相应的认可，这样可以让成绩较差的学生充满自信，进而积极地与其他学生进行交流与沟通。此外，学生在小组内进行合作可以让他们有种自己正在被依赖的感觉，这会让他们不自觉地去倾听，去帮助其他同学。在这个过程中，学生会给予他人足够的尊重，而尊重又让学生之间有了更多的交往。

三是促进全体学生的发展。合作学习以标准参照评价作为教学评价的尺度，其评价依据的不是个人成绩，而是小组的总体成绩，只有小组获得成功，个人才能实现目标。这就意味着在小组中高成绩的学生要主动帮助低成绩的同学，进而实现全组人员的共同进步与发展。

四是促成教师角色转变。在全班学习中，教师和学生的角色有了合理的分工，即教师"导"、学生"演"，教师是学生学习的引导者、合作者、参与者和促进者。合作学习的大部分时间基本都是学生的，教师会引导学生通过合作进行交流与沟通，进而获取知识，这时课堂的主导者就变成了学生，而教师则成为课堂的引导者。此外，这也会让教师有更多的时间投入到教学设计中。

第二，合作学习的指导。人类离不开合作，因为这是人类发展的不竭动力。在人类的教育活动中，培养合作精神是非常重要的一个内容。现代教学是以学生为主体的，相比传统教学，合作学习的优势明显更注重这一点，所以合作学习已经得到了更多的认可。现在最大的问题就是怎样提高学生合作学习的效率。在研究了很多课堂教学之后我们发现合作学习存在许多误区，如：学生独立思考的时间被削弱，交流探讨的时间得不到保障，学生参与不均衡，教师指导调控不够等。为此教师要善于指导学生合作学习。

一是合理分组，异质互补。合作学习能否取得良好的教学效果，不仅取决于合作动机，还取决于个人的责任心，每一个小组成员都要明确自己在任务中要承担的责任，同时与其他成员进行积极的互动。这就要求教师必须要做到合理分组。一般而言，4～6人是一个小组的最佳人数，组内异质、组间同质是组建小组的原则。例如，合理搭配男女学生；合理搭配具备不同特长和能力的学生；合理搭配学习基础不同的学生。在划分完小组之后就要分配学习任务，在明确个人职责的基础上分工合作。

二是精心指导，有效讨论。"讨论"是合作学习中最常见的形态。学生可以在讨论过程中直抒胸臆，相互交流和帮助，从而不断获取新的知识，提高自身的思维能力。因此，教师应该把重点放在讨论内容上，把控好学生的讨论时间，指导好学生的合作行为：①指导学生学会倾听。倾听既是一项技术，也是一种艺术。在他人发言时，教师要引导学生注意倾听，给予他人足够的尊重，同时让学生学会观察；②指导学生学会表达。学生在合作学习的过程中要积极地提出问题，发表自己的意见，教师要引导学生做好准备再发言，不断提升学生的表达能力，指导学生运用辅助手段强化口语效果；③指导学生学会相互支持。在合作学习中，学生能够相互鼓励，教师也要引导学生多多支持他人提出的意见，并在此基础上进行拓展和补充；④指导学生学会相互帮助。学生在合作学习的过程中会产生很多交流，而同学之间的交流与切磋非常有助于他们完成学习任务。因此，教师不仅要鼓励学生积极帮助他人，也要鼓励学生善于求助他人；⑤指导学生树立批判意识。学生在合作学习中难免会产生"从众心理"，所以教师要帮助学生学会独立思考，学会批判，学会反思。

三是及时评价，促进发展。评价可以是小组内的自评和互评，教师教给学生评价的方法和策略，在评价中起引导者、合作者和促进者的作用，促进学生评价能力的提高。

第三，开展合作学习应注意的问题。开展合作学习，需要教师特别注意以下问题：

一是优化合作前的准备，奠定成功的基础。①优化合作学习的组合结构。组内异质、组间同质是组建小组的原则。这可以让具备不同学习基础和能力的学生相互搭配，实现共同进步。每个小组可投票选出本组组长，组长要肩负起责任；②明确合作与学习的任务。教师要给学生下达明确而清晰的任务，保障学生进行有目的的合作学习，而不是随意地进行讨论。每个组长都要保证组内成员有明确的分工，让每个成员都积极地参与进来。各小组成员要肩负起自己的责任，积极地提出自己的意见，共同完成任务；③优化合作学习方案。教师要对教材有进一步的研究，在设计方案时要从学生的实际出发。一是要创建出学生喜闻乐见的学习情境，激发学生的学习兴趣；促进师生之间的平等，让师生之间实现更多情感上的交流，充分发展学生的个性，挖掘他们的潜力；引导学生大胆的发现、提出和探索问题。二是要精心设计不同的环节，一步一步引导学生进行深入的探索，保证课堂效率的最大化。三是在设计问题时不仅要注意开放性和探究性，还要注意层次性，让每个学生都能积极地参与到活动中。

二是优化合作流程，提高学习效益。在此要强调的是，合作学习属于一种学习方式，只是课堂教学的一种手段，可以配合其他教学手段一起使用，而非整个课堂都进行合作学习。从当前合作学习的实践效果看，"自主学习—合作活动—成果展示—评价激励"可以作为合作学习的流程使用。

三是优化指导调控，共创和谐课堂。在合作学习的过程中，教师要随时观察学生的状态，充分掌握他们的学习进度，了解他们的合作效果，善于发现学生展示出的思维特点，大量捕捉学生在合作学习过程中产生的反馈信息，为之后的教学评价打好基础。教师要积极巡视课堂，给予学生相应的指导，为学生提供解决问题的思路，同时掌握学生在人际关系方面的不同表现。对于那些能力较差的同学，教师应给予他们更多的目光，用鼓励的姿态与他们进行沟通与交流。教师也可以与不同的小组进行讨论，以便获取更多的学习信息。教师一方面要保证学生有充足的合作学习时间；另一方面也要提前准备好应对课堂突发事件的相关措施，以免到时措手不及。

（3）探究学习的指导技能。探究学习的最终目的是提高学生的实践能力和创新能力，具体而言，是在教师的正确引导下，在学习的过程中使用探究的方式自主学习，获得更多的知识，提升自己的学习能力和独立思考能力。这种学习方式能够将学生创新进取的精神和独立自主学习的意识激发出来，营造出和谐轻松的学习环境，促进学生形成科学探究的品质，激发学生创新潜能，构建民主师生关系，培养学生合作意识和交流能力。

第一，探究学习的一般步骤。

一是提出问题。要求学生到真实自然的环境中去体验，发现其中的现象和问题并进行讨论，有的还需要阅读相关的资料或报刊，再提出自己想要探索和研究的问题。

二是探究方向。学生要在脑海中不断思考，对探究过程中有可能出现的问题及其因素进行预测和猜想；选择自己关注的重点并用简短的话语将主要问题提炼出来；进一步明晰探究的方向，并形成与之相关的预测和猜想。

三是组织探究。要求学生制定详细的研究计划，包括时间表和任务情况以及分组情况。

四是收集相关的资料并进行整理。为了解决问题，学生要通过各种方式收集与之相关的各种信息和数据并进行深入的分析，形成有效的评价。

五是获得结论。要求学生对最后得出的分析结果进行阐述说明，形成验证猜测或验证假说、结论；并且用多样化的形式呈现出结论，如故事、报告或新闻报道。

六是采取社会行动。要求学生结合实际情况，制定出实施性较强的行动方案，也可以根据自己的需求，联系社区或政府相关部门，开展社会行动，如开展环保宣传走进社区的活动，或者协助政府开展提意见并整改的活动。

第二，探究学习的具体阶段。

一是问题阶段。问题的提出和选题的确定是问题阶段的主要内容。首先就提出问题而言，应充分发挥出教师的引导作用，由教师设计出一个有利于激发学生思考的情景，让学生观察后自主提出问题；或者问题由教师提出来，让学生进行思考。其次是选题的确定，经过发现和探索后，教师和学生都会提出各式各样的问题，但是探究学习不可能对其中的每一个问题都进行深入探求，因此便要从中选择一个或几个选题。此时就要求学生积极发散思维，选择自己关心的重点，将主要问题和问题要点提炼出来，对探究方向进一步明晰，也可以用假说或猜测的方式呈现出问题。在这个阶段，需要注意问题要始终与学生的思维能力和知识水平、学习内容保持一致，同时要将探究的具体步骤和运用到的相关知识点提供给学生进行参考。

二是计划阶段。分组任务和计划任务构成这个阶段的主要内容。探究学习的若干问题已经在问题阶段进一步明晰和确认了，学生在自由分组时要以自己的优势和兴趣作为主要依据，对这些问题逐个进行深入探究，或者探究某一个问题的多个方面。制定探究计划时，要充分发挥出学生的主体作用，对小组的探究步骤和探究方向进行确认，甚至有能力或有时间的话，还可以以研究方案的形式呈现出来，让教师和学生阅读后再进行详细的讨论。

三是研究阶段。研究阶段教师要发挥好协助作用，帮助和指导好学生对与问题相关的资料进行收集和整理。一方面，指导学生利用多样化的渠道对信息进行收集和筛选；另一方面，必须清醒地认识到，探究学习与科学研究有很大的区别，要尽可能多地为学生提供帮助，协助他们对资料进行收集整理。学校也要从物质保障和时间等方面为学生提供帮助。当学生收集好相关信息后，要再次回到探究小组中，和大家一起对所有信息和问题进行分析，通过交流和讨论的方式，共同协作解决好问题。在小组开展讨论时，教师也要参与其中，及时给予指导和意见。

四是解释阶段。在研究阶段，学生已经通过分析或实验等实证，找到了问题中存在的逻辑关系和推理关系，确定了问题的重点，面对问题中存在的因果关系，形成了自己的看法，有自己的解释语言和逻辑。在解释阶段，要求学生善于将新知识和旧知识融合，依据旧知识，将实证探究阶段获得的结论与之前的知识结构结合起来，形成新的观点和解释。其中，实证所得出的结论要与解释呈现的含义保持一致；同时，探究学习和科学研究有很大的区别，探究学习是在学生现有的知识范畴内，更新现有的理解，通过研究学习的方式产生新的知识。教师作为引导者要积极指导学生，例如，告诉他们怎样对资料进行整理、怎样分析数据、怎样推理问题中的逻辑关系，让学生的整理能力、分析能力和处理信息的能力不断提高。也要求学生坚持尊重规律和尊重事实的原则，将研究结果实事求是、真实地反映出来。也可以让学生以研究报告的形式对结论进行呈现,教师通过阅读后再作指导和修改。

五是反思阶段。在探究学习活动的所有步骤和阶段中,反思阶段必不可少,主要包括小组内部的自我反思和小组之间的交流与反思。教师和小组成员作为开展探究学习活动的主体,对于本小组探索的问题已经产生的解释,教师和小组成员要共同评价,通过提出一系列的问题来对解释进行评价。比如,小组整理的证据能否作为解释的重要佐证材料;这个解释能够准确地对提出的问题进行回答;整个推理过程中是否存在某些问题或缺点;其他的解释能否根据小组整理的证据推理出来。小组成员之间可以将结果放在一起进行对比,也可以参考教师或者教材提供的结论,根据对比决定是否要修改或者摒弃这个解释。需要注意的是,学生目前的知识能力、水平和思维发展水平必须与解释保持一致,解释不能超越学生已有的知识结构。

经过小组内部之间的交流和反思,各个小组对自己的研究成果进一步完善,再向所有探究小组公布,根据各个小组之间的交流情况和反思情况,其他小组可以对每个小组的解释提出问题,让所有的学生发散思维,对时政资料和逻辑关系进行核验。如此一来,学生之间的思维能力不断发生碰撞,讨论愈加激烈,让实证资料和学生已有的知识结构、每个小组形成的解释以及提出的新问题紧密相连,在这个过程中,学生辩论分析的能力和宽容的态度得到进一步提升。与此同时,每个学生和每个小组在交流过程中也在自我反思,教师可以让学生珍惜自己的探究方式,特别是归纳和反思解决问题的过程,帮助学生元认知能力的培养和提升。这个阶段的内容特别关键,通过让学生回顾和整理整个探究过程,对自己的探究方式进行反思,有利于提升学生的探究学习能力。

探究学习具有较强的能动性,因此,在开展具体的探究学习活动时,要与实际情况相结合,在研究某一课题时,可以展现它的完整研究过程,也可以选取其中的一部分进行呈现。同时,也要根据各个学科的特征和教学目的以及需求,对具体的探究步骤进行设计。

第三,探究学习指导应注意的问题。

一是面向全体学生,关注学生个别差异。在小组合作开展探究活动时,教师要注意观察学生的行为,要让每个学生都对探究活动有所贡献,让每个学生分享和承担探究的权利和义务。

二是注重为学生提供相关的支持条件。探究教学需要更多的时间,需要小班教学,需要充足的材料等支持条件,教师作为引导者,要花费更多的时间和精力投身到复杂的探究准备工作中。

三是探究问题的设计要与社会和实际生活紧密相连,教师要扮演好指导者的角色。在探究活动中,教师要给予学生一定的帮助,为学生提供必要、合适和有效的指导,帮助学生不断提升自己的探究能力和认知能力,从而让他们的探究实践顺利完成。

第四,对学生的反思进行积极引导。教师要将学生在探究过程中的体验和理解作为重点分析内容,突出交流和合作的重要性,并且根据不同学段的学生所具有的知识结构,对探究要求提出不同的意见。

(二)教学反思技能

教学反思就是教师自觉地把自己的课堂教学实践作为认识对象,进行全面而深入的冷静思考和总结,从而进入更优化的教学状态,力求使学生得到更充分的发展。

教学反思的过程实际上是教师把自己作为研究对象,研究自己的教学观念和实践,反思自己的教学行为、教学观念以及教学效果。通过反思、研究,教师不断更新教学观念,改善教学行为,提升教学水平,提高教学质量。教学反思,通常应包括四个层面的内容:一是对经历的教学工作成绩、成功之处、优点等作出肯定性的判断,即感悟到教学中哪些做法是正确的、有效的、应该坚持的;二是对经历的教学工作中存在的问题、失误、困难等做出反思,并分析其原因,即厘清哪些做法是不适当的、低效的甚至无效的,出现此情况的原因;三是发现新问题,即通过教学反思发现过去未曾注意到的问题或教学中更深层次的问题;四是在总结经验教训的基础上构想下一步的工作,设想出新一轮教学工作的思路。

二、学前儿童音乐教师职后教学技能的提升策略

(一)健全学前儿童音乐教师培训制度

培训工作最坚实的保障是制度。可以说,要想使学前儿童音乐教师教学技能培训工作顺利开展,完成培训目标,取得一定成效,就必须建立和完善合理的培训制度。

第一,对培训总体规划建立合理的制度。要依据教学行政管理部门下发的一系列要求、政策和制度,考虑本校教师的特点、实际情况和需求,对学前儿童音乐教师培训的总体规划进行制定。从幼儿园的层面而言,为了保障学前儿童音乐教师的技能培训工作顺利开展,要制定出一套完善的培训制度,特别是要满足不同教龄的学前儿童音乐教师的需求。

第二,建立培训目标管理制度。每一位学前儿童音乐教师都需要参加教学技能培训,不断提高自己的教学技能。教学技能培训和其他培训最大的区别主要在培训方式、培训内容和培训目标等方面。所以,幼儿园对教学技能培训目标管理建立完善的制度,有利于幼儿园和教师以及教育行政管理部门进一步明晰培训任务,有利培训目标的实现,提高培训质量。

第三,培训评价制度的建立。学前儿童音乐教师教学技能情况的高低、优劣,都要利用评价来进行衡量,这是反馈培训情况的主要方式。所以,各个幼儿园要按照本园教师培训的开展情况,对科学合理的评价制度进行制定,再建立和完善教学技能培训评价制度。

第四,培训激励制度的建立。教师对自己专业技能和专业精神的不断追求,是提高他们培训积极性的源泉,有利于提升他们的教学技能。如果一位教师失去了专业精神,就会让自己提升专业技能、参加技能培训的积极性大打

折扣，影响到今后的发展。所以，将学前儿童音乐教师参与培训的积极性与他的专业精神、今后的成长经历、人格魅力紧密相连，能推动他们不断提升自己的专业技能，激发他们提高参与技能培训的积极性。

（二）加强学前儿童音乐教师培训组织

对培训进行良好的组织管理是顺利开展学前儿童音乐教师培训工作、实现培训目标的重要因素。首先，幼儿园要对本园的教学技能培训目标和宗旨进一步明晰，这是学前儿童音乐教师个人发展规划和教学技能培训方案制定的主要依据和基础。推动培训方案可实施性和针对性的提高，也有利于充分调动起教师提升自身专业技能、参与培训的积极性。其次，是建立起相关的规章制度，这是培训工作顺利开展、取得成效的重要保障。学前儿童音乐教师在职培训是教师重要的技能培训方式之一，要围绕教学活动这项核心内容，以实际教学过程中出现的问题为重点，让学前儿童音乐教师扮演合作伙伴和参与者的角色，激发他们的专业精神和意识，对为何培训、培训的主要内容、培训的要求等有明确的认识，让教师不断提高自己的创造性、自觉性和主观能动性，不断强化自己作为教育工作者的态度、观念和意识。

第三节
学前儿童音乐教师教学实施能力的提升

"音乐教学作为幼儿园教育工作的重要组成部分，对开启幼儿的心灵智慧、培养幼儿的艺术精神世界、培养幼儿的音乐素养有着重要的影响作用。"[①]

[①] 董登红:《幼儿音乐教学游戏化的实施对策初探》，载《读与写》，2021年第23期，第223页。

因此，重视学前儿童音乐教育，提升学前儿童音乐教师的教学实施能力是非常有必要的。

一、教学实施能力提升的条件分析

（一）提升批判反思能力

批判是一种思维方式，是指基于事实进行合理的质疑、推断和辨析的思维过程。反思是一种行为方式，是指思考过去的事情，从中总结经验教训；如果人们能够在对过去的事情进行回顾、总结、分析的过程中，加以辩证的质疑、比较、评价，就能够得到更多、更为深刻的结果，甚至从中能得到一些规律性的认知，以便得到更好的指导。

问题解决的方法多种多样，批判反思是众多形式中较为特殊的一种，它可以围绕问题的中心点进行严密而连贯的思考，从而引出相应的概念或知识。这种批判反思的方法在学前儿童音乐教学中的应用是跳出教师自我思维束缚，重新审视整个教学过程，客观全面地剖析学前儿童音乐教师日常教学行为，从而产生新的更趋合理的教育教学方案以指导自己后续的教育教学行为。具有批判反思意识的学前儿童音乐教师善于从不同角度对自己的教育教学活动进行审视，并在实践中进行原因分析及改进方案。学前儿童音乐教师需要具有以下两个方面的特质：

第一，学前儿童音乐教师渴望自身能够得到持续的职业发展和能力提升，是教师进行批判反思的内在动机和深层次的需要。这种积极向上的内在动机，使教师提高了对教师职业的深层认识，在发挥自身主观能动性、提升专业水平，提高学前儿童音乐教师综合素质方面起到至关重要的作用。学前儿童音乐教师在逐渐掌握这种批判反思的技能后将其应用到实践中，对提升教师的专业修养、升华自身的专业知识和促进教学创新能力的发展起到重要作用。经过长期锻炼，学前儿童音乐教师逐渐形成的批判反思习惯，称之为教师的职业批判反思习惯。

第二，学前儿童音乐教师批判反思的基础是具备谦虚自悟的品质。要求教师敢于承认缺点和不足，并具有渴望努力弥补的需要。谦虚是一种高尚的品德，是勇于承认自身知识非常有限并采取积极措施努力改变的一种态度。承认自身有缺点是寻求进步改变自身的良好开端。学前儿童音乐教师具备谦虚的品质才能懂得学习，是一个对未来充满好奇并努力探寻的过程，通过这个过程的实施将学前儿童音乐教师打造成可以被塑造的人、不断学习的人。工作谦虚的教师具有包容心和开放性，能够主动客观地接受外来思想、知识和技能，渴望获取新知识，希望努力学习提升自我；力求远离保守和自我封闭，不愿墨守成规，对各种有价值的观点反复斟酌、认真研究，积极吸纳各种新的东西充实自己的知识与能力结构，在各种挑战中质疑、检验自己的固有价值体系和方法能力，最终能够成为自我世界的批评家和创造者。

（二）提升综合品质能力

学前儿童音乐教师综合品质能力提升，可以从以下方面着手：

第一，提高人际理解和沟通能力。人际理解和沟通能力指的是对他人的需求、目的、愿望的理解能力，能去感受他人的想法和感受，并且根据他人的动作和语言理解他人的想法，掌握他人言语和行动之外想要表达的情感内容，理解时还辅助相应的语言，让自己更好地理解他人想要表达的情感。要求学前儿童音乐教师能够了解根本问题，采取行动提供协助，对通过主动提出或观察得知的问题提供协助。

第二，增强自我效能感。自我效能感是指当个体遇到挑战或者遇到挫折的时候，个体为达成目的、完成任务从心底涌现出的信念。纵观世界上的杰出人物，他们大多数都是非常自信的，对于学前儿童音乐教师而言，自信心是非常重要的要素之一，有了自信心的学前儿童音乐教师会勇于挑战任务，会更愿意主动承担责任，也会使用更多的方法、更多的技巧和学校领导进行友好的沟通，更好地表达自己的意见。如果遇到工作冲突也能够更加自信，条理清楚地指明自己的立场，如果遇到失败，向他人承认自己的错误，采取行动改正问题。

第三，注重学习发展。学习发展能够让自己从社会经验中吸取教训，有助于科学研究，有助于增加见识，提高学识技能，有利于学前儿童音乐教师未来的持续发展。学前儿童音乐教师要具备非常强的学习意识，要始终热切关注技术的发展以及领域的最新动态，当今社会提倡教师始终保持学习的心态，一边学习一边进步，与此同时也要求教师进行阶段性的自我总结，总结能够帮助学前儿童音乐教师更快的提升，有助于教师未来的全面发展。

第四，树立同理心。同理心能够让学前儿童音乐教师站在他人的角度来理解他人所经历的事情，了解他人的情感和感受，而且能够让当事人从沟通中感受到教师对自己的理解。在同理心的要求下，学前儿童音乐教师可以站在他人的角度理解他人的感受，设身处地为他人着想。同理心是教师展开工作的依据，在细心观察以及认真分析的基础上，教师可以从他人的语言表情动作中感受到他人的情绪变化，可以根据他人的情感需求做一名真诚的倾听者，也可以说他人想听的话，能够更快、更好地和他人展开友好的沟通。

（三）提升心理调适能力

学前儿童音乐教师既要注重自身心理素质建设，也要加强对儿童心理素质的培养，正确处理两者之间的关系，形成积极向上的学习氛围，帮助儿童树立正确的人生观和社会观。学前儿童音乐教师在工作和生活过程中难免遇到各种挫折，当面对各种压力时能够自我调整，使自己从容面对压力和挫折，这是一名优秀教师应该具备的心理素质。学前儿童音乐教师心理调适可从以下方面入手：

1. 树立终身学习理念

社会飞速发展，新的知识层出不穷。学前儿童音乐教师如果不学习，势必造成观念的落后，就会跟不上时代的步伐，跟不上社会的发展。学前儿童音乐教师要树立终身学习理念，只有不断提高自身综合素质，不断学习和掌握新的知识，尽快适应新的教学观念，掌握新的教学方法，达到新的教学要求，才能寻求新的发展，也才能真正拥有心理上的安全感。

2. 正确认识自我

从心理学的角度讲每个人都认为对自己非常了解，实际上他们会高估或看低自己，并没有做到客观地评价自己，这会影响准确地认识自我。所以要在教育教学实践过程中从不同的方面和渠道认识自己，从现实生活中提取有意义的参考信息，以客观中立的态度全方位认识自己，从而避免过多的主观因素影响对自己的正确评价。

现实生活中正确客观地对待自己，要注意自我接受，从心理上悦纳自我。每个人都具备优点和缺点，自我接纳就是要接受自己的优点和缺点。很多人在接纳自我上出现问题，导致产生心理问题甚至出现心理障碍。立足现实勇于接纳自我，要做到有一定的能力实现合理的目标，不能进行不切实际的对比，将自己的短处和他人的长处作对比，这样会挫伤自信心。对于学前儿童音乐教师而言，良好的自我认知有益于教师自身素质提升。

自我观念的形成离不开日常生活经验的累积。良好的自我观念与各种知识息息相关。学前儿童音乐教师要在工作中多接受新鲜事物，总结经验提高自身素质。教师在教学过程中是通过积累教学经验和观察学生的学习状况，提升教学质量，达到教学目标的。教师要总结教学方法，了解各种教学方法对学生学习效果的作用，这样对自己会有更深入的了解，自我认识就更客观，自我观念就越坚定，对自己也就更有信心。

3. 正确认识职业

社会要不断进步，就要不断改革，教育也是如此。人天生就有一种探究心理，个体的成长与发展就是对新问题的探究、对新方法的尝试和新经验的积累过程，从事教师职业的人尤其如此。积极投身教育教学改革不但是心理健康的教师的积极行为，同时也能给遭遇职业危机并处于心理危机中的学前儿童音乐教师带来新的机遇和工作活力。学前儿童音乐教师是一种帮助他人成长的职业，职业性质决定了教师要与周围的同事、领导、儿童以及家长经常沟通联系。正确处理相互之间的关系对促进自身身心素质提高和达到教书育人的良好效果有很大帮助。学前儿童音乐教师的育人对象是年龄较小的儿童，因此师生之间处理好关系显得特别重要，不仅能够促进教师的心理素质朝着积极向上的方向发展，而且会对儿童的心理素质产生正面积极的影响，更能有利于儿童健康成长。教学过程中教师要尊重儿童，与儿童建立良好的沟通，做儿童的良师益友，那么无形中自己的心理健康也就得到了保障。

4. 学会寻求多方帮助

寻求帮助是指学前儿童音乐教师在无力解决自己的心理问题时，求助于心理专家、同辈，进行咨询、诊断与治疗。工作中有压力是正常的，但是当长期的压力导致出现心理问题甚至心理疾病而自身又不能自我排解时，就要寻求心理医生的帮助。可以获得的心理方面的帮助有很多，如心理咨询、心理诊断，以及心理治疗等。各个阶段的侧重点不一样，但总体方向是一样的。

二、队伍建设

（一）高素质教师专业化队伍建设要求

建设高素质专业化学前儿童音乐教师队伍，先要明确建设的要求。高素质学前儿童音乐教师专业化队伍建设的要求，主要包括以下方面（图4-2）。

1. 师德高尚

师德高尚，是指教师具备高水平的思想道德素质和良好的职业行为规范。建设高素质专业化学前儿童音乐教师队伍是教育事业发展最重要的基础性工作，而加强和改进师德建设则是建设高素质专业化教师队伍的重中之重，师德水平的高低，决定着建设高素质专业化教师队伍的成效。为此，建设高素质

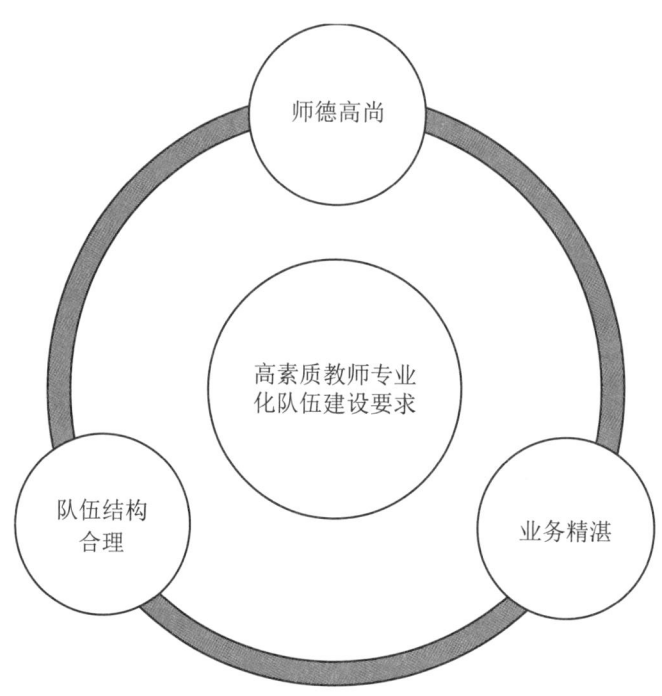

图 4-2　高素质教师专业化队伍建设要求

专业化的学前儿童音乐教师队伍需要加强教师的师德修养，真正使每位教师做到师德高尚。高尚的师德具体体现为以下方面：

（1）树立坚定的职业理想和信念。理想信念是人生价值取向的最高准则。崇高的教师职业理想和信念，是学前儿童音乐教师人生价值追求以奋斗目标为表征的超越自我的高度自觉意识，是指导教师行为的核心观念。学前儿童音乐教师树立崇高的职业理想和信念，不仅有了指引其人生方向的明灯，更有了终身从教的精神支柱和追求不朽事业的动力源泉。因此，学前儿童音乐教师师德高尚的首要表现就是有坚定的职业理想和信念，自觉增强献身教育事业的责任感、使命感和幸福感，努力成为有宽广胸襟、昂扬向上、放眼世界的优秀教师。

（2）**爱岗敬业，关爱学生**。所谓爱岗，就是学前儿童音乐教师要热爱自己的工作岗位；所谓敬业，就是忠诚于人民的教育事业。学前儿童音乐教师要热爱教育事业，不断钻研教育教学业务，提高业务能力和水平，提高教育质量。关爱学生，就是教师要用满腔的热情对待每个学前儿童。爱岗敬业与关爱学生是密不可分的，它们统一于培养人才的过程中。教师对教育事业的热爱和满腔热忱，对学前儿童的爱，充分体现了对人类的爱，对未来的爱，是不求回报的、无私的、伟大的爱。师德高尚，充分体现在教师爱岗敬业，关爱学生上。爱岗敬业，需要教师努力肩负起人民教师的神圣使命和光荣职责，甘于奉献，乐于付出，做爱岗敬业的模范；关爱学生，需要教师关心每一名儿童的成长和进步，用真情、真心、真诚教育和影响学前儿童，努力成为学前儿童的良师益友，成为学前儿童健康成长的指导者和引路人。

（3）**严谨笃学，开拓创新**。严谨笃学，就是要树立严谨的治学态度，培育优良的学风。教师为人师表，就是要不断学习，努力钻研，不断提高自身的教育教学能力和业务水平。严谨笃学是师德高尚的又一表现，它能充分体现教师"学为人师，行为世范"的本质要求。严谨笃学不仅要求教师要钻研学科理论和教材，更要钻研学生心理，尤其是在当今科技和社会飞速发展和变革的背景下，学前儿童求新、求奇、求变的心理特征，更需要教师去了解儿童、理解儿童、分析儿童，努力把握儿童的成长规律和心理需求，真正做到因材施教。教师还要开拓创新，坚持终身学习，勇于发现教学实践中的新问题，提出新见解和新思路，创造新经验。

师德高尚，是加强高素质专业化教师队伍建设的首要目标，但教师要真正做到师德高尚却需要坚持不懈地多途径加强修养，包括不断地学习方针政策，自觉增强职业道德意识，锤炼道德意志，通过教育与自我教育相结合，不断提高思想道德修养，真正成为学生健康成长的指导者和引路人。

2. 业务精湛

业务精湛是建设高素质专业化教师队伍的又一目标要求，也是加强和改进教师师德建设的内在规定。认真把握业务精湛的内涵和现实意义,才能进一步明确师德建设的内容。

从根本上而言,学前儿童音乐教师主要有教书和育人两项任务。教书包括教学和科研,育人主要是指加强对学前儿童的思想道德教育和管理,要做到业务精湛,需要教师具备丰富的专业知识和娴熟的教育教学和管理技能。具体而言,主要包括四点:①丰富的专业知识。教师要能熟练地掌握和运用本学科和相关专业的理论知识,并促进自身理论知识的更新和发展;②高超的教学能力。教师在教学活动中,要能较为熟练地运用相关专业知识与经验,促进儿童学习,达成教学目标;③较强的教育能力。教师要能熟练地运用伦理学、教育学和心理学等理论,对儿童加强思想品德、心理和行为的正确引导和教育,促进儿童的德智体美劳全面发展;④较强的教育教学研究能力。教师要能熟练地运用本专业知识及其教育学、心理学原理,进行教学研究设计、资料搜集、分析、统计和撰写论文的工作。

教师业务精湛具有重要的现实意义,它既是时代和科技发展的必然要求,也是创新型国家培养人才的需要,关系到我国教育事业的发展和人才培养质量的高低。因此,加强建设高素质专业化的教师队伍,关键要有教师精湛的业务水平作保障。

3. 队伍结构合理

结构合理是建设高素质专业化学前儿童音乐教师队伍的又一目标要求,也是加强和改进教师师德建设的重要内容。认真把握结构合理的内涵和现实意义,才能进一步强化师德建设。

(1) 结构合理的现实意义。结构合理是指教师队伍的年龄、性别、学历、职称、数量等要素构成合理,形成教师队伍整体结构的优化。当前,建设结构合理的教师队伍,着重需要加强年龄结构、数量结构、学历结构和职称结构的建设和优化,促进其不断合理发展。如果没有合理的年龄和数量结构,就会出现教育后继乏人,严重影响到我国教育事业的可持续发展;如果缺乏合理的学历结构和职称结构，就不能造就一大批"双师"型教师和学术骨干，也会严重地影响我国教育发展的质量和水平，制约创新型国家的发展和跻身国际先进发达国家的行列。所以，结构合理是建设高素质专业化教师队伍的必然要求，具体表现在以下方面：

第一，合理的学历结构。通常而言，教师的学历代表其接受教育的程度和具备专业知识的深度，可以反映出教师的理论和实践水准。教师队伍整体的学历水平也直接决定着教学科研的质量和效果。因此，建设高素质专业化的学前音乐教师队伍，必须优化教师队伍的学历结构，可以通过学历教育和继续教育的方式，促进教师队伍学历结构的优化。

第二，合理的职称结构。合理的职称结构反映了高素质专业化教师队伍的水平，也是保持高素质专业化教师队伍稳定的一个关键因素。职称是与教师的收入待遇、人生价值紧密相连的，合理的职称结构有利于调动教师队伍的积极性，保持队伍的活力。做到职称结构合理，需要通过科学的考核和评聘机制，使高、中、低级职称配比合理，评聘有序。

（2）积极促进教师队伍结构合理。为了促进高素质专业化学前儿童音乐教师队伍的结构合理，需要做到：①增加高素质教师人员的数量；②加大高学历教育者的培养力度；③改革职称评聘制度，保障高素质专业化教师队伍职称结构合理发展。需要在实践中大胆探索，不断创新，促进教师队伍职称结构合理，激发教师队伍的活力。

综上所述，明确建设高素质专业化学前儿童音乐教师队伍的目标要求，需要把握好师德高尚、业务精湛和结构合理三者的关系，三者是密切联系，缺一不可的。师德高尚是建设高素质专业化教师队伍的前提，业务精湛是建设高素质专业化教师队伍的核心和关键，结构合理是建设高素质专业化教师队伍的基础和保障。只有师德高尚，才能促进教师业务素质的提升；只有结构合理，才能进一步提升教师队伍的整体业务素质；而只有师德高尚和业务精湛，才能促进和表明教师队伍建设的高素质化和专业化的发展，明确这三者的关系，有助于建设高素质专业化教师队伍的目标实现。

（二）高素质专业化教师队伍建设基础

建设高素质专业化教师队伍，必须办好师范教育。自改革开放以来，我国的经济、政治和文化水平都取得了历史性的突破和发展，教育规模的扩大和教育质量的提升要求必须有更多的高素质人才来充实教师队伍，满足我国教育事业发展的要求。办好师范教育是加快实现优先发展教育、建设人力资源强国、促进教育事业科学发展、全面提高国民素质的题中之义。

1. 把握师范教育时代新要求

准确把握时代脉搏，努力掌握师范教育的新要求，是师范教育应对时代挑战的必然选择。师范教育要特别注重师范生知识、能力和专业素质的发展。

（1）注重师范生知识基础的培养。师范教育应注重师范生通用科学文化知识、专业知识和相关教育知识的培养。

第一，培养师范生具有广博的一般科学文化知识。高等师范院校学生是我国未来专业化教师队伍的生力军，应具有广博的一般科学文化知识，包括自然科学类、人文社会科学类、艺术类等。一个专业化的教师应当是一般科学文化知识的继承者和传承者。因此，师范教育应该注重对师范生通用科学文化知识的培养。

第二，培养师范生具有深厚的学科专业知识。学科专业知识是教师所教学科方面的知识。一个专业化的教师所拥有的学科专业知识应当比其他教师更加丰富和深厚。教师只有具备深厚的学科知识，才能全面透彻地理解所教内容，并选择灵活自如、得心应手的方法。

第三，培养师范生具有扎实的教育专业知识。一个专业化的教师还应具备坚实的教育专业知识，包括要懂得教育哲学、元教育类理论如中外传统教育哲学、教育价值学、教育科学史及其教育研究方法等；懂得教育科学类知识如教育心理学、教育社会学、教育政治学、教育经济学等；懂得教育文化艺术类知识包括教育艺术学、教育文化学、比较教育学等；懂得教育技术方法类知识包括教育测量学、教育评价学、微格教学、教育技术学等；懂得综合类教育知识包括教育学基本理论、课程与教学论、德育论等；懂得学科教育类知识包括学科教育论、学科教学设计、学科教学艺术、班主任工作艺术等。这些知识都是新时期对师范生的必然要求，需要高等师范院校加强对师范生知识的培养，为师范生的职业生涯和成为高素质专业化的教师奠定良好的理论基础。

（2）注重师范生教育教学能力的培养。建设高素质专业化教师队伍，需要加强对师范生教育教学能力的培养。首先，培养作为教师的基础能力，加强对师范生适应未来专业教师的基础能力的培养，主要有观察能力、思维能力、想象能力、书写能力等培养；其次，培养作为教师的教育能力，主要有全面了解学生的能力、正确评价学生的能力、指导学生合作的能力、指导学生与人交往的能力、转化后进生的能力、管理学生和班级的能力等；再次，培养作为教师的教学能力，主要有教材分析能力等；最后，培养作为教师自我完善和发展的能力，主要有继续学习的能力、教育研究能力、教学创新能力、撰写教育教学论文的能力等。这些能力都是时代赋予师范生成为优秀教师，实现教育家办学的必然要求。

（3）注重师范生专业素质的培养。师范生作为未来高素质专业化教师队伍中的一员，应注重自身专业素质的提升。首先，要加强师范生良好的思想道德素质的培养。师范教育要注重对师范生坚定的职业理想、良好的职业道德的教育，促进师范生不断加强自我修养，提高思想道德素质。其次，要加强师范生深厚的科学文化素质的培养。师范教育不仅要注重对师范生进行学科专业知识的培养，更要加强一般科学知识和教育知识的培养，使其具有扎实的理论功底和知识素养，为其将来成为一名优秀教师或教育家奠定坚实的理论基础。最后，要加强师范生健康的身心素质的培养。师范教育不仅要注重对师范生思想道德素质和科学文化素质的培养，更要注重培养师范生健康的身心素质。因为教书育人既是一项脑力劳动，又是一项体力劳动，教师需要有健康的身体才能担当繁重的教育教学任务。同时，教师要做到为人师表，需要有健康的心理和良好的心态，这样才能对学生进行正确的教育和心理疏导，否则就会严重影响到教育教学工作，甚至造成严重的社会后果和不良的社会影响。为此，高等师范院校需要加强对师范生专业素质的培养，促进师范生全面发展，使其将来勇担工作重担，努力培养高素质的人才。

2. 创新师范教育人才的培养

新形势下，推进师范教育的改革发展，必须重视师范教育人才培养模式的创新，尤其要在师范教育教学体系改革、师范生为师之"范"的培养、师范生高素质的文化修养的培养等方面下功夫。

（1）**改革师范教育教学体系**。为了培养高素质专业化的教师队伍，需要大力改革我国师范教育教学体系。当前我国的师范教育体系已基本形成以独立设置的各级各类师范院校为主体，其他教育机构共同参与的开放式、多渠道、多层次、多规格、多形式的教师培养培训体系。但这已不能完全满足经济社会飞速发展对教师人才的需要。师范教育必须紧跟时代步伐和要求，改革师范教育教学体系。

第一，坚持以定向培养培训为主、多种形式并存的培养机制，坚持相对独立与渐趋开放相结合的培养过程。师范教育以定向培养培训为主和相对独立的培养过程是坚持我国基础教育实际情况和保住优秀生源的要求，渐趋开放的培养过程和多种培养形式并存是满足经济社会发展对各级各类人才需求和落实教育事业改革发展的要求。

第二，顺应科学技术发展和素质教育的要求，高度重视和大力推进师范教育的信息化建设，重视教师的信息技术应用能力的培养。

第三，加强师范生的课程设置和教学改革。随着我国教学改革的推进，高等师范院校大力改革教师教育课程培养方案，突出师范性技能培养。例如，西南大学的免费师范生课程体系采用模块式的设计，分为通识教育课程、学科基础课程、专业发展课程、教师教育课程、实践教学环节、自主创新学习六大模块，增强了教师教育类和实践课程的设置，进一步凸显了师范性；并在教学中加强对师范生的教师职业能力训练，包括口语能力、书写能力、信息能力、沟通能力、教学能力、班级管理能力等的训练；改革见习和实习环节，实行为期半年的教学实习，通过"顶岗支教""混合编队""学院集中"等形式，切实提高师范生的实践操作能力。

（2）强化师范生为师气质的培养。师范教育要注重师范生未来教师气质的培养，以适应教师的职业要求。师范生作为未来的教师，不仅要把知识传递给学生，更重要的是用自己的人格魅力去吸引学生、感染学生、影响学生，使学生成为高尚的人、有智慧的人。师范教育作为未来教师培养的摇篮，应该加强对师范生未来教师气质的培养。气质是一个心理学概念，主要是指每个人在心理活动中所表现出来的独特的、稳定的动力特征，它是一个人相对稳定的个性特征、风格作风以及外在气度。

教师气质是一个具有丰富内涵的概念，它主要包含四层要义：①教师要有良好的思想道德风貌，能为人师表；②教师要有丰富的理论知识和高超的教学技能，具有传播知识和启迪智慧的能力；③教师的外表仪容要整洁脱俗、行为举止要文明高雅，具有亲和力和感召力；④教师要具有自信、宽容、开朗、善良而富有爱心等个性特征。教师气质相对于师范生而言，并不是天生就有的，学校需要加强对师范生教师气质的培养，使师范生正确认识到自己将来所从事职业的专业特性，明确未来职业的主要工作性质和任务，并对自身的职业产生认同感和积极的情感体验，促进教师专业化的发展。

在实践中，一方面，学校需要改变传统师范教育的人才培养模式，加强对师范生的实践教育，促使师范生在实习、见习和微格实验室训练中，逐步领悟和体会教师的职业心理、职业道德、职业技能等。师范生通过教育教学实践逐步形成良好的思想道德风貌，亲近学生，充满自信。另一方面，师范生自身要加强师德修养和职业技能训练，不断提升自身的知识素养，优化个性特征，逐渐形成良好的教师形象和气质。

（3）加强对师范生的文化熏陶。师范教育要加强对师范生的文化熏陶，提升师范生的文化修养和教师素质。所谓文化熏陶，主要是指通过指导师范生欣赏古今中外优秀的文化作品，使师范生具有良好的文化素养。加强对师范生的文化熏陶对于促进师范生的成长具有重要意义：一是有助于师范生更好地继承和把握祖国和民族的优秀传统文化。优秀的传统文化需要教师传承给一代又一代的中华子孙，使他们永远继承和弘扬中华民族的优秀传统文化。二是有助于师范生担负起历史使命和社会责任。教师担负着维护国家文化安全，增强国家文化软实力和中华文化国际影响力的历史使命和社会责任，这就需要即将成为人民教师的师范生要担负起培养国家人才的历史使命和社会责任。三是帮助师范生成为我国文化发展的建设者和创造者。师范生作为未来的教师，本身是社会主义文化的建设者和创造者，肩负着推动社会主义文化大发展大繁荣的社会责任。高等师范院校加强对师范生的文化熏陶，有助于提高师范生的文化素质，促进他们将来成为更好的社会主义文化建设者和创造者。

总而言之，教师教学实施能力培养需要适应新形势下对教育人才高素质专业化的需要，加强改革和创新，积极加强教师的师德修养，增强他们的创新意识，把握教育规律，勇于探索，敢为人先，切实提高教师的学术造诣，使他们形成宽广的国际视野和学术民主的胸怀，为我国高素质专业化学前儿童音乐教师队伍的建设奠定坚实的基础。

第四节
学前儿童音乐教师教学技能的提升策略

幼儿的教育越来越被社会所重视，所以社会对幼儿教师的专业素养也提出了更高要求。幼儿音乐教学具有其自身的特性，"音乐教学作为艺术教学在幼儿教学中占有重要地位，幼儿在音乐的环境中可以增强其对音乐的敏感程度，促进幼儿的全方位发展"①，所以对幼儿教师进行音乐技能培训迫在眉睫，下面就学前儿童音乐教师教学技能的提升策略进行分析。

一、注重学前儿童兴趣培养

提升幼儿教师教学的策略在于为教师提供音乐教学的实践机会，而在幼儿课堂上运用音乐教学可以提高教师音乐教学的技能。兴趣是最好的老师。所以，对幼儿进行音乐教学时，教师要注意培养幼儿的兴趣。只有幼儿的学习兴趣提高了，他们才能乐学、好学。例如，教师在教幼儿学习《白龙马》这首歌时，可以首先为幼儿播放《西游记》相关的视频，引起幼儿的学习兴趣，幼儿在对《西游记》情节都熟悉的环境下，可以活跃课堂氛围，为幼儿营造一个轻松愉悦的学习环境。在此基础上，进行《白龙马》儿歌的学唱，增强幼儿对节奏的敏感程度，提高幼儿教师的音乐教学技能。此外，教师可以为幼儿设置悬念，增强幼儿参加音乐教学的能动性。例如，教师在教导幼儿学唱《葫芦娃》这首歌曲时，可以在幼儿了解动画的基础上，为幼儿弹奏有关《葫芦娃》的旋律，激起幼儿的哼唱兴趣与记忆，幼儿在记忆的基础上，会跟着教师唱起《葫芦娃》这首歌曲，这样的教学模式可以勾起幼儿的记忆，并在教师的引导下主动学习，这样会使幼儿的学习积极性高涨，促进幼儿音乐教学的有效开展。

此外，在学唱的过程中，歌词具有激励作用，可以帮助幼儿树立正确的人生观，学习歌曲主人公自身良好的品质，并将其内化为自己的涵养，促进幼儿全面发展。

---

① 乐丽：《幼儿教师音乐教学技能教学现状与提升策略》，载《新课程》，2016年第9期，第231页。

二、注重学前儿童欣赏能力

由于幼儿的年龄特点,使得幼儿对新事物的认知能力还很薄弱,自身缺乏对美好事物的欣赏能力。所以,幼儿教师在音乐教学过程中应注意培养学生对音乐的欣赏能力。例如,幼儿教师在教唱《粉刷匠》这一歌曲时,首先可以为幼儿演奏一遍歌曲的旋律,让幼儿体会《粉刷匠》旋律的欢快,激起幼儿学唱的激情,然后再由教师和着旋律为幼儿唱一遍,让幼儿更深刻地体会这首歌曲的魅力。在此基础上,教师带领幼儿一句一句学唱,幼儿在渴望得到知识的前提下会集中精力学习《粉刷匠》,提高幼儿教师音乐教学的效率。

此外,教师在为幼儿演奏书本上的知识以外,还可以为幼儿演奏课外音乐,培养学生欣赏歌曲的意识。例如,教师在课余时间可以为学生演奏《晚安喵》的旋律,让幼儿感受优美的旋律,吸引幼儿的注意力,培养幼儿欣赏音乐的能力,这样的教学方法为幼儿能力的锻炼提供了有效平台,促进幼儿欣赏能力的提高,提升幼儿音乐教师的教学质量。

第五章 学前儿童音乐教师素质及提升策略

学前儿童音乐学科的重要性在不断增加,作为素质教育中的一个组成部分,学前儿童音乐教学也应该追赶时代的步伐。教师应该在加强自身专业素质的同时,增强自身综合素质培养,要树立正确的价值观念以及审美观念,这样才能给学前儿童正确的教育和引导。本章重点探讨学前儿童音乐教师素质对音乐教学的重要性、学前儿童音乐教学中教师心理素质的调节、学前儿童音乐教师素质对教学质量的影响、学前儿童音乐教师教学素质的提升策略。

第一节
学前儿童音乐教师素质对音乐教学的重要性

学前儿童音乐教师只有具备较高的业务素质，才能自觉纠正音乐教学中的错误倾向，发挥全体学生的主体作用，因材实施音乐教育，既能让每个学前儿童在音乐的基本素质方面达到相关要求，又能使每个学前儿童在原有音乐素质基础上得到应有的发展，并自觉、积极充分地发掘音乐教育在"辅德、益智、健体、育美、促劳"中潜移默化、渗透陶冶的功能，促使学生的整体基本素质得到全面和谐的发展。

音乐教师具备了相应的音乐素质，才可能树立起崇高的音乐教育理想和信念，不仅是从"术"和"用"的角度去理解音乐教育，还从人格教化的境界去体现音乐教育，以良好的教育教学精神状态、高昂的教育激情，去追求不唯音乐而音乐的音乐教与学双方的成就感、满足感、愉悦满足、高峰体验等高级审美情感。

学前儿童音乐教师的素质，包括音乐教学能力，既含音乐知识、技能、音乐教学知识策略等，也含兴趣、情感、意志等非认知因素。概括起来，基本的音乐教学能力有：音乐教学设计能力、课堂音乐教学能力、课外音乐活动能力、音乐教学研究能力。

以音乐教学设计能力为例，作为素质教育中的音乐教师素质要求，音乐教学设计能力尤其要引起我们的重视，因为素质教育要求教师行为角色转变，由单纯的音乐知识技能的传授者，转变成学生学习音乐知识技能、陶冶情感情操的音乐教学的设计者；也因为音乐教学设计能力是音乐教师教学能力的核心能力，其他教学能力都是围绕着教学设计能力展开的。面对新信息技术如多媒体计算机技术在学前儿童音乐教育应用的机遇,音乐教师必须具备熟练运用多媒体技术设计和实施音乐教育教学的能力,这是当前音乐教育赋予音乐教师的历史使命。

音乐教育能力是指利用音乐对学生进行价值取向、道德品质和健康心理等方面陶冶、促进的能力,它强调音乐教学活动本身的教育性必须得到加强,强调音乐教育"辅德、益智、健体、育美、促劳"功能的充分发挥,强调音乐教育过程不仅是客观的,也是具有主观性质的。音乐教师具有了这种能力才能把音乐教育真正作为一种精神生活,起到品行高尚、才识卓越、为人表率的"人师"作用;才能对音乐教育规律进行艺术的、道德的把握,将音乐课上得舒坦自然,如行云流水、光风霁月,让音乐语言敲击在学生的心灵深处。

第二节
学前儿童音乐教学中教师心理素质的调节

在音乐教学中,学生是主体,教师为主导。"音乐教育教学是一项有意识、有目的的活动"[①],学前儿童音乐教学要求教师必须注重心理素质的调节,以便在音乐教学过程中发挥应有的作用。

教学中音乐教师应及时对自己的情感表达进行调节,要控制在与自己当时的教育目标相匹配的状态上。关键之处在于,一定要密切注意学前儿童的实际反映,引导学前儿童把注意力定在教学目标上。教师的情绪状态直接影响教育教学质量,影响师生关系,影响自身身心健康。学前儿童音

---

① 叶淳:《音乐教学中的教师心理素质调节》,载《科技信息》,2010年第26期,第277页。

乐教师应该养成一种积极热情、乐观豁达的良好性格，拥有对己对人宽容的精神。当然，作为一个普通人，教师也会有自己的喜、怒、哀、乐，关键是教师应学会调节和控制情绪，使自己在学前儿童面前保持良好的心境。在教育过程中学前儿童音乐教师表现出来的眼神、表情、语气、行为等各个方面的状态都会对学生造成积极或消极的影响。所以，教师应注意教育情境和教育对象，适度表达和控制情绪，绝不能放任自流，毫无约束，无目的的宣泄。因为，教师的所有手段都是为了实现既定的教育教学目标。例如，当学前儿童情绪高涨到了将要无法自持时，教师的重点任务应落实在"冷静"二字上，以自身的冷静去引导学生；当教学环境需要温暖、柔和、优美的情绪时，教师就应用自身的平和、深情、充满爱意的情绪发出"信号"，力求营造氛围，去感染、诱导学生。

总而言之，只有当教师自身情绪的表达和学前儿童产生和谐的"共鸣"时，学前儿童才能被教师情绪所打动，教育目标才有成功的可能。因此，可以归纳出以下三个至关重要的教师心理素质调节方法：

第一，教师的表情必须自然而鲜明，不能矫揉造作，应富有感染力。

第二，教师一定要注重自身的形象和举动，形象应整洁、合乎身份；举动要文雅，如此，儿童的好感才会油然而生。

第三，教师在唱歌、视唱或讲话时应结合音乐学科特点充分运用音乐的优势，特别要运用好自身"嗓音的表情因素"，以提高学前儿童的学习兴趣。

第三节
学前儿童音乐教师素质对教学质量的影响

一、学前儿童音乐教师业务修养对教学质量的影响

任何一种职业，职工的业务水平都将影响他的工作结果，学前儿童音乐教学工作当然也不例外。教师的业务水平、业务修养对教学质量的影响主要体现在两方面，即教师的专业知识水平和教育教学水平。

第一，专业知识水平。教师的专业知识水平是从"精""博""新"三个方面影响教学质量的。所谓"精"，就是指"教师要精通自己的专业知识，只有这样，才能保证在教学中把正确的知识传授给学生"[①]。我们经常遇到教师在教学工作中出现知识性错误的情况，这是教师教学工作中的大忌，它极大地影响了教学质量。所谓"博"，是指知识要渊博，只有具备了渊博的知识，才会在教学中做到深入浅出。当今社会，知识更新的速度越来越快，这更需要教师要不断更新自己的知识，不断地充实自己。所谓"新"，是指教师要不断地运用新知识充实自己、武装自己。由于在生产实际中新技术、新理论的不断应用，我们如果只用过去积累的知识向学前儿童传授，单纯从教学角度看，也许教学质量是得到保证的，但综合起来看，学前儿童所学的技术和知识有许多在实际中已经不用了。

第二，教育教学水平。学前儿童音乐教师的教育教学水平是从两个方面影响教学质量的：一是教育理论水平，教学实践活动离不开理论的正确

[①] 胡珀、郝铭、王岩彦：《浅谈教师素质对教学质量的影响》，载《黑龙江科技信息》，2012 年第 13 期，第 185 页。

指导；二是教学水平，教学工作不只是照本宣科的灌输知识，还要运用各种形式和方法进行教学实践，教师只有不断提高教育教学水平，才能提高教学质量。

二、学前儿童音乐教师语言艺术对教学质量的影响

语言是进行教学的工具，它会影响教学工作的各个层面，对教学质量的影响表现在以下方面：

第一，教学语言要准确规范。教学语言要连贯有条理，准确严密，这是对教师语言最基本的要求。在学前儿童音乐教学实践中，教师只有用准确规范的口头语言来讲授教学内容，才能保证知识传授的科学性和儿童正确理解知识的可能性。

第二，教师的语言要简明清晰。絮繁的语言，在两个方面影响着课堂教学的质量：一是影响课堂教学的速度，拖延宝贵的教学时间；二是会使儿童产生厌倦情绪。这样就要求教师的语言要生动简练，清楚明白，要把所要传授的知识用最简练的语言，清晰地传达给儿童。只有这样才能在有限的课堂教学时间内将教学内容传授给儿童。

第三，教师的语言要注意逻辑性和针对性。教师的语言不仅要正确规范，还要具有逻辑性和针对性。教师在讲话时必须主次分明、讲究条理、符合逻辑，切忌语无伦次、头绪混乱。教师的语言还应适应不同年龄段学生的接受能力和心理特征。

第四节
学前儿童音乐教师教学素质的提升策略

学前儿童音乐教师教学素质的提升策略主要包括四个方面的内容（图5-1）。

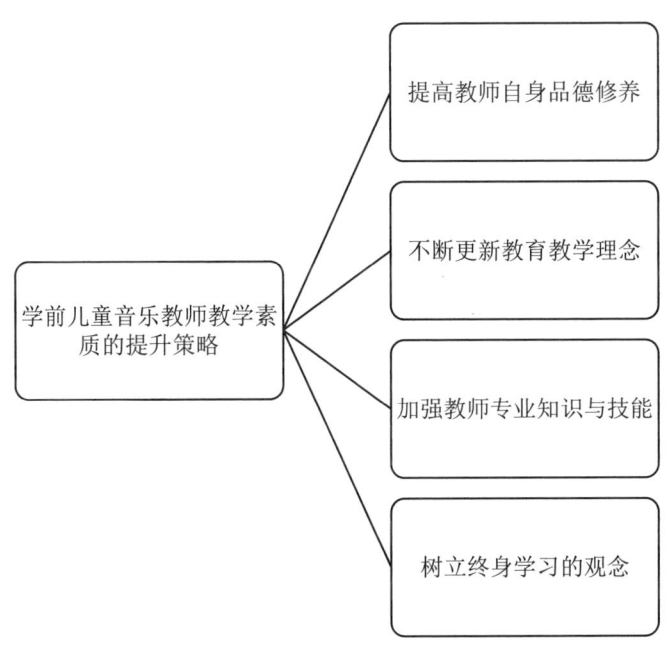

图 5-1 学前儿童音乐教师教学素质的提升策略

一、提高教师自身品德修养

基本的道德素质是形成教师敬业精神的基础和前提。当前学前儿童音乐教师要努力提高自己的思想觉悟和理论水平，切实提高基本道德素质，以适应寓德育于教学之中的要求。一位好的音乐教师应具备的道德素质包括：教师的社会公德素质，如讲文明、讲礼貌、讲信用、尊老爱幼等，只有具备了这些最基本的道德素质才能形成良好的职业道德和敬业精神；教师的职业道德素质，如热爱音乐、热爱教育、热爱学生的品格，具备勇于奉献的精神，职业道德信念、职业道德情感、职业道德意志和职业道德行为，教师的敬业与奉献、修养与言行以及对音乐的热爱等能将优秀的道德品质转化为强大的精神动力和源泉，将深深地影响、感染每一个学生。

二、不断更新教育教学理念

学前儿童音乐教师在学科教学中发挥着重要的作用，为了适应社会发展，教师要不断更新教育教学观念。学前儿童音乐教师要以音乐教育观念的变革为先导，更新音乐教育理念。以新的课程观、学生观、课程资源观来审视与规划教学目标、内容、方法，以音乐审美为核心，以学为本，以儿童的发展为本，以兴趣爱好为动力，面向全体儿童，注重个性发展，满足儿童的不同需要；重视音乐实践，尊重儿童的艺术爱好，鼓励音乐创造，培养儿童的自我意识与合作意识，促进儿童富有个性地、生动活泼地学习；强调把以音乐审美为核心作为基本理念贯穿于音乐教学的全过程，要改变老师讲与儿童听的灌输式教学模式，以实现由课程理念向教学行为的转化，与儿童共建课堂，实现教师由导师向学友的转变。

同时，多元音乐文化教育已成为国际音乐教育发展的主流。在我国的音乐新课程中也应以开阔的视野，学习、理解和尊重世界其他国家和民族的音乐文化。同时，要通过音乐教学使儿童树立平等的多元文化价值观。总而言之，广大学前儿童音乐教师对多元音乐文化教育理念能否理解和接受，并实施于音乐教育实践之中，是音乐教学中的关键环节。

三、加强教师专业知识与技能

当前,学前儿童音乐教师的业务学习应突出音乐专业知识,加强相关学科基础知识,特别要加强交叉学科现当代知识的积累。具体而言,学前儿童音乐教师应具备基本音乐理论知识(声乐、器乐、民族民间音乐和中外音乐史等),自弹自唱的能力,歌唱教学等教学基本功。同时,学前儿童音乐教师还应具备开展全校性的大型音乐活动(组织合唱队,创作、改编歌曲与乐曲,乐队与舞蹈编排)的能力。学前儿童音乐教师还应具有用教育学心理学、音乐心理学等理论知识指导教学工作的能力。

总而言之,当前学前儿童音乐教师应积极改变知识结构不合理的状况,加强音乐专业知识的系统性、专业性,增加专业知识的深度。另外,要自觉加强科研能力的培养,树立教学科研并重的教学观,努力提高自身的科研能力。音乐教学应充满创造性,音乐教师应为儿童提供更多地参与实践的机会,利用现代教学手段,使学生的创造潜能得到充分发挥。

四、树立终身学习的观念

当今教育事业需要是集教学、科研于一身的学者。因此,在这个信息高度发达的时代,教师需要不断地提高自己的专业素养,不断学习、充电,拓宽自己的知识面,加强在职进修,调整自己的知识结构。学前儿童音乐教师要善于获得信息,运用信息,使自己在价值观念、专业知识、教育教学实践能力等方面都能够适应社会的变化。

学前儿童音乐教师还需具有创新精神,将国外先进的音乐教育理论和方法,运用于音乐教育实践。掌握国际、国内音乐教育的最新理论和最新动向,积极探索音乐教育中的素质教育,加强音乐教育与其他学科教育的横向联系。

第六章 学前儿童音乐教师综合素质的提升

　　学前儿童音乐教师具备良好的综合素质，是实施音乐教育的重要保障。学前儿童音乐教师综合素质是教师在具体教育教学过程中所表现出来的各种素养、各种品质，它是社会要求在教师身上的具体反映。本章重点探讨学前儿童综合素质培养与音乐教育的重要性、学前儿童音乐教师应具备的职责与素养、多元化引领幼儿教师提升音乐综合素质、学前儿童音乐教师综合素质的提升策略。

第一节
学前儿童综合素质培养与音乐教育的重要性

一、音乐教育可以培养学前儿童的学习兴趣

此处的兴趣培养不单纯是指对音乐兴趣的培养,而是指对一切好的兴趣的培养。音乐本身就与人的身心健康有密切关系,例如,大班音乐《小弟弟早早起》,通过歌曲的学习,可以培养幼儿动手的良好行为习惯,以及从小爱劳动的优良品德。歌曲《国旗红红的哩》,不仅培养幼儿爱祖国,爱国旗,还可以培养幼儿绘画国旗、天安门的兴趣,这些音乐教育不仅仅是培养幼儿音乐的兴趣,更重要的是培养幼儿对一切美好事物的兴趣。

二、音乐教育可以有效陶冶学前儿童的情操

音乐是最善于表达情感、激发情感的艺术,可以使人兴奋激动,使幼儿对世间一切美好的东西充满情感。通过音乐教育,可以使幼儿分辨美与丑,善与恶。音乐教育可以消除疲劳,使幼儿安静下来。例如,歌曲《小兔子乖乖》通过歌曲学习,小朋友对大灰狼充满憎恨情感,它代表一切坏的事物,小白兔是美好的象征,幼儿对它充满喜爱的情感。又如,歌曲《好朋友》这首歌描述小朋友关于人与人是互相关心充满友爱的感受,让他们知道别人遇到困难小朋友要伸出援助之手,要有一颗爱心。所以,用音乐陶冶幼儿的情感、品格、培养美感尤为重要。

第二节
学前儿童音乐教师应具备的职责与素养

一、学前儿童音乐教师应具备的职责

学前儿童音乐教师应具备的职责主要是,精心设计和组织课堂教学活动,提高孩子们的音乐综合素质。当前,幼儿园的教育活动是有目的、有计划地引导幼儿主动活动的,多种形式结合的教育过程。教师积极引导幼儿接触周围环境和生活中美好的人、事、物,丰富他们的感性经验和审美情趣,激发他们感受美、创造美的情趣。各艺术系统、各学科之间建立一种互生互补、交叉融合、平衡和谐、持续发展的生态关系。因此要求幼儿音乐教师具有全面的音乐综合素质与能力,在设计教学活动中尊重相关要求,尊重孩子的身心发展特点,多用游戏形式、故事形式、律动形式、舞蹈形式等充分调动孩子学习音乐的兴趣和积极性,让孩子们全员参与。

课堂教学中注意实施"一切为了孩子,为了孩子的一切"原则,贯穿美育教育于课堂教学始终,真正做到"寓教于乐""玩中学""乐中学"。例如,学唱《小红帽》歌曲时,让孩子们在学会演唱的基础上进行创作表演,孩子们可以制作头饰,设计服装,设计舞台,结合说唱游戏等形式进行综合表演,充分调动孩子们的想象力,创造力和音乐表现力等,提升孩子们的音乐综合能力与素质。

二、学前儿童音乐教师应具备的素养

为孩子们创造表演机会,丰富他们的音乐生活。日常生活中注重引导孩子们学习音乐知识,扩大孩子们的音乐知识面,培养他们对音乐的兴趣和爱好,注意发现有音乐天赋的孩子,注意引导他们的特长积极发展,培养孩子们健康向上的审美情感。

例如:组织每年的"六一儿童节"演出活动、社区演出活动、新年联欢会活动、"国庆节"庆祝活动、家长开放日活动等,为孩子们创造表演和表现的机会,给孩子们提供施展音乐才能的机会和舞台,充分发挥孩子们的音乐天赋,丰富他们的音乐生活,促进其身心健康发展。为了更好地实施幼儿园音乐教学,作为音乐教师就要不断追求,不断完善和更新专业知识与技能。音乐教师要具备以下两个方面的素养,才能够成为一名合格的音乐教师(图6-1):

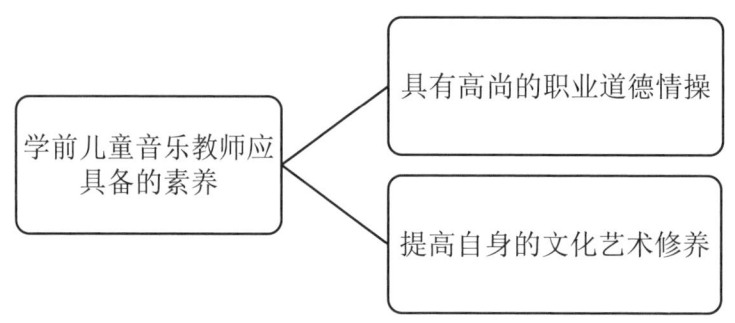

图6-1 学前儿童音乐教师应具备的素养

(一)具有高尚的职业道德情操

所谓职业道德,是指从事一定正当职业的人们,在进行职业活动时所应遵循的道德原则和行为准则。幼儿园的音乐教师是孩子们人生当中的第一任教师,更应该具备优秀的职业道德品质,教师的劳动特点决定了教师的职业是塑造"人"的工作,教师的一言一行是孩子们学习的榜样。因此,"为人师表"是教师应具备的职业道德的基本体现。幼儿园的音乐教师更应该注意自己的言行举止,仪表教态。孩子好奇心强,好模仿,这就要求教师要做到"为人师表",成为孩子们的学习楷模。

(二)提高自身的文化艺术修养

教师需要提高自身的文化艺术修养,提高音乐专业知识与技能。音乐教师应该具有较高的音乐理论素养,这是许多幼儿教育专家的共识。所以,音乐教师要不断学习音乐教育理论知识,学习文化知识与音乐专业知识与技能,以形成综合的知识结构。因此,师范类院校教学中更要注意文化课教学和专业课教学并重,注意引导幼师学生多看、多读、多听名著与名曲,丰富知识结构,扩大视野。

幼儿音乐教师更应该语言丰富,表情丰富,教学中要做到声情并茂,充分调动孩子们的学习兴趣和积极性,做到以"德"服人,以"情"感人,起到教师的示范和引领作用,塑造有人格魅力和文化魅力的教师形象。例如,考核幼儿音乐教师的六项基本技能包括"说、唱、弹、跳、画、写",这六项技能里有"唱""弹"和"跳"三项属于音乐教学内容,可见,幼儿园音乐教学的重要性。所以,要求我们幼儿园的音乐教师要不断学习,不断追求,不断提高自身文化和艺术修养,才能成为合格的音乐教师。

综上所述,幼儿园的音乐教师是孩子们的"快乐天使",肩负着祖国未来的音乐教育任务,责无旁贷,要求我们音乐教师要不断注重自身文化素质和艺术素质的提高,要认真履行教师的教育职责,因此,幼儿园要注重"教师的音乐素质训练,使幼儿园的音乐教师能够掌握音乐教育的精髓,从而提高幼儿园的音乐教育水平,促进幼儿的身心健康全面发展"[①]。

[①] 孔玲丽:《浅谈幼儿园音乐教师应具备的职责与素养》,载《科技展望》,2015年第21期,第290页。

第三节
多元化引领幼儿教师提升音乐综合素质

一、创设宽松环境

创设宽松环境是帮助幼儿音乐教师建立积极健康心态的平台。个体发展会受到环境的极大影响,甚至因环境和条件的不同而表现出差异。我们在培养幼儿教师过程中,重点是为他们创设愉悦的文化环境,使之形成健康向上的积极心态,树立自信,积极主动地学习钢琴等音乐专业技能。

新的音乐课程标准中明确指出:音乐教学要创设与歌曲表现内容相适应的教学情境,使其在音乐学习中表现中美的愉悦,美的熏陶。因此,作为专业音乐执教者,应精心设计富有情趣的音乐教学情境,吸引幼儿教师轻松愉快地参与音乐学习活动,从而获得美的享受。在对幼儿教师培训中进行音乐情境的设计,可以从以下四点做起:

第一,营造文化场景,创设愉悦情境。美观而又充满音乐气息的教室不仅能给幼儿教师一种赏心悦目的感觉,还能很好地调动起幼儿教师的学习热情。课前,培训教师可根据教学内容对教室环境进行简单的布置,营造一种浓浓的情境氛围,使课堂教学在一种愉悦的情境中拉开序幕。

第二,投放美妙音画,再现趣味情境。教学中利用丰富多彩、生动有趣的画面和恰如其分的画外音创设情境,能使幼儿教师身临其境,兴趣盎然,情绪高涨,全身心地倾注在有声有色的画卷里,迅速进入最佳学习状态,愉悦的教学氛围也就自然生成。

第三,生动语言描绘,渲染特定情境。培训教师形象生动的语言描述,可以把幼儿教师带到特定的情境中，加快幼儿教师理解音乐的过程，使其积极参与，尽情展示，让他们的情感世界受到感染和熏陶，潜移默化中懂得人间真谛，获得审美享受。

第四，互换音乐角色，体验乐曲情境。培训教师要多给幼儿教师表现的机会，让幼儿教师在融洽的氛围中进入角色，成为热情的演员，充分领悟乐曲的感情，把乐曲情境表现得淋漓尽致，让音乐课堂变得更为灵动鲜活。

二、建构自主课堂

建构自主课堂是开启幼儿教师音乐专业技能的钥匙。音乐教师肩负着传承人类文化，提高幼教生音乐素质的使命。反思教育教学，我们发现幼教生的应用和创新能力滞后于形势的发展，以致走上工作岗位后，缺乏将理论运用于音乐教学实践的能力，各方面音乐综合能力暴露出专业素质弱化、责任心不强、音乐综合素养薄弱等种种束缚自身创造发展的弊端。因此，幼师教育教学内容的重点应放在对受教育者自主能力培养上，注重对受教育者实践能力的培养。

第一，更新教育观念，树立现代教育理念。每一位幼儿教师都存在着自己的优势和弱势领域，形成个人特点和表现不平衡。我们应帮助他们充分展示自己的优势，使其弱势能得到尽可能大的发展，由此激发幼儿教师自由自在的创造火花，有效地开发个体潜能，激发幼儿教师创造冲动，升华精神境界。

第二，改革教学方法，保证个性发展。在推动音乐教育教学改革中，我们需要尽力做到：教学设计体现主体性，幼儿教师主动参与教学，积极体验音乐的过程。开展自主合作给予幼儿教师更多自我展示的机会，促使幼儿教师有效地学习音乐，从而，更好地提升个人音乐综合素养。

第四节
学前儿童音乐教师综合素质的提升策略

一、加强道德修养，强化教书育人责任感

教师的道德修养是综合素质的重要方面，加强音乐教师的道德修养，就是要求学前儿童音乐教师要热爱教育事业，爱岗敬业，牢记教书育人的使命，对自己所从事的音乐教学工作具有强烈的责任感和事业心，明确素质教育赋予音乐教师的责任，加强教师的职业道德修养，用满腔热情去进行教学。作为音乐教师要充分认识到音乐教育在学生素质教育中的作用，明确音乐教学的目的，更新教育观念，强化教书育人的教学理念，重视学生人格的培养和塑造，促进学生的健康成长和整体素质的提高。

二、加强专业知识的学习，提高教学水平

随着时代的发展，现代教育对音乐教学不断提出新的要求，学前儿童音乐教学已经不是教唱儿童几首歌曲的简单课程，而是要通过教学以及各种音乐实践活动，培养儿童良好的音乐爱好情趣，逐步提高儿童的音乐感受、鉴赏能力和表现、创造能力，提高音乐文化素养，丰富情感体验，陶冶高尚情操。这就对音乐教师的专业水平和教学能力提出了更高的要求，学前儿童音乐教师"要适应新形势的要求，通过自学、参加培训等多种形式，加强专业知识的学习和更新，夯实音乐教学的基本功，努力练就多种音乐教学技能，不断提高

教学水平"①。

三、加强文化知识的学习，提高文化素养

学前儿童音乐教学并不是单纯音乐知识的学习，其中蕴藏着许多思想、道德、文化教育方面的知识。因此，学前儿童音乐教师要加强自身的文化修养，扩大音乐文化视野，深刻理解音乐作品所包含的思想文化内涵。只有这样才能引导学生对音乐作品进行深入的体验和深刻的感受，提升儿童音乐鉴赏、艺术审美的能力。

总而言之，音乐教师的综合素质是事关音乐教学水平的关键所在。提高音乐教师的综合素质是一项常抓不懈的工作，音乐教师应当认识到音乐教学在强化素质教育中的作用，增强提高音乐教学质量的责任感，从自身做起，加强知识的学习和技能的提高，不断提高综合素质，提高教学水平，更好地适应现代音乐教育发展的需要。

---

① 邵美崎:《音乐教师的综合素质提升建议》，载《长江丛刊》，2018 年第 26 期，第 273 页。

参考文献

[1] 白学海:《幼儿音乐教育中的节奏感知与表达》,载《兰州学刊》,2010 年第 10 期,第 129-131 页。

[2] 蔡骍:《奥尔夫教学法与学前儿童音乐教育》,载《科教文汇》,2018 年第 27 期,第 140-141 页。

[3] 陈永莉:《幼儿音乐表演活动中的教师支持》,载《学前教育研究》,2021 年第 12 期,第 89-92 页。

[4] 董登红:《幼儿音乐教学游戏化的实施对策初探》,载《读与写》,2021 年第 23 期,第 223 页。

[5] 董丽、崔宇:《论幼儿音乐教师的人文关怀》,载《内蒙古师范大学学报(教育科学版)》,2013 年第 8 期,第 79-81 页。

[6] 范娟:《音乐教育对学前儿童发展的价值》,载《延边教育学院学报》,2018 年第 3 期,第 111-113 页。

[7] 岗更:《浅谈如何提高音乐教师的教学素质》,载《品牌》,2015 年第 1 期,第 223 页。

[8] 葛燕:《新媒体对学前儿童音乐教育的影响》,载《新闻战线》,2015 年第 10 期,第 115-116 页。

[9] 郭璐:《学前儿童音乐创造力培养的教学设计》,载《北方音乐》,2017 年第 23 期,第 205 页。

[10] 韩华民:《关于学前儿童音乐教育的思考》,载《课程教育研究》,2018 年第 35 期,第 200 页。

[11] 贺绍华、邓文静：《学前儿童音乐教育》，北京：中央广播电视大学出版社 2017 年版，第 37 页。

[12] 侯杰：《从美育与育美的关系审视幼儿音乐教育》，载《教育评论》，2014 年第 6 期，第 109-111 页。

[13] 胡珀、郝铭、王岩彦：《浅谈教师素质对教学质量的影响》，载《黑龙江科技信息》，2012 年第 13 期，第 185 页。

[14] 孔玲丽：《浅谈幼儿园音乐教师应具备的职责与素养》，载《科技展望》，2015 年第 21 期，第 290 页。

[15] 兰梅林：《浅析音乐教育对学前儿童智力开发的作用》，载《大舞台》，2011 年第 3 期，第 166-167 页。

[16] 乐丽：《幼儿教师音乐教学技能教学现状与提升策略》，载《新课程》，2016 年第 9 期，第 231 页。

[17] 李咏云：《浅谈如何开展学前儿童音乐教育活动》，载《黄河之声》，2018 年第 14 期，第 121 页。

[18] 刘丹：《奥尔夫音乐教育思想对我国幼儿音乐教育的启示》，载《教育探索》，2012 年第 5 期，第 36-37 页。

[19] 龙慧：《幼儿音乐教育的现实检视和改进策略》，载《当代教育与文化》，2021 年第 2 期，第 57-62 页。

[20] 马瑞：《浅议幼儿音乐教育中的社会性发展教育》，载《大舞台》，2011 年第 2 期，第 158-159 页。

[21] 毛静：《奥尔夫音乐教育思维在学前教育专业中的拓展》，载《北方音乐》，2017 年第 1 期，第 155 页。

[22] 潘健、张孜、岳彩晨：《学前儿童音乐教育》，西安：西北工业大学出版社 2015 年版，第 23 页。

[23] 彭鹏：《论学前儿童音乐教育课程实践教学体系的构建》，载《吉林省教育学院学报》，2018 年第 3 期，第 119-121 页。

[24] 邵美崎：《音乐教师的综合素质提升建议》，载《长江丛刊》，2018 年第 26 期，第 273 页。

[25] 汤芳：《论渗透性音乐活动对学前儿童发展的影响》，载《河北师范大学学报（教育科学版）》，2012 年第 6 期，第 94-96 页。

[26] 陶丽娟：《构建有效的学前儿童音乐教育教学课堂》，载《北方音乐》，2018 年第 2 期，第 145-146 页。

[27] 王淑明:《提升幼儿教师音乐素养的实践路径》,载《教育理论与实践》,2022 年第 5 期,第 36-39 页。

[28] 王秀萍:《学前儿童经验音乐教育》,合肥:安徽文艺出版社 2009 年版,第 150 页。

[29] 王秀萍:《一种经验的学前儿童音乐教育》,合肥:安徽文艺出版社 2011 年版,第 90 页。

[30] 王渊文:《多元化引领幼儿教师提升音乐综合素质》,载《音乐大观》,2011 年第 11 期,第 40-41 页。

[31] 韦斌:《幼儿音乐教育的现状及提升对策》,载《大舞台》,2014 年第 4 期,第 185-186 页。

[32] 魏菲:《幼儿园教师音乐教学现状》,载《大舞台》,2011 年第四 4 期,第 204 页。

[33] 吴盼尔雅:《论音乐艺术与人生》,载《当代音乐》,2016 年第 12 期,第 85 页。

[34] 肖辉:《文化生态理论视角下的学前儿童音乐教育》,载《学前教育研究》,2019 年第 7 期,第 81-84 页。

[35] 徐文:《基于启发与培养音乐兴趣的学前儿童音乐教育探究》,载《佳木斯职业学院学报》,2017 年第 11 期,第 258 页。

[36] 阎妍:《学前儿童音乐教育》,北京:清华大学出版社 2016 年版,第 55 页。

[37] 杨冯圆:《学前儿童音乐教育研究》,延吉:延边大学出版社 2018 年版,第 35 页。

[38] 叶淳:《音乐教学中的教师心理素质调节》,载《科技信息》,2010 年第 26 期,第 277 页。

[39] 于桂萍:《关于学前儿童思想政治教育的研究》,载《教育现代化》,2019 年第 64 期,第 205 页。

[40] 于洋:《试述学前音乐教育对幼儿成长的作用》,载《内蒙古师范大学学报(教育科学版)》,2011 年第 6 期,第 148-149 页。

[41] 中国教育学会音乐教育专业委员会、杨和平、王家祥:《音乐艺术概论》,上海:上海音乐出版社 2018 年版,第 2 页。

[42] 周革新、宋二华:《幼儿音乐教育的价值与策略》,载《学前教育研究》,2012 年第 3 期,第 55-57 页。